Christiane Baumann

Manfred „Ibrahim" Böhme.
Ein rekonstruierter Lebenslauf

W0227055

SCHRIFTENREIHE DES ROBERT-HAVEMANN-ARCHIVS 15

Christiane Baumann

Manfred „Ibrahim" Böhme

Ein rekonstruierter Lebenslauf

Berlin 2009

Das Projekt wurde gefördert durch die Bundesstiftung zur Aufarbeitung der SED-Diktatur und durch die Landesbeauftragte für Mecklenburg-Vorpommern für die Unterlagen des Staatssicherheitsdienstes der ehemaligen DDR.

ISBN 978-3-938857-08-3

1. Auflage, Berlin 2009
© Robert-Havemann-Gesellschaft e.V.
Schliemannstr. 23
10437 Berlin
www.havemann-gesellschaft.de
Reihengestaltung: Petra Florath, Berlin
Gestaltung und Satz: Matthias Janner, Schwerin
Druck und Bindung: Druckhaus Köthen
Printed in Germany

Inhalt

Manfred „Ibrahim" Böhme – wer war das?

Der Mann, dessen Lebensverlauf dieses Buch nachzeichnet, ist in gewisser Weise bereits eine historische Person geworden. Schon zu seinen Lebzeiten gab es ein Buch und danach einen Spielfilm über ihn. Wenige Jahre nach seinem Tod wurde ein Theaterstück über seine letzten Tage auf die Bühne gebracht.

Jener 1944 geborene Manfred Böhme, der sich selbst später „Ibrahim" nannte, war für relativ kurze Zeit ein in Ost und West bekannter deutscher Politiker: vom Herbst 1989 bis zum Herbst 1990.

Als Spitzenkandidat der ostdeutschen Sozialdemokraten, an deren Neugründung er beteiligt war, schien er bei den ersten freien Volkskammerwahlen der DDR beste Aussichten auf das Amt des Regierungschefs zu haben.

Dazu kam es nicht, die SPD verlor im März 1990 die Wahl. Und Ibrahim Böhme verschwand von der politischen Bühne, als klar wurde, dass er zwanzig Jahre lang für den Staatssicherheitsdienst gespitzelt hatte.

Bis zu seinem frühen Tod im Jahre 1999 hat Böhme diese inoffizielle Arbeit für den DDR-Geheimdienst stets bestritten. Viele Freunde und Bekannte, die ihm sehr gerne glauben wollten, konnte er lange auf diese Weise beeindrucken: Zu sympathisch erschien er und zu unglaublich sein Verrat.

Noch heute, zehn Jahre nach seinem Tod, polarisiert seine schillernde Persönlichkeit. Vielen Menschen, die ihn als Jugendliche im thüringischen Städtchen Greiz kennenlernten, hat er den Blick für Interessantes in Kunst und Literatur so geweitet, dass sie ihn allein dafür immer noch verehren. Es gibt jedoch auch frühere Bekannte, die unumwunden sagen: *„Ibrahim Böhme, das ist für mich ein Ekel-Thema!"*

Weshalb existieren so verschiedene Versionen von der Lebensgeschichte dieses Mannes? Und welche davon ist glaubhaft?

Manfred Böhme hat noch 1989/90 viele Legenden über sich verbreitet. Von einer angeblichen jüdischen Abstammung, von Zeiten als Waise im Kinderheim, auch von einer Haft als Stasi-Opfer ging die Sage. Gerade die Unschärfen, das Vage schienen besonders reizvoll und interessant – nicht zuletzt für Journalisten.

Da bis heute keine durchgehende Lebensbeschreibung von Böhme existiert, gibt es an dieser Stelle einen Nachholebedarf: Jene Lücke versucht die vorliegende Arbeit zu schließen.

Wer beispielsweise Böhmes schriftlichen Nachlass betrachten und bewerten will, der seit dem Jahre 2002 im Archiv der Robert-Havemann-Gesellschaft liegt, muss die äußeren Daten dieses Lebens kennen.

Auch wer mit den vielen hundert Blatt von IM-Protokollen konfrontiert ist, die durch Böhmes Berichte beim MfS gefertigt wurden, wird wissen wollen, wer sich hinter jenem sehr gesprächigen Stasi-Spitzel mit den vier Decknamen verbirgt. Das betrifft nicht nur Böhmes frühere Bekannte und Freunde, die von ihm heimlich verraten worden sind, sondern ebenso künftige Nutzer seiner Nachlasspapiere und Forschende zum Thema DDR-Opposition.

Mein Interesse für das tatsächliche Leben von Manfred „Ibrahim" Böhme hatte einen eher zufälligen Ausgangspunkt: In mecklenburgischen Stasi-Akten begegnete mir ein Zuträger namens „Rohloff". Der Deckname, so erfuhr ich, gehörte zu dem später so bekannten Ibrahim Böhme, der seinerzeit (Anfang der 80er Jahre) gerade als Aushilfskellner versuchte, über die Runden zu kommen. Dennoch waren seine Spitzelberichte verblüffend arrogant. Das erschien mir merkwürdig. Ich las das hochinteressante Buch der *Stern*-Autorin Birgit Lahann *Genosse Judas*, lernte seinen Nachlass im Havemann-Archiv kennen, später auch die Theatertexte von Eugen Ruge mit dem Titel *Akte Böhme*. Allmählich wuchs ein journalistisches Interesse, den realen Kern von Böhmes Lebensgeschichte zu ergründen, nach Spuren und Belegen dafür zu suchen. Im Jahre 2007 beauftragte mich schließlich die Robert-Havemann-Gesellschaft damit, eine biographische Studie über Böhme in Ergänzung seines Nachlasses zu erarbeiten.

Da Manfred Böhme sich durch verschiedene regionale und kulturelle Milieus bewegt hat, als Teilnehmer und Gast in vielen alternativen Zirkeln, Gesprächskreisen und Gruppen präsent war, macht die Beschreibung seines Lebens ausschnittweise auch DDR-Alltag anschaulich.

Die Rekonstruktion von Böhmes Leben führt zu einer intensiven (Wieder-) Begegnung mit dem sehr kleinen und engen Land DDR – und mit der Art und Weise, wie die Enge das Denken und Agieren prägte. Es ist natürlich auch eine neuerliche Konfrontation mit jugendlichen Wünschen, Idealen und Hoffnungen des Jahres 1968, die größer waren als der jeweilige Horizont von SED-Funktionären. Wie innerhalb der SED jugendlicher Enthusiasmus diszipliniert und gelegentlich sogar „umgedreht" wurde, ist auch an Böhmes Geschichte erkennbar: als fast lautloses Funktionieren eines spätstalinistischen Machtapparates, der „seine" Menschen auch gegen ihre eigenen ursprünglichen Überzeugungen instrumentalisieren konnte.

Dies ist zwar die Geschichte eines mir fremden Menschen, doch habe ich durch Akten, Dokumente und Gespräche mit vielen seiner Freunde und Zeitgenossen Einblick bekommen in die Extreme von Böhmes Leben: in eine weitgehend unfrohe Kindheit und in den Abgrund eines unverständlich hässlichen und permanenten Verrats. Mein Bemühen war, in erster Linie sachlich zu beschreiben, was sich belegen lässt, und wo möglich auch jene Momente von Parallelität in Böhmes Leben aufzuzeigen, die er selbst verborgen hat.

Berlin, September 2009   Christiane Baumann

I. Kindheit und Jugend (1944 bis 1965)

Manfred Böhme wird in der Industrieregion Halle-Merseburg geboren, verliert früh seine Mutter, kommt zu Pflegeeltern und zeitweilig ins Kinderheim. Nach der Schule lernt er Maurer, will aber als Erzieher arbeiten. Er tritt sehr jung der SED bei. Die Partei verhält sich ihm gegenüber anfangs sehr nachsichtig, später gerät Böhme mit ihrem dogmatischen Stil in Konflikt.

Bad Dürrenberg ist eine kleine Gemeinde in Sachsen-Anhalt, südlich von Merseburg im Saaletal gelegen und bis in die 20er Jahre des vorigen Jahrhunderts bekannt für die örtliche Saline. Hier wurde Manfred Otto Böhme am 18. November 1944 als Sohn von Kurt und Anni Böhme geboren.

Die Geburtsurkunde weist beide Eltern als Mitglieder der evangelischen Kirche aus. Der Geburtsname der Mutter ist *Tuma*, manchmal auch *Thuma* geschrieben. Sie stammte aus der Tschechoslowakei, aus der Gegend um Teplice. Böhmes Vater heiratete sie im Jahre 1939, es war seine zweite Ehe. Zuvor lebte er als Witwer kinderlos in Bad Dürrenberg. Gearbeitet hat der gelernte Maurer Kurt Böhme seit 1936 in den *Leuna-Werken*, jenem chemischen Großbetrieb, der praktisch vor der Haustür in Sichtweite lag und die gesamte Region prägte.

Im ersten Weltkrieg gegründet, um Ammoniak für die Sprengstoffherstellung zu erzeugen, wuchs diese BASF-Tochter, benannt nach dem kleinen Dorf Leuna, zu einem der größten Chemiestandorte der Welt heran. Auch im zweiten Weltkrieg, als hier schon über 25.000 Beschäftigte arbeiteten, produzierte Leuna kriegswichtige Chemikalien: aus Kohle gewonnenen Treibstoff und Flugbenzin.

Nach den eigenen überlieferten Angaben des Vaters ist er nie zur Wehrmacht eingezogen worden, sondern war höchstwahrscheinlich u.k.-gestellt.[1]

Vater Böhme (Jg. 1908) war seit seinem 14. Lebensjahr Mitglied des Kommunistischen Jugendverbandes und ist 1925 auch in die Kommunistische Partei Deutschlands (KPD) eingetreten. Er gehörte der KPD bis 1933 an. Während der NS-Zeit trat er der Deutschen Arbeitsfront und der Nationalsozialistischen Volkswohlfahrt bei. Nach 1945 schloss er sich wieder der KPD

---

1 SED-Grundbuch von Kurt Böhme, LHASA Merseburg, Bestand der SED-Industrie-Kreisleitung Leuna, 49314 IV/8/117.

an und wurde im Jahr darauf Mitglied der neugegründeten SED. Diese biographischen Fakten sind in den SED-Unterlagen von Kurt Böhme überliefert und stammen aus selbstverfassten Lebensläufen.[2]

In verschiedenen Familien

Im Sommer 1947 starb Anna Maria Böhme, genannt Anni, im Alter von nur 34 Jahren.[3] Kurt Böhme blieb mit inzwischen fünf Kindern, von denen der nicht ganz dreijährige Manfred das kleinste war, zurück. Für Manfred Böhme folgten nun vier Jahre, in denen er mehrfach weggegeben und hin und her geschoben wurde.

Vater Böhme gab seinen jüngsten Sohn zunächst zur Pflege in eine befreundete Bad Dürrenberger Familie. Von dort kam er 1948 am selben Ort zur Familie Zeltner, die sich ein Adoptivkind wünschte. Bis zur Adoption kam es allerdings nicht.

Elfriede Zeltner (Jg. 1914) beschreibt die tragischen Verwicklungen um ihren zeitweiligen Pflegesohn:

„Er war ein liebes und sehr kluges Kind und wir planten, ihn bis zum Schulbeginn zu adoptieren. Körperlich war er nicht so gut dran. Er brauchte viel Pflege, damit seine rachitisch verkrümmten Beinchen gerader wurden und er auch sonst stabiler wurde. Wir liebten ihn sehr und er uns auch. Als wir 1949 das große Glück hatten und einen Sohn bekamen, war kein Gedanke daran, Manfred wieder wegzugeben.

Wie ich Manfred verloren habe, ist eine schmerzliche Geschichte. Nur so viel: Nach der Geburt meines Sohnes Wolfgang lag ich im Frühherbst 1950 schwer krank und meine Schwester hatte Manfred deshalb vorübergehend zu Böhmes gebracht.

Als ich wieder gesund war, wollte ich meinen Jungen wieder abholen und da war er weg. Keiner konnte und durfte mir sagen, wo er war. (...) Als verwöhnt und verzärtelt hat ihn sein Vater in ein Kinderheim gegeben. Es war eine schlimme Zeit für Manfred und für uns."[4]

Belegt ist auch andernorts, dass Manfred Böhme um das Jahr 1950 in *„Zeitz im Kinderheim"* untergebracht war. So gab es der Vater in einem hand-

---

2 Ebenda.
3 Eintrag Nr. 79, Seite 144 im Beerdigungsbuch von 1947 der Evangelischen Kirchgemeinde Bad Dürrenberg.
4 Elfriede Zeltner, Brief vom 17.2.09.

geschriebenen Zusatz zum Lebenslauf an. Diesen Lebenslauf hatte er für die Vorläufereinrichtung des MfS verfasst. Das *Staatssekretariat für Staatssicherheit*, so der damalige Name, hatte ihn, den Vater, am 21.12.1949 zur Mitarbeit gewonnen. Kurt Böhme verpflichtete sich schriftlich, *„im Sinne der Deutschen Demokratischen Republik sowie der Einheit Deutschlands gegen unsere Volksfeinde"* mit der Staatssicherheit zusammenzuarbeiten. Als Deckname wählte er sich den Namen seiner verstorbenen Frau, „Anni".[5]

Vater Kurt Böhme (1949), Foto aus MfS-Akte

Damals war Kurt Böhme in den Leuna-Werken in der Normabteilung als Kalkulator und Normierer beschäftigt, das heißt, er war für jene Normen zuständig, nach denen im Werk gearbeitet werden musste. Das dürfte gerade in den 50er Jahren ein ideologisch bedeutsamer Arbeitsplatz gewesen sein, zumal die Leuna-Werke bis 1955 als SAG in sowjetischem Besitz waren. Mit mehreren Unterbrechungen lieferte IM „Anni" bis 1963 zumeist handgeschriebene Berichte über Produktionsschwierigkeiten, über Lebensläufe einzelner Mitarbeiter und vor allem Stimmungsberichte, die das MfS besonders im Umfeld des 17. Juni 1953 interessierten. Auch frühere SPD-Mitglieder aus seinem Arbeitsbereich listete er der Stasi auf, nachdem die Order dazu gekommen war.

Vater Böhme, der als vorbildlicher Genosse galt, erfüllte jedoch etliche Male seine geheimen Aufträge nicht, weil er durch seine vielen gesellschaftlichen Funktionen, zum Beispiel als Stadtverordneter in Bad Dürrenberg, überlastet war. Gelegentlich ärgerte ihn die Folgenlosigkeit seiner Berichte, und er weigerte sich mehrfach, weitere Informationen zu liefern, ließ sich aber immer wieder aufs Neue zur Mitarbeit überzeugen.

Aus den SED-Unterlagen von Kurt Böhme, die wie alle Akten zu den Leuna-Werken aus der DDR-Zeit im Landesarchiv Merseburg[6] aufbewahrt werden, lassen sich einige Angaben über die Familie Böhme entnehmen: Ein älterer Bruder von Manfred Böhme war hauptamtlicher Sekretär der SED-Kreisleitung in den Leuna-Werken. Vermutlich war er es auch in jener Zeit, als sein jüngerer Bruder dort arbeitete.

Mit seiner letzten Lebensgefährtin und späteren dritten Ehefrau, Hildegard Uhlig, hatte Kurt Böhme vier weitere Kinder, das erste wurde 1949 ge-

---

5   BStU, MfS Halle AIM 1422/63, PA, Bl. 8.
6   LHASA Merseburg, Bestand der SED-Industrie-Kreisleitung Leuna, 49314 IV/8/117.

boren. (Kurz danach gab der Vater seinen Sohn Manfred ins Kinderheim.) Insgesamt gehörten also neun Kinder zur Familie von Kurt Böhme.

Schulkameraden

Ab der Schulzeit lässt sich der Lebenslauf von Manfred Böhme wieder belegbar verfolgen. Er kehrte zurück in die Familie des Vaters und kam in die 1. Klasse der Bad Dürrenberger Karl-Liebknecht-Oberschule, die er danach zehn Jahre lang besuchte. Allerdings erinnert sich seine damalige Klassenkameradin Christine Noack, geborene Bockner, die auch in der Nachbarschaft der Böhmes lebte, dass Manfred nicht zur Einschulung im September 1951, sondern erst in der zweiten Schuljahreshälfte, 1952, in ihre Klasse kam.[7]

Es gibt zwei weitere ehemalige Bad Dürrenberger Schulkameraden, die mit Manfred Böhme zur Schule gegangen sind: Lothar Schneider und Roland Kaluza. Beide haben ihn auch in der Zeit der Berufsausbildung in Leuna gekannt – und sie haben ihn nach 1990 besucht,[8] als er nach kurzer Berühmtheit nicht mehr im Licht der Öffentlichkeit stand.

Die Familie Böhme wohnte bis 1954 in der Breiten Straße 1. Roland Kaluza wuchs um die Ecke im Hause seiner Großeltern auf, Manfred Böhme und er waren Spiel- und Schulkameraden. Roland Kaluza (Jg. 1945) erinnert sich, dass Manfred ihm Nachhilfeunterricht in Biologie gab, weil er durch eine Krankheit lange Zeit in der Schule fehlte. Böhme sei damals der Einzige gewesen, der ihn nach seiner Operation im Krankenhaus besucht habe.[9]

Lothar Schneider (Jg. 1944), dessen Vater damals ebenfalls als Parteifunktionär in den Leuna-Werken arbeitete, trainierte mit seinem Mitschüler Manfred Laufen, weil der sich in Sport verbessern wollte. Später erklärte Böhme ihn zu seinem engsten Freund, dem er angeblich die Aufsätze geschrieben habe. Darüber lächelt Lothar Schneider heute nachsichtig.[10]

Bis 1963, so Lothar Schneider, hatten beide engen Kontakt. 1961 begannen sie gleichzeitig eine Maurerlehre in den Leuna-Werken, fuhren zum theoretischen Unterricht nach Naumburg und sonst täglich nach Leuna in die Berufsschule. Er erinnert sich noch, dass Manfred häufig krank war, immer Watte im Ohr trug, weil er Ohrenprobleme hatte. 1963 war die Ausbildung zu Ende und ihre Wege trennten sich. Im Fernsehen erkannte Lothar Schneider

---

7   Gespräch mit Christine Noack am 16.7.08 in Halle.
8   Gespräch mit Lothar Schneider und Roland Kaluza am 9.9.08 in Bad Dürrenberg.
9   Ebenda.
10 Gespräch am 16.7.08 in Halle.

Schulausflug 1955: Manfred Böhme in der Mitte, rechts Roland Kaluza

dann 1990 in jenem Ibrahim Böhme seinen alten Schulkameraden Manfred wieder und fragte bei ihm an, warum er sich jetzt Ibrahim nenne. So kamen beide erneut in Kontakt.[11]

Über all das, was in Böhmes Leben inzwischen passiert war, hat ihm der frühere Schulfreund größtenteils Unwahrheiten aufgetischt – dennoch oder vielleicht gerade deshalb interessiert Lothar Schneider sich jetzt dafür.

Christine Noack (Jg. 1944) wohnte lange Zeit direkt gegenüber von jenem neuen Haus, das Kurt Böhme 1954 mit seiner Familie bezogen hatte.[12] Das Eigenheim konnte Kurt Böhme mit einem Kredit der Leuna-Werke bauen.[13] Mitschüler Manfred musste viel beim Bauen helfen. Immerhin waren Großvater und Vater gelernte Maurer. Die kleine Mauer vorm Haus, erinnern sich die Schulkameraden, hatte Manfred – seinen eigenen Erzählungen nach – selbst gemauert. Da war er ungefähr zehn Jahre alt.

Der Vater sei ein eher mürrischer Typ gewesen, sagt Christine Noack. Zum Spielen ging Manfred immer zu anderen Kindern, in sein Elternhaus

---

11 Ebenda.
12 Ebenda.
13 BStU, MfS Halle B 92605, Bl. 61.

Hortausflug in eine Höhle (1959)

kamen sie nie. Dann erzählt sie noch die Sache mit *Timur und sein Trupp*[14]. Als sie dieses sowjetische Kinderbuch in der Schule gelesen hatten, das war in der 6. Klasse, da gründete Manfred Böhme auch so einen Trupp, der alten Leuten half und anpackte, wo es nötig war. *„Er war der Anführer und wir, meistens Mädchen, waren der Trupp"*, sagt die einstige Mitschülerin. Und dass er ein Schauspieltalent hatte und in der Laienspielgruppe war, weiß sie noch. Er spielte einmal Napoleon vor der Klasse und auch Hitler. *„Das konnte er richtig gut."*[15]

Die 10. Klasse schließt der 16-Jährige mit „sehr gut" ab. Im Zeugnis ist ebenfalls vermerkt, dass er FDJ-Sekretär der gesamten Schule war, als Gruppenpionierleiter in unteren Klassen gearbeitet hat, einem Filmaktiv und auch der Ortsleitung der FDJ angehörte. An die Aufzählung dieser zahlreichen Leitungsfunktionen fügt Klassenlehrer Ohlow, ein sehr korrekter, liebenswerter Pädagoge der „alten Schule", in Manfred Böhmes Beurteilung an: *„Trotzdem bedarf er einer lenkenden Aufsicht."*[16]

---

14 Kinderbuch von Arkadi Gaidar, erstmals erschienen 1940.
15 Gespräch am 9.9.08 in Bad Dürrenberg .
16 Abschlusszeugnis vom 8.7.1961, Robert-Havemann-Archiv (RHA), Nachlass Manfred Böhme, MaB 26.

Lehrling und Lehrer in Leuna

1961 begann Manfred Böhme eine Maurerlehre in den berühmten *Leuna-Werken*, damals mit fast 27.000 Beschäftigten einer der größten Betriebe in der DDR. Er und sein früherer Schulkamerad Lothar Schneider, der ebenfalls Maurer lernte, nahmen täglich vom Heimatort die Straßenbahn bis zur Berufsschule der Leuna-Werke, die sich bis heute gegenüber dem Haupttor zum Werk befindet.

Die theoretische Ausbildung absolvierten die beiden Maurerlehrlinge im nahe gelegenen Naumburg. Nach zwei Jahren hatten sie ihren Facharbeiterabschluss in der Tasche.[17] Ob Manfred Böhme tatsächlich nebenher auf der Betriebsabendschule noch das Abitur ablegte, wie er selbst angab, ist fraglich. Zwei Jahre dürften dafür zu knapp gewesen sein. Die Voraussetzungen aber für einen höheren Schulabschluss hat der junge Böhme vermutlich gehabt.

Im Herbst 1962, wenige Tage nach seinem 18. Geburtstag, ist Manfred Böhme nach auffällig kurzer Kandidatenzeit in die SED aufgenommen worden.[18] Er muss um diese Zeit auch aus dem Haus seines Vaters in Bad Dürrenberg ausgezogen sein. Jedenfalls hat er zu Anfang des Jahres 1963 bereits im Lehrlingswohnheim „Lager A" gewohnt und besaß dort einen eigenen Schrank.[19]

„Gebt mir eine Aufgabe"

Der eigene Schrank im Wohnheim ist deshalb aktenkundig, weil Manfred Böhme damals in einer sehr merkwürdigen Weise und gezielt auf sich aufmerksam machte. Etwas, das sich in seinem späteren Leben in ähnlicher Form wiederholen wird.

Damals, Anfang 1963, fabrizierte der 19-jährige Lehrling einen vermeintlich anonymen „Hetzbrief" gegen sich selbst, brachte ihn an seinem Schrank an und zeigte das danach bei der Leitung des Wohnheimes als *„Agieren des Klassenfeindes im Wohnheim"* an. Dem Ganzen scheinen mehrere Diebstähle vorausgegangen zu sein, darunter einer, bei dem Böhme einem Mitbewohner einige Oberhemden aus dem Schrank stahl und sie später wegwarf.

Die gesamte Situation ist mehrfach sehr knapp in Unterlagen der betreffenden Parteigruppe geschildert.[20] Zu knapp allerdings, um sie völlig bewerten zu können.

---

17 RHA, MaB 26, Facharbeiterzeugnis vom 20.7.1963.
18 RHA, MaB 33, Unterlagen der SED.
19 BStU, MfS Halle AOG 1594/65, Bd. I, Bl. 37ff.
20 LHASA Merseburg (MER), SED-GO BBS Leuna IV-A-7-412-122 Bl. 3.

Manfred Böhme (2.v.r.) mit Leunaer Lehrlingen (ca. 1964)

Fest steht so viel: Zunächst war nach einem Vermerk der SED-Grundorganisation Leuna ein Parteiverfahren mit einer Rüge für Manfred Böhme geplant, der damals gerade einmal drei Monate Mitglied der SED war. *„Nach Rücksprache mit der Staatsanwaltschaft"*[21] ist der Fall jedoch der betrieblichen Konfliktkommission übergeben worden, und diese setzte sich mit Manfred Böhme im März 1963 auseinander.

Von jener Sitzung existiert ein recht ausführliches Protokoll in Abschrift. Beim Lesen dieses Protokolls entsteht ein starker atmosphärischer Eindruck: Auf mechanische, aber letztendlich milde Art geht man mit dem Missetäter ins Gericht. Er muss den entstandenen Schaden ersetzen und wird aufgefordert, seinen Platz in der Gesellschaft zu finden. In welcher Weise damals vermeintliche Einzelgänger beurteilt wurden, zeigt die protokollierte Äußerung eines Kommissionsmitgliedes:

„In der kapitalistischen Zeit gingen solche Einzelgänger ins Kloster. Du wirst aber in unserer Gesellschaftsordnung groß und hier mußt Du dich einfügen."[22]

---

21 Ebenda.
22 BStU, MfS Halle AOG 1594/65, Bd. I, Bl. 41.

P r o t o k o l l 9876

über die am 5.2.1963 stattgefundene Leitungssitzung der GO
Berufsbildung

Ende
Beginn: 14.00 h.

Anwesend: Gen. Kunert, Frantz, John, Steiner, Stöhr, Haase, Martin,
Reiche, Harbig, Lindhoff, Hiller, Eckardt, Kirsch
M. Böhme

Tagesordnung: 1. Parteiverfahren Gen. Manfred Böhme
2. Bericht des Gen. Eckardt über die Lage in dem LWH
3. Gegenbericht des Gen. Kirsch als Leiter der
Kontrollkommission
4. Verschiedenes

Zu 1) Gen. Martin trägt den Leitungsmitgliedern die Sachlage vor,
nach der der jugendliche Genosse Lose der FDJ vernichtet
hat, im LWH Diebstähle begangen hat, u.a. im eigenen Spind
zur Täuschung und zusätzlich an seinem Spind Zettel mit partei=
feindlichem Inhalt angeheftet hat.
Gen. Böhme wird zur Stellungnahme aufgefordert-die Stellung=
nahme ist unbefriedigend-Böhme ist u.a. nicht in der Lage,
Aufklärung über die persönlichen Motive zu diesem andeln
zu geben.
Die Leitung beschließt: B. gibt seine Stellungnahme nochmals
schriftlich ab
Die Parteileitung ist der Meinung,
daß der Parteigruppe als Strafemaß=
nahme eine Rüge oder strenge Rüge
vorgeschlagen wird.

Zu 2) Gen. Eckardt gibt den Bericht, wonach verschiedenen entschei=
dende Schwächen im Erzieherkollektiv
in der Erziehung zur Selbsttätigkeit der Lehrl.
in der prkatischen Arbeit der Erzieher
in der Zusammenarbeit zwischen LWH, Schule,
Elternhaus
zu verzeichnen ist.
Der Bericht liegt schriftlich vor.
Zu 3) Gen. Kirsch gibt den Gegenbericht: Hiernach sind verschiedenen
Gen. für die einzelnen
Heime eingesetzt gewesen
Nach seinen Ausführungen fehlen für die Erziehungs=
arbeit in den Heimen die elementarsten Regeln als
Grundlage dieser Arbeit - der äußere Zustand in den
Heimen ist katastrophal , besonders im Lager A.
Die Lehrlinge nehmen nicht teil an der eigentlichen
Heimarbeit, weil sie auch nicht dazu herangezogen
werden
In politischer Hinsicht mehr oder weniger sich selbst
überlassen.
Heimordnung unzureichend, weil sie nur Gebote und Ver=
b te beinhaltet.
Vorschlag:Eine Arbeitsgruppe bilden, die diese Arbeit
in die richtigen Bahnen lenkt
Die Parteileitung beschließt: Diese Arbeitsgemeinschaft
wird gebildet
Folgende Maßnahmen müssen durchgeführt werden:
Untersuchung
Erziehungsplan erarbeiten
Parteigruppenverammlung
Heimerziehervollkonferenz

Ende: 16.50 h   F.d.R.

Protokoll der Parteiversammlung zu Böhmes Fall 1963

In Anspielung auf seine nicht vorhandenen Freundschaften zu Gleich-
altrigen weisen ihn die Mitglieder der Konfliktkommission darauf hin, diese
Frage ernster zu nehmen. Manfred Böhme selbst hat, dem Protokoll nach
zu urteilen, sehr lange die Unwahrheit gesagt. Er bat später um eine erneute Chance: *„Gebt mir einen Auftrag."* Zu seinen Gunsten fügte er außerdem
noch an, *„das mit meinem Vater"* nicht erwähnt zu haben.[23]

„Das mit meinem Vater"

Ein bestimmtes Moment, das nicht erläutert ist, nur indirekte Erwähnung gefunden hat, muss die Kommission schließlich zu ihrer milden Einschätzung bewogen haben. Und dieses Moment hatte höchstwahrscheinlich
mit dem Verhalten des Vaters zu tun. Die anwesenden SED-Mitglieder wer-
fen sich, laut Protokoll, selbstkritisch vor, nicht mit dem Vater gesprochen
zu haben. Es geht um dessen „Erziehungsmaßnahmen", so klingt es an, und
man wolle mit ihm darüber sprechen. Genaueres ist diesem Protokoll nicht
zu entnehmen.[24]

Die Vermutung, dass Manfred Böhme möglicherweise vom Vater verprü-
gelt worden sein könnte, liegt jedoch nahe.

Interessanterweise wird zu genau dieser Frage der Abschlussbericht des
MfS über Vater Kurt Böhme aus dem Jahre 1963 deutlicher.[25] Darin sind als
Gründe für den Abbruch der Zusammenarbeit seitens der Staatssicherheit
„charakterliche Veränderungen" des IM „Anni" benannt. Im Klartext schreibt
der Führungsoffizier, es hätte Beschwerden gegeben, Vater Böhme würde häufig in Gaststätten seines Heimatortes trinken und auch im angetrunkenen
Zustand seine Kinder verprügeln. Kurt Böhme wird im darauffolgenden Jahr
(1964) nicht wieder in die Parteileitung seiner Abteilung gewählt.

Manfred Böhme hat nach Abschluss seiner Lehre ein – wie er es nannte – dreimonatiges Praktikum in einem *„Heim für milieugeschädigte Kinder"*
in Leipzig-Dölkau als eine Art Erzieher absolviert. Höchstwahrscheinlich war
dies die Aufgabe, die ihm zur Bewährung gestellt wurde.

Der Erzieherberuf muss jedenfalls sein großer Wunsch gewesen sein.
Er arbeitete von 1964 bis 1965 in seinem früheren Lehrlingswohnheim als
Erzieher und wohnte auch selbst dort. Als in einer Klasse von angehenden
Chemiefacharbeitern mit Abitur der Russischlehrer für längere Zeit ausfiel,
gab Manfred Böhme sogar ersatzweise Unterricht.

---

23   Ebenda und Bl. 37.
24   BStU, MfS Halle AOG 1594/65, Bd. I, Bl. 37.
25   BStU, MfS Halle AIM 1422/63, PA, Bl. 47f.

Manfred Böhme (Mitte) mit Lehrlingen (1964)

So lernte ihn der damalige Lehrling Peter Schimmel kennen. Schimmel (Jg. 1946) freundete sich mit dem jungen Aushilfslehrer an, man besuchte sich gegenseitig in der Freizeit und unternahm zusammen Ausflüge.

Seltsam war, so Peter Schimmel heute, wie unrealistisch positiv der neue Russischlehrer ihn benotete. *„In Sprachen war ich wirklich nicht begabt, auch nicht in Russisch, aber Manfred gab mir eine Zwei."* [26]

Auch bei den Elektrikerlehrlingen setzte man den Erzieher Manfred Böhme im Fach Russisch ein. Hier begegnete ihm sein früherer Schulkamerad Roland Kaluza wieder, dem er die schriftliche Russischprüfung abnahm – und sich dabei das Du verbat. Roland Kaluza erinnert sich deshalb so genau daran, weil Manfred Böhme ihn in dieser Prüfung ohrfeigte, um seine Autorität zu unterstreichen. [27]

Der jugendliche Manfred Böhme pendelte zwischen zwei Polen, dem des engagierten, eifrigen FDJlers und jungen Genossen und dem zu Widerspruch und seltsamen Aktionen neigenden Opponenten. Bemerkenswert ist sein spielerischer Umgang mit einer auch ins Täuschende und Kriminelle schlagenden Intelligenz. (Etwas, das in harmloser Ausformung später bei seinen Freunden großen Anklang finden wird.)

Die Partei, gelegentlich sehr rigide gegenüber moralischen Verfehlungen, übte auffällige Milde gegenüber Manfred Böhme, seinen Diebstählen und dem fingierten Hetzbrief. Möglicherweise in Anbetracht der erheblichen erzieherischen Fehlleistung von Vater Böhme, der immerhin altes KPD-Mitglied, Abgeordneter und Parteileitungsmitglied seiner Abteilung in den Leuna-Werken war.

---

26 Gespräch am 26.5.08 in Greiz.
27 Gespräch am 9.9.08 in Bad Dürrenberg.

Die Bereitschaft, mit der sich der junge Manfred Böhme in die Hände der verzeihenden Partei begab, als er Wiedergutmachung durch Arbeit erbat, dürfte wiederum der SED nicht unwillkommen gewesen sein. Sie brauchte in ihren Reihen – trotz anderslautender Parolen – nicht unbedingt nur die Besten und Integren, ganz sicher aber die Willigen.

Sein Verhältnis zur SED hat Manfred Böhme übrigens selbst im Jahre 1978 folgendermaßen beschrieben:

> *„Während die SED für mich, wie ich heute bekennen muß, von meinem 16. bis zu meinem 20. Lebensjahr eine Art auch persönlicher Geborgenheit ermöglichte, verstand ich sie erst im Zeitraum von 1964 bis 1967 als einen Kampfbund Gleichgesinnter."* [28]

Obwohl in Rechnung zu stellen ist, dass Böhme dies gegenüber dem MfS in einer Vernehmung äußerte und sicher auf eine bestimmte positive Wirkung abzielte, so lag darin vermutlich auch ein wahrer Kern, was die Frage der Geborgenheit betraf. Eine gleichsam ideologische Geborgenheit ersetzte den Mangel an familiärem Rückhalt. Zu bemerken ist außerdem, dass Manfred Böhme durch ideologisches Engagement in der SED – zum Beispiel als Propagandist und Seminarleiter für das sogenannte Parteilehrjahr – eine fehlende Ausbildung wettmachen konnte. Wie damals viele seiner Generation kam er sehr jung in eine verantwortungsvolle Position als Erzieher. Dies ist zum einen dem ewigen Arbeitskräftemangel in der DDR geschuldet, verstärkt durch eine spürbare Abwanderung unmittelbar vor dem Mauerbau. Zum anderen der damaligen Ulbrichtschen Politik, auf die junge Generation zu setzen, ihr Verantwortung zu übergeben, ihre Bedürfnisse – wie zum Beispiel im Jugendkommuniqué – in Grenzen anzuerkennen.

„Er huldigte den Ansichten Havemanns"

Wo die Partei allerdings weder Toleranz noch Milde zeigte, das war gegenüber Kritikern aus den eigenen Reihen und gegenüber jenen, die Maßnahmen der Partei anzuzweifeln wagten. So war denn besagte ideologische Geborgenheit für Manfred Böhme im Frühjahr 1965 stark infrage gestellt: Der damals 21-jährige ungelernte Heimerzieher bekam ein Parteiverfahren und wurde in dessen Folge als Erzieher abgesetzt.[29]

---

28 BStU, MfS, AU 14738/78, Bd. III, Bl. 8.
29 LHASA, MER, IV/A-4/12/273.

Als Grund dieser Absetzung hat Böhme später sein Eintreten für den SED-Dissidenten Robert Havemann angeführt. Verschiedentlich ist auch geschrieben worden, er habe einen Vortrag über Havemann gehalten.[30] Rekonstruieren lässt sich aus Unterlagen der SED-Kreisleitung der Leuna-Werke Folgendes:

Nachdem im Frühjahr 1965 in den Medien der DDR die Kampagne gegen den bereits 1964 entlassenen und aus der SED ausgeschlossenen Chemiker, Professor Robert Havemann, erneut auflebte, muss sich Böhme im kleinen, nicht öffentlichen Kreis mit einer Bemerkung gegen die negative Sicht auf Havemann ausgesprochen haben. Es ist denkbar, dass ihm der Artikel Havemanns in die Hände gekommen war, der Anfang Mai in der westdeutschen Wochenzeitung *Die Zeit* unter dem Titel *Ja, ich hatte Unrecht* abgedruckt worden war.[31] Havemann schrieb hier sehr deutlich über seinen eigenen Bruch mit dem Stalinismus, dem auch er bis 1956 angehangen hatte. Ob Böhme den Satz aus diesem Artikel kannte, *„Jeder von uns, außerhalb und innerhalb der Partei, hat das Recht und die Pflicht, sich ein selbständiges Urteil zu bilden"*, das bleibt unklar. Offensichtlich hat er jedoch rein impulsiv ähnlich gehandelt, indem er sich ein eigenes Urteil zum Parteiausschluss Havemanns anmaßte und – selbst dachte.

Was für Manfred Böhme, aufgewachsen mit den denkbar höchsten Idealen des kommunistischen Antifaschismus, nicht nachvollziehbar gewesen sein dürfte: warum ein hoch dekorierter ehemaliger Widerstandskämpfer und Kommunist wie Havemann – also das offizielle Idol der DDR-Jugend – nun plötzlich ein Feind der Partei sein konnte.

Eine Parteiversammlung in der Grundorganisation Berufsbildung wurde abgehalten, auf der Böhme nochmals zur Stellungnahme aufgefordert wurde.[32] Da er nicht einlenkte, sondern laut Protokoll *„den Ansichten Havemanns huldigte"*, wurde ein Parteiverfahren eingeleitet und eine strenge Rüge von seinen Genossen befürwortet. Außerdem erklärte man ihn nach diesem ideologischen Versagen für unwürdig, weiterhin Erzieher zu sein, und empfahl ihm erneut eine „Bewährung in der Produktion".

Wie die Akten der Leunaer Kreisparteikontrollkommission (KPKK) erkennen lassen,[33] war in höheren Instanzen der Partei zunächst sogar daran gedacht, Böhme aus der SED auszuschließen. Ob der Einfluss seines Bruders in der SED-Kreisleitung Leuna dies möglicherweise verhinderte, ist

---

30 Siehe Wer war wer in der DDR? sowie Birgit Lahann: Genosse Judas, Berlin 1992, S. 38.
31 Die Zeit, 7.5.65, auch in: Bernd Florath, Werner Theuer: Robert Havemann, Berlin 2007, S. 60ff.
32 LHASA, MER, IV/A-4/12/273 und 274.
33 Ebenda.

nicht nachprüfbar. Dem MfS gegenüber sagte Böhme selbst 1978 zu diesem Parteiverfahren:

„1965 war ich am Rande, ohne nähere Zusammenhänge zu kennen, in die Angelegenheit Prof. Robert Havemann verwickelt. Ich hatte Havemann nie gesehen oder gesprochen. Meine Äußerungen tätigte ich auch nicht in der Öffentlichkeit, sondern in einer Parteiversammlung." [34]

Als die Lehrlinge des Wohnheims in Leuna gegen Böhmes Absetzung als Erzieher im Wohnheim protestierten und sogar eine Unterschriftensammlung initiierten,[35] dürfte die Aufregung komplett gewesen sein. So ist denn auch in den sogenannten Informationsberichten der SED von *„Ausschreitungen"* unter den Jugendlichen die Rede.[36] Gemeint war damit eine Liste von 138 Unterschriften, die Lehrlinge dem zuständigen Parteisekretär auf den Tisch legten.

Diese Liste ist erstaunlicherweise in Böhmes Nachlasspapieren erhalten,[37] was darauf deutet, dass sie ihm aus SED-Beständen zugespielt wurde. Ein weiteres Detail, auf das sich Manfred Böhme später kokettierend berufen hat: Unterschrieben hatte jenes Protestschreiben auch die Tochter des obersten Stasi-Chefs.

Die damals 18-jährige Pflegetochter von Erich Mielke, Inge Haller, absolvierte zu jener Zeit in Leuna eine Berufsausbildung mit Abitur als Chemiefacharbeiterin.[38] Dass sich das MfS also für diese Vorfälle interessierte, ist auch auf die Verwicklung der Mielke-Tochter zurückzuführen. Eine zuweilen behauptete Inhaftierung von Manfred Böhme in diesem Zusammenhang ist jedoch nirgends nachweisbar und wurde von ihm selbst gegenüber dem MfS bei seiner großen „Aussprache" 1978 auch nicht erwähnt.[39]

Im Juni 1965 hat Manfred Böhme in den Leuna-Werken gekündigt und ist fortgegangen aus der Region. In der Leunaer Parteiberichterstattung taucht sein Name im Herbst des Jahres noch einmal auf: Eine Personalsachbearbeiterin gab der SED zur Kenntnis, dass der Genosse Böhm (sic), Manfred einen Brief an zwei Kollegen geschickt und dabei als Absender den Namen *Frieda Hockauf* angegeben habe. Eine nicht ganz unpolitische

---

34 BStU, MfS, AU 14783/78, Bd. II, Bl. 83.
35 Mitteilung der KPKK Leuna an die BPKK Halle vom 22.7.65, LHASA, MER, IV/A-4/12/275, Bl. 249.
36 Ebenda.
37 RHA, MaB 33.
38 Siehe dazu auch Wilfriede Otto: Erich Mielke, Berlin 2000, S. 355.
39 Siehe Böhmes AU-Akte.

Statistik über beschlossene Parteistrafen

Bezirk: *Halle*
Kreis: *Luna*
Für die Zeit vom *1. 7.* bis *31. 12. 65*

	Arbeiter	Mitglieder LPG, GPG und PwF	Angehörige der Intelligenz	Angestellte	Mitglieder PGH	Studenten und Schüler	Hausfrauen, Rentner u.a.	Volkspolizei	Funktionäre und pol. Mitarbeiter d. Partei	Funktionäre und Mitarbeiter der Massenorganis.	Funktionäre und Mitarbeiter des Staatsapparat.	Insgesamt durch Gr.-Org.	PKK
1 Parteifeindl. Handlungen													
a) Agenten, Spione, Verräter — Ausschluß		1											1
b) Überlaufen zum Klassenfeind — Ausschluß													
c) Opportunisten, Revisionisten, Fraktionisten usw. — Rüge													
— Strenge Rüge													
— Vers. Kand.-St.													
— Ausschluß	2											2	
Insgesamt	2											2	1
2 Parteischädl. Handlungen													
a) kriminelle Vergehen — Rüge													
— Strenge Rüge													
— Vers. Kand.-St.													
— Streichung													
— Ausschluß													
Insgesamt													
b) Sonstige Verstöße gegen die sozialistische Gesetzlichkeit — Rüge													
— Strenge Rüge	1											1	
— Vers. Kand.-St.													
— Streichung	1											1	
— Ausschluß													
Insgesamt	2											2	
c) Cliquenbildung, Intriganten, Karrieristen, Fragebogenfälschung, Verschweigen von schädlichen Handlungen, politische Blindheit, Versöhnlertum usw. — Rüge										1		1	
— Strenge Rüge			1 *Böhme*									1	
— Vers. Kand.-St.													
— Streichung													
— Ausschluß													
Insgesamt			1							1		2	
3 Verletzg. d. Parteidisziplin													
a) Verletzung der Wachsamkeit, Partei- und Staatsdisziplin, Verlust und fahrlässiger Umgang mit Partei- und Staatsdokumenten — Rüge	1											1	
— Strenge Rüge													
— Vers. Kand.-St.													
— Streichung	3											3	
— Ausschluß													
Insgesamt	4											4	
b) Mißachtung und Unterdrückung der Kritik, Verletzung der Leninschen Normen des Parteilebens — Rüge	1	1										2	
— Strenge Rüge													
— Vers. Kand.-St.													
— Streichung	5											4	1
— Ausschluß													
Insgesamt	6	1										6	1

Ag 220 1 496a VI. 65

Bitte Rückseite beachten!

Statistisch erfasst: Böhmes Parteistrafe (1965)

27

Witzelei, die Frau mit dem seltsamen Namen war eine DDR-weit bekannte Bestarbeiterin.[40]

Die Parteikontrollkommission der Leuna-Werke bestätigt außerdem vorschriftsgemäß die ihm erteilte strenge Rüge und notiert abschließend, der Genosse Böhme arbeite inzwischen im Bezirk Gera.[41]

---

40   LHASA, MER SED-GO BBS Leuna, IV-A-7-412-122, Bl. 66.
41   LHASA, MER, IV/A-4/12/273, Bl. 66.

II. Greiz und Gera (1965 bis 1978)

Manfred Böhme arbeitet in Greiz als Hilfsbibliothekar, nimmt ein Fernstudium auf und wird Jugendklubleiter. Als Anhänger des Prager Frühlings verliert er seine Arbeit, wird zur Bewährung Postbote und kurz darauf inoffizieller Mitarbeiter der Stasi. Böhme darf in Leitungsfunktionen zurückkehren, wird Kreissekretär des Kulturbundes und berichtet zeitgleich an die Stasi über den angeblichen politischen Untergrund von Greiz, besonders über den Lyriker Reiner Kunze. Nach sechs Jahren wird er im Kulturbund abgesetzt und in eine Bibliothek nach Gera abgeschoben.

Als Manfred Böhme aus Leuna fortwollte, weil er – wie er sagte – verfolgt wurde, da riet sein Freund Peter Schimmel ihm, doch nach Greiz zu gehen.[42] Aus Greiz im Vogtland stammte Peter Schimmel nämlich selbst, dort konnte er ihm eventuell helfen.

Greiz, auch „Perle des Vogtlandes" genannt, war traditionell ein Ort der Textilindustrie, die hier um 1900 expandierte. Der damals blühende Wohlstand hinterließ seine Spuren in Form von imposanten Fabrikantenvillen. Zu DDR-Zeiten war die „Greika", ein Weberei- und Veredlungsbetrieb, mit 5.000 Beschäftigten der größte Arbeitgeber der Stadt. Außerdem gab es hier den VEB Plasttechnik, ein Chemiewerk, eine Papierfabrik und „herdas" – einen Betrieb für Herren- und Damenkonfektion.

An die 40.000 Einwohner hatte die Stadt im Tal der Weißen Elster, die durch die zwei Mini-Fürstentümer des Hauses Reuß zu zwei Schlössern, dem Unteren und dem Oberen Schloss, sowie einem Sommerpalais am wunderbaren Greizer Park gekommen war. Der jahrhundertealte Park wurde um 1950 in „Leninpark" umbenannt und erhielt später auch eine Leninbüste, die heute wieder verschwunden ist.

Manfred Böhme ist tatsächlich im Frühsommer 1965 nach Greiz gefahren. Peter Schimmel hat ihn nicht begleitet, hat ihm aber – so erinnert er sich – die Adresse seiner Eltern gegeben. Zwar ist dem Neuankömmling die kleine Kreisstadt im Vogtland kein Ersatz für die riesigen Leuna-Werke mit dem dazugehörigen Trubel, doch muss ihn auch etwas an der früheren Reußischen Residenzstadt gereizt haben. Er sucht sich hier Arbeit und Unterkunft. Die

---

42 Gespräch mit Edith und Peter Schimmel am 26.5.08 in Greiz.

erste Greizer Wohnung fand Manfred Böhme denn auch in einem Haus, in dem Peter Schimmels Großmutter wohnte: Brückenstraße 11.

Ab Juli 1965 arbeitete der 21-Jährige in der Greizer Kreisbibliothek als Hilfskraft. Herr Klinkenberg war dort sein Chef und der Bibliothekar Wolfgang Theilig Manfred Böhmes Kollege. Er erinnert sich folgendermaßen:

„Nun war dieser junge Mann also da und keiner wusste so recht etwas mit ihm anzufangen. Denn für glänzende Redner, Revolutionäre und Alleswisser (alles das war er) war wenig Verwendung. Die bibliothekarische Kleinarbeit, das Sortieren von Zetteln, Umhertragen und Einordnen von Büchern usw. lag ihm überhaupt nicht, darin leistete er gar nichts. Er wurde eingesetzt, um bei säumigen Lesern die Bücher in der Wohnung abzuholen. Das gab ihm Gelegenheit, viel in der Stadt unterwegs zu sein. Außerdem sollte er – da ja ehemals Lehrer oder Erzieher – in der Öffentlichkeit auftreten, Buchlesungen veranstalten und dergleichen.
Das war natürlich etwas für ihn! Er nutzte das weitgehend aus, war bald überall bekannt, trat in der Stadt als ‚Bibliothekar' (der er ja gar nicht war) auf und galt schon bald als der ‚Direktor' der Bibliothek. Überall war der freundliche, charmante, gebildete junge Mann wohl gelitten und willkommen: Er hielt Vorträge, leitete in der Erweiterten Oberschule Zirkel, scharte junge Leute um sich und in seinem Urlaub arbeitete er als Helfer im Ferienlager." [43]

Nach zwei Jahren delegierte die Bibliothek die junge Hilfskraft Böhme zur Qualifizierung, das heißt zu einem Fernstudium an die Fachschule für Bibliothekare in Leipzig. Über fünf Jahre zog sich diese Ausbildung hin, die Manfred Böhme auch dann noch weiter verfolgte, als er nicht mehr in der Bibliothek angestellt war. Der Greizer Bibliotheksleiter Hugo Klinkenberg schrieb für dieses Fernstudium am 9.3.1967 eine Beurteilung über seinen Mitarbeiter Böhme, in der er es an Deutlichkeit nicht fehlen ließ.

Ein Auszug:

„Sein Charakter ist recht widersprüchlich und schwer zu beurteilen. Er schwankt dauernd zwischen Überheblichkeit, Minderwertigkeitskomplexen, Bescheidenheit und überspitztem Geltungsbedürfnis. Besonders ausgeprägt ist bei ihm der Hang zum Polemisieren. Er verfügt dabei über eine Vorstellungskraft, die es ihm oft erschwert, Wirklichkeit und

---

43 Brief Wolfgang Theilig vom 15.10.08.

Bibliotheksmitarbeiter (1965), v.l.: Steudel, Theilig, Klinkenberg

Phantasie zu trennen. All diese Eigenschaften wirken sich zeitweise negativ auf das Arbeitsklima im Kollektiv aus. Er hält nicht nur die Kollegen von der Arbeit ab, sondern läßt sie den intellektuellen Unterschied beleidigend fühlen." [44]

Während die beschriebene Widersprüchlichkeit heutige Zeitgenossen vermutlich nicht dermaßen beunruhigen würde – und eher als jugendliche Unausgeglichenheit gelten würde –, ist die Beobachtung in puncto Vorstellungskraft doch bemerkenswert.

Im Sommer 1966 wurde ein Aufruf an junge Schreibende veröffentlicht, sich und ihre Texte vorzustellen. Günter Ullmann, ein junger Mann aus Greiz, las davon in der *Volkswacht*, der örtlichen Zeitung, und ging zu diesem Treffen, das in der Bibliothek stattfand. Dort traf er erstmals auf Manfred Böhme, der sich und seine Gedichte ebenfalls vorstellte. Beide hatten nicht nur ein gemeinsames Interesse an Literatur, sondern einen ähnlichen Werdegang hinter sich. Auch Günter Ullmann (1946-2009) hatte Maurer gelernt, allerdings mit Abitur. Manfred Böhme stellte sich ihm gegenüber als jünger dar und gab als sein Geburtsjahr 1948 an. [45]

---

44   Archiv der Bibliothek Greiz.
45   Gespräch mit Günter Ullmann am 26.5.08 in Greiz.

Günter Ullmann fasste im Jahre 2008 rückblickend die Rolle Böhmes für sich so zusammen:

„Er war ein Lehrer, Erzieher und Freund – ein demokratischer Marxist. Er war bescheiden, hilfsbereit und hatte eine enorme Ausstrahlung. Seine kritische Haltung zu den gesellschaftlichen Zuständen begeisterte nicht nur uns Junge. Halb Greiz lag zu seinen Füßen.“[46]

Beide sehen sich nach Ullmanns Armeedienst im Jahre 1968 wieder und werden von da an sehr engen Kontakt haben.

Manfred Böhme muss – wie in Leuna – sehr bald wieder in der FDJ aktiv geworden sein. Jedenfalls hat er schon ab 1966 das sogenannte FDJ-Studienjahr, das waren theoretisch-historische, zumeist sehr ideologische Seminare, die mit dem Erwerb des Abzeichens „Für gutes Wissen“ endeten, an der Erweiterten Oberschule (EOS) von Greiz geleitet.

Daran kann sich Edith Schimmel (Jg. 1949), damals Freundin und später Ehefrau von Peter Schimmel, genau erinnern, die 1968 an der Schule ihr Abitur machte:

„Er war brillant. Die Seminare waren so interessant, dass niemand gefehlt hat. Besonders die Mädchen waren ganz begeistert.“[47]

Es gab damals viele Greizer Jugendliche, die von Manfred Böhme nicht nur angetan, sondern nachhaltig beeindruckt waren. Die Abiturienten empfanden diesen jungen Seminarleiter als angenehme Ausnahme inmitten der sonstigen Lehrerschar. Er war *„fast ein Genie“*, meint der Greizer Journalist und Autor Volker Müller, der unter gleichem Titel einen Aufsatz über Böhme veröffentlicht hat.[48]

Volker Müller (Jg. 1952), der damals Klarinette spielte, war an der Greizer EOS Mitglied einer musikalisch-literarischen Gruppe, die Manfred Böhme leitete. Die Schülerband begleitete diese Gruppe. Das war 1967. Manfred Böhme vertonte mit dieser Gruppe auch Gedichte von Reiner Kunze. Damals war der Lyriker Reiner Kunze, der seit 1962 in Greiz lebte, bereits ein prominenter Autor, dessen Urteil und Rat sehr gefragt war.

---

46   Gespräch mit Günter Ullmann am 28.5.08 in Greiz.
47   Gespräch mit Edith und Peter Schimmel am 26.5.08 in Greiz.
48   Volker Müller: Fast so etwas wie ein Genie, in: ders., Prominente Pilzvergiftungen, Weimar 2002.

Manfred Böhme (1.v.l.) im Ferienlager Langenstein (1966)

Volker Müller erinnert sich:

> „Böhme hat uns zum Teil ermuntert, zu Kunze zu gehen, der uns auch
> empfangen hat. Uns, die jungen Lyriker, jungen Poeten am Ort. Teils hat
> er uns auch abgeraten, weil er meinte, es solle jeder seinen Weg gehen und
> Kunze könnte manchen von uns in einseitiger Richtung beeinflussen. Ich
> stand damals unter dem Einfluss der Persönlichkeit Kunzes, seiner über-
> ragenden Fähigkeiten, auch seiner Art, literarische Probleme zu erklären.
> Deshalb hab ich dann mal gesagt: Manfred, das kannst du nicht von uns
> verlangen. Wenn wir schon einen richtigen Dichter haben in Greiz, dann
> müssen wir hingehen und müssen alle Möglichkeiten nutzen. Damit hab
> ich ihn natürlich schwer verletzt, weil er ja auch geschrieben hat."[49]

Seit wann Manfred Böhme Gedichte schrieb, ist nicht genau auszuma-
chen. Von den Gedichten, die er Freunden und Bekannten zugeschickt hat,
sind die frühesten – zumeist handgeschriebenen – aus dem Jahre 1966.[50] Sie

---

49 Gespräch mit Volker Müller am 27.5.08 in Greiz.
50 Gespräch mit Edith und Peter Schimmel am 7.10.08 in Greiz.

kopieren den Stil des 19. Jahrhunderts, zumindest dessen romantisch-melan-cholische Symbolik. Peter Schimmel hat ein Gedicht von Manfred Böhme auf-bewahrt, das er von ihm 1966 per Brief bekommen hatte:

Glück im Suchen

So oft Du nahe bei des Glückes Gründen,
glaubst zu erfassen, was Du ersehnst;
doch wirst Du Schönheit dann erst finden,
wenn Du Dich in Unsicherheit sicher wähnst.

An seinen Freund Günter Ullmann richtete der 24-Jährige „Zu Greiz am 4. Aug. 1968" beispielsweise vier Gedichte. Eines davon ist *Elegie einer Krisis* betitelt.[51]

Oh, Zeitenstrom! So laß mich halten!
Laß' einmal mich aus Deiner Macht,
aus Deinen flutenden Gewalten,
die stürmisch mich nach vorn gebracht!
Ich träumt', ich trank vom Kelch der Sonne;
Doch nun verbrenn' ich innerlich.
Was gestern mir noch Geistes Wonne,
heut', so verzeih, verfluche ich.
Von Deinem Meer bin ich ein Tropfen,
getragen von der Fluten Wahn;
spül' mich zum letzten freien Hoffen
an's Eiland nun zur Ruhe an.

Bei gleicher Gelegenheit verschickte Böhme auch folgendes Gedicht:

Wanderung in die Ferne

Ich treibe die ewige Straße hinab,
fast träumend zieh' ich dahin,
zu ergründen des Lebens Auf und Ab,
der Bewegung tieferen Sinn.
Zu verweilen an einem schönen Ort,

---

51 Privatarchiv Ullmann.

nehm’ ich mir meist nicht die Zeit;
die Gedanken, sie treiben mich stetig fort,
das Glück mir von weitem nur scheint.
Und ist es sehr nah, so erhasch ich es nicht,
befürchtend, es wäre nicht echt;
flieht es vorüber, so blendet sein Licht,
dann geb’ ich befriedigt mir recht.
So sinn’, so schreib’ ich und vergeß dabei
Der Liebe Blumen an des Lebens Wegen;
doch strahlt das Glück mir von weitem neu,
so zieh’ von neuem ich ihm entgegen.
Find’ ich auch einst in der Ferne mein Grab
unter Fremden, wie ich einer bin,
so führ’ ich doch frei meines Lebens Stab,
bestimme meiner Gedanken freien Sinn!

Zur kritischen Begutachtung hat der Fernstudent Manfred Böhme seinem Literaturdozenten an der Leipziger Fachschule, Joachim Stein, Texte überlassen, darunter im Februar 1968 auch den Achtzeiler *Daß*.

Joachim Stein erinnert sich, sehr kritisch reagiert zu haben, was Manfred Böhme ihm aber nicht verübelte. Regelmäßig schickte er auch später Gedichte und andere Texte an Joachim Stein, auch lange nach Abschluss des Fernstudiums. Überhaupt ist dies eine Eigenheit, die alle diejenigen kannten, die von Böhme Briefe bekamen. Er legte jeweils aktuelle oder überarbeitete Gedichte von sich bei.

Bei einem Krankenhausaufenthalt im Mai 1968 schenkt der junge Böhme die *Wanderung in die Ferne* in leicht veränderter Form und handgeschrieben einer Krankenschwester. Sie konnte sich noch 25 Jahre später daran erinnern und meinte, er habe dieses Gedicht spontan im Krankenhaus verfasst.[52]

Obwohl Manfred Böhme von Freunden, die selbst schrieben, keine besonders positive Resonanz bekam, behielt er das Gedichteschreiben bei.[53]

---

52 Brief an das RHA, MaB 19.
53 Seine Gedichte verteilt Böhme noch in den letzten Lebensjahren in Abschriften an seine Briefpartner und an Menschen in seiner näheren Umgebung. Was dem Einzelnen als Zeichen einer sehr persönlichen Aufmerksamkeit erschien, hatte beim Absender eine gewisse Mechanik. Einen Fundus von ca. 25 älteren Texten bearbeitete und kopierte er bis ins Jahr 1998 immer wieder neu – auf der Schreibmaschine oder mit der Hand. Dadurch entstand vermutlich bei den Empfängern der Eindruck einer gleichbleibend hohen Produktivität.

Greiz, den 21. 2. 68

Sehr geehrter Herr Stein!

Entschuldigen Sie, bitte, mein heutiges Fehlen; mein Gesundheitszustand erlaubte mir die Reise nach Leipzig nicht.

Damit Sie nicht annehmen, der Inhalt meiner lyrischen Ergüsse bewege sich nur auf nihilistischem Terril, erlaube ich mir, Ihnen einige neue Zeilen zu senden.

DAß...

Daß mich die Zeit nicht ewig trenne
von dem, was mir die Liebe scheint;
daß ich im Kampf die Kraft erringe,
die mich mit meinem Traum vereint;
daß Straßen sich nach vorn bewegen,
auf ihnen ich im flotten Schritt!
Dafür nur gilt es mir zu leben,
und dafür zwing' ich mein Geschick!

21. 2. 68

Brief an Joachim Stein (1968)

1968: Neue Arbeit, Protest und Bestrafung

Zu Anfang des Jahres 1968 wird der damals 23-jährige Seminar- und Zirkelleiter seitens der Partei angesprochen, die Leitung des FDJ-Jugendklubs in Greiz zu übernehmen.[54] Die Parteistrafe aus Leunaer Zeit musste demnach gelöscht worden sein. Der im Nachlass erhaltene Arbeitsvertrag galt ab dem 1. März 1968.[55]

Anscheinend folgten dann sehr aktive Wochen und Monate, in denen Böhme das Kulturangebot für Jugendliche merklich veränderte. Einen Philosophiezirkel gründete er, einen Literaturkreis auch, im Klubhaus gab es nun eine Singegruppe. Die sogenannte Singebewegung, beeinflusst von den Protestsongs amerikanischer und kanadischer Folksänger und auf DDR-Themen gemünzt, wurde gezielt als Gegenstück zur Beatmusik gefördert.

Harald Seidel (Jg. 1945) spielte mit mehreren Freunden seit ein paar Jahren in einer Band, hauptsächlich Rock und Jazz. Zuerst nannten sie sich *Rats*, später *media nox*. Dazu gehörten fünf Musiker und eine Sängerin.

Böhme, der interessante junge Kulturmensch, der immer mit Parteiabzeichen herumlief, verhalf der Band zu Auftritten – auch wenn Rockmusik gar nicht seine Welt war. Und die Musiker von *media nox* ihrerseits schauten sich an, was er mit seiner Singegruppe auf die Beine stellte. Es dauerte nicht lange und man freundete sich an, die Band begleitete einige Male Böhmes literarische Programme. Manfred Böhme revanchierte sich und beriet Günter Ullmann beim Schreiben, setzte sich bei der anstehenden alljährlichen Einstufung der Band für diese ein. Es bildete sich ein lockerer Kreis um den jungen bärtigen Kulturfunktionär im Anzug, der sich gelegentlich so gab, als sei er an Frauen nicht sonderlich interessiert.

Harald Seidel hatte Manfred Böhme um 1967 kennengelernt:

> *„Böhme war anders als alle andern. Damals hatten wir ja Jeans und lange Haare. Böhme war so mit Parteiabzeichen und Krawatte, er hat ein brillantes Hochdeutsch gesprochen, es war alles anders. Er hat schon so einen mephistophelischen Eindruck gemacht, aber das hat jetzt mit Stasi und so weiter nichts zu tun. Das war einfach reizvoll, in der Art wie Gustaf Gründgens. (...) So haben wir ihn empfunden: phänomenales Gedächtnis, sprachbegabt.*

---

54 Handschriftlicher Lebenslauf in Böhmes MfS-Untersuchungsakte von 1978, AU 14783/78, Bd. II, Bl. 83.
55 RHA, MaB 32.

Er hatte zwar immer eine Menge Menschen um sich, aber im Grunde war er immer für sich. Ich glaube, er war ein Einzelgänger. Ob er auch das wieder gespielt hat oder ob er einfach so war – man weiß es heut nicht mehr. Auch das Homosexuelle, ob er es gewesen ist oder es nur gespielt hat, wir können es einfach nicht sagen.

Was anziehend war: Er war ein SED-Funktionär im Kulturbund, in der FDJ, aber er war anders, ganz anders als die ganzen platten Typen, die uns umgeben haben. Das musste bei ihm alles Fingerspitzengefühl haben. Zum Beispiel diese Form, zu argumentieren mit Zitaten, die er vielleicht erfunden hat. Keiner traute sich dann, seinen Lenin-Zitaten zu widersprechen. Er hat geblufft, und er hat gespielt – das haben wir natürlich genossen.“ [56]

Der Prager Frühling und sein Ende

Im Frühjahr 1968 wird bei den einheimischen SED-Funktionären „Prag“ zum Inbegriff alles Verwerflichen. „*Solche Plakate können Sie in Prag aufhängen*“, sagt man den Freunden von *media nox*, als die ein selbstgemachtes Plakat von Günter Ullmann in der Stadt kleben.

In Greiz ist die ČSSR relativ nahe. Nicht nur wegen der kurzen Wege dorthin. Mit Reiner Kunze ist hier auch ein Verfechter der dortigen Neuerungen präsent, ein Mittler und Übersetzer im wahrsten Sinne des Wortes. Kunze und seine tschechische Ehefrau leben nicht nur in der Stadt. Er widmet sich in den 60er Jahren besonders der Übersetzung von tschechischer Lyrik. Verlegt werden seine Texte aber zumeist im Westen Deutschlands. Im Frühsommer 1968 erscheint in der Reihe *Poesiealbum* eine kleine Sammlung mit Texten von Reiner Kunze. Der Jugendklubleiter Böhme stellt das Heft in seinem Hause vor.

Ein Blick in die Seiten der regionalen SED-Zeitung *Volkswacht* veranschaulicht das Klima im Sommer 1968: Gerade war der thüringische 1. FC Carl Zeiss Jena „*deutscher Fußballmeister der DDR*“ geworden.[57] Im Greizer Park wurde eine Lenin-Büste eingeweiht,[58] die dem Revolutionsführer nicht sehr ähnlich schien, und in der DDR-Hauptstadt präsentierte die Partei sämtliche Geschenke, die Walter Ulbricht aus aller Welt zu seinem 75. Geburtstag erhalten hatte, dem Staatsvolk im Museum. Albernster Personenkult, angepriesen unter der Überschrift *Lebendiger Beweis für Schöpferkraft des Volkes*.[59]

---

56 Gespräch mit Harald Seidel am 6.10.08 in Greiz.
57 Volkswacht, 27.5.68, S.4.
58 Volkswacht, 8.7.68, S.6.
59 Volkswacht, 9.8.68, S.1.

„media nox" (1968)

Schon in den Wochen vor dem Einmarsch in Prag sammeln sich in den vogtländischen Wäldern sowjetische Panzer, eine Reservistenübung der NVA ist ebenfalls angesetzt. In der Presse läuft eine Kampagne unter dem Motto, die sozialistischen Errungenschaften der ČSSR müssten geschützt werden. Die regionale SED-Zeitung lässt – wie üblich – besorgte ČSSR-Bürger zu Wort kommen und stellt sich nach dem Truppeneinmarsch natürlich auf die Seite der „brüderlichen Armeen". In den Tagen nach dem 21. August 1968 ist dann auch besonders viel von Planerfolgen und von jungen Menschen zu lesen, die nun Mitglied der Partei werden wollen. Im Weimarer Nationaltheater tritt Kulturminister Klaus Gysi mit einer wegweisenden Rede auf.[60] Er fordert – wie Wochen vorher schon Walter Ulbricht – für die Kultur der DDR eine Synthese aus Goethe und „Bitterfelder Weg". Und Kafka ist dabei mehr als verzichtbar. Die Kafka-Verehrer in Prag macht der damalige DDR-Kulturminister deutlich als Teil der Konterrevolution aus. Zum wiederholten Male verengen sich die Grenzen in der kleinen DDR.

In der Umgebung von Greiz konnte man die sowjetischen Panzer schon Tage vor dem Einmarsch bemerken. Bis zur Sächsischen Schweiz hin wa-

---

60   Volkswacht, 30.8.68, S. 2.

ren sie in den Wäldern stationiert, erzählt Harald Seidel.[61] Als die Greizer Freunde um *media nox* darüber nachdachten, ob und wie sie protestieren könnten gegen den Einmarsch des Warschauer Paktes in Prag, riet ihnen Manfred Böhme von einer Demonstration auf der Straße ab. Sein Vorschlag war, sich kleine Anstecker mit den tschechoslowakischen Farben zu basteln und zu tragen. Das haben sie getan, erinnern sich Harald Seidel und Günter Ullmann.[62] Und Böhme hat auch so einen Anstecker getragen, sagen sie. Neben dem Parteiabzeichen. Ein Foto gibt es davon nicht, aber Ärger bekamen alle Beteiligten.

Seidel und Ullmann wurden von Partei und MfS befragt, und Böhme wurde in der SED „zum Thema". Zunächst in einer größeren Versammlung, wo ein Kreisleitungsmitglied vor den Kulturschaffenden der Stadt tönte, dass die Partei sich Leute wie den Böhme „wie ein Geschwür aus dem Fleische schneiden" müsse. Seidel und seine Freunde waren dort, sind aber gegangen, bevor es zu der üblichen Zustimmungsbekundung über die Richtigkeit der Beschlüsse von Partei und Regierung kam. Ob Manfred Böhme damals auch im kleinen Saal des Greizer Theaters anwesend war, weiß Harald Seidel heute nicht mehr genau zu sagen.[63]

Böhme selbst erzählte später, dass er in jenen Tagen vom MfS verhaftet worden sei.[64] Dafür gibt es keine Belege. Im erhalten gebliebenen Eingangsbuch der Geraer MfS-Untersuchungshaftanstalt ist sein Name für 1968 nicht verzeichnet.[65] Auch in den Unterlagen der SED ist von einer Verhaftung keine Rede. Belegt ist allerdings ein erneutes Parteiverfahren gegen ihn, das mit einer strengen Rüge und wiederum mit „Funktionsentzug" endete.

Rechts:
Bericht der Volkspolizei über jugendliche Gruppierungen im Bezirk Gera (1968)

---

61 Gespräch mit Harald Seidel am 6.10.08 in Greiz.
62 Ebenda und Gespräch mit Günter Ullmann am 26.5.08 in Greiz.
63 Gespräch mit Harald Seidel am 6.10.08 in Greiz.
64 Lebenslauf, SPD-Parteitag Februar 1990, siehe auch S. 156.
65 BStU, MfS Gera Abt. XIV, 0003, Bl. 4.

        - Der Chef -

B e r i c h t

Über jugendliche Gruppierungen und ihre Tätigkeiten vor
und nach dem 21. 08. 1968 im Zusammenhang mit den Ereignissen in der CSSR

Ein bestimmter Teil von Jugendlichen im Bezirk Gera schließt
sich als organisierte, lose oder spontane Gruppierung zusammen und bei vorliegen bestimmter Voraussetzungen - Tanzveranstaltungen, Beat-Musik, übermäßiger Genuß von Alkohol u. a. -
treten sie mit dem Sozialismus wesensfremden Lebensgewohn-
heiten in Erscheinung. In der Mehrzahl sind es Gruppierungen
von zahlenmäßig geringer Stärke, von 2 bis 5 Personen.
Störend unangenehm treten einige Gruppierungen Jugendlicher
auf Straßen und Plätzen auf, indem sie in übermäßiger Laut-
stärke mit ihren Kofferradios westliche Musik empfangen.

Bei Veranstaltungen, besonders bei Tanzveranstaltungen, finden
sich Jugendliche zu losen und spontanen Gruppierungen zusammen, erregt durch die Musik der Kapellen und Alkoholgenuß
stören sie die öffentliche Ordnung und Sicherheit.
Diese Gruppierungen finden eine geringe Basis unter den Jugendlichen.

Im 2. Halbjahr 1968 zeigte sich die Tendenz, daß sich Gruppierungen Jugendlicher in kleineren Städten der Kreise zu-
sammenfinden. Dies geschieht in den Kleinstädten und Gemein-
den häufig im Zusammenhang mit Besuchen von Tanzveranstaltungen. Hierbei spielen solche Kapellen, wie sie im Anhang
angeführt sind, eine wesentliche Rolle. Diese Kapellen bringen
fast ausschließlich dekadente Musik. Dabei finden sich außer
ortsansässigen auch zum Teil über dem Bezirksmaßstab hinaus
Jugendliche zusammen.

41

Im einzelnen gibt es zu diesen Problemen folgende Erscheinungen:

Mit Beginn der Maßnahmen des 21. 08. 1968 traten im Kreisgebiet von Greiz drei negative bzw. labile Ansammlungen und politische Gruppierungen Jugendlicher auf.

- Die Gruppe um den 21-jährigen Genossen und FDJ-ler ▓▓▓▓▓▓
  ▓▓▓▓▓▓▓▓▓▓ aus Greiz hatte eine Stärke von ca. 15
  Jugendlichen im Alter von 17 bis 22 Jahren. In ihrem politischen Charakter und Auftreten äußerten sie sich provokatorisch gegen Hilfsmaßnahmen der fünf Bruderländer zur
  Niederschlagung der Konterrevolution in der CSSR und damit
  gegen die Maßnahmen unserer Partei und Regierung.

Sie trugen teilweise bereits ab 21. 08. 1968 die CSSR-
Flagge als Emblem offen an ihrer Kleidung, um, wie sie
selbst in Verhören aussagten, ihre Solidarität gegenüber
den Konterrevolutionären auszudrücken. Die Jugendlichen
traten in kleineren Grüppchen ausschließlich in Greiz und
Elsterberg auf. Unter Alkohol stehend, riefen sie mehrmals
in der Öffentlichkeit (Bushaltestellen, Burgruinenfest,
Elsterberg) "Dy like Dubcek". Bei den Jugendlichen handelt
es sich zumeist um Schüler der EOS Greiz. Unter ihnen befand
sich nur ein Krimineller und zwar der ▓▓▓▓▓▓▓▓▓▓ ,
wohnhaft in Greiz. Alle anderen Jugendlichen kommen aus fort-
schrittlichen Elternhäusern. Die Mutter des ▓▓▓▓▓▓ war
selbst mehrere Jahr als Antifaschistin im KZ. An dieser
Gruppierungen beteiligte sich auch das Mitglied der SED,
FDJ-Funktionär und Leiter des Jugendklubhauses Greiz, Manfred B ö h m , wohnhaft Greiz. Im Zusammenwirken mit MfS
wurde am 26. 08. 1968 durch operative Auswertung und ein-
gehende Befragungen, besonders des ▓▓▓▓▓▓ , Manfred, B.
und ▓▓▓▓▓▓▓▓ , diese Gruppierung weitgehendst aufge-
löst.

Bericht der Volkspolizei über protestierende Greizer Jugendliche (1968)

Die zweite Parteistrafe

Die Parteigruppe von Böhme muss die strenge Rüge laut Unterlagen am 2.9.1968 beschlossen haben, und am 12.9.1968 bestätigte die Kreisparteikontrollkommission (KPKK) diesen Beschluss ihrerseits.[66] Damit wurde er gültig. Zuvor, am 5.9.1968, hatte Manfred Böhme seinen Posten als Leiter des Jugendklubs verloren. Die Begründung im Kündigungsschreiben lautet:

„Sie haben die Beschlüsse von Partei und Regierung in Ihrem Aufgabenbereich nicht im Sinne unseres sozialistischen Staates erläutert und durchgesetzt."[67]

Nach diesem Parteiverfahren drohte Böhme auch die Exmatrikulation als Fernstudent an der Bibliotheksfachschule in Leipzig. Joachim Stein erinnert sich daran, dass er und andere Dozenten sich für den Verbleib des zweifellos begabten Studenten eingesetzt haben.[68] Mit Erfolg, Manfred Böhme konnte sein Fernstudium fortsetzen.

Bei der Post

Die Behauptung, Manfred Böhme sei danach lange Zeit ohne Arbeit gewesen,[69] ist eine Legende. Die Partei regelte zumeist bei einem „Funktionsentzug" gleich alles Weitere.

Böhme hatte sich abermals an der Basis zu bewähren und begann laut Arbeitsvertrag, am 19.9.1968 bei der Post in Greiz zu arbeiten. Zunächst als Briefträger, ein halbes Jahr später stieg er dann allerdings schon zum „Leiter der Abteilung Löhne beim Hauptpostamt Greiz" auf. Sein Bruttomonatslohn betrug 580 M.[70]

Die Post verlieh ihm am 1. Juli 1969 den Dienstrang „Inspektor" und bestätigte zum „Tag der Republik", dem 7.10.1969, per Ehrenurkunde seine *„vorbildliche Mitarbeit und Einsatzbereitschaft zum Wohle der DDR".*[71] Dergleichen Urkunden finden sich mehrere im Nachlass von Böhme. Er nutzte offenbar seine Chance, sich bei der Post zu bewähren, um später wieder im

---

66   Siehe RHA, MaB 33 und Protokoll der KPKK-Sitzung Greiz am 12.9.1968, ThStA Rudolstadt, Kreisleitung der SED Greiz, Nr. IV/B-4/04-94.
67   BStU, MfS AU 14783/78 (nachfolgend AU-Akte), Bd. II, Bl. 137.
68   Gespräch mit Joachim Stein am 18.7.08 in Markkleeberg.
69   Siehe Lebenslauf vom Februar 1990, S. 156.
70   RHA, MaB 32.
71   RHA, MaB 27.

SED SOZIALISTISCHE EINHEITSPARTEI DEUTSCHLANDS
KREISLEITUNG GREIZ

18-532/68

10 60 20

An die
B P K K
1 0

Vertrauliche 10/4/18 Verschlußsache
Nr. ....5/68.......
..........Exemplare je...8.....Blatt
..........Exemplar ....8.....Blatt

66 Greiz, Ernst-Thälmann-Straße 27
Fernsprecher 3157–59
Bankkonto:
Deutsche Notenbank Greiz 80 35
Kenn-Nr. 110 110

PSA Erfurt Nr. 143 22

Bei Anfragen und Rückantworten anzugeben

Ihr Schreiben	Ihr Zeichen	Unser Zeichen	Datum
26.9.68	Ho/Go	M/Li.	15.10.1968
			20 10 00 20

1.) So mußte gegen den Genossen Manfred B ö h m e - Leiter der
Abt. Jugendklub des Kreiskulturhauses Greiz, ein Parteiver-
fahren durchgeführt werden und er erhielt von der GO des
Kreiskulturhauses eine "strenge Rüge" ausgesprochen.

Unmittelbar nach dem 21.8. traten bei Genossen Böhme schäd-
liche ideologische Meinungen auf - er legte diese auch schrif-
lich in einem Informationsbericht nieder.
So erklärte er die Hilfe der Bruderländer als unnötig und
falsch. Auch die von unseren Publikationsorganen Presse und
Fernsehen gegebenen Kommentare bezeichnete er als übereilt
und schädigend.
Um ihm ideologisch zu helfen, wurden mit ihm in einer Partei-
leitungssitzung diese Fragen diskutiert und er hinterließ den
Eindruck, daß er nunmehr klar sieht.
Im Gegensatz dazu nutzte er eine Belegschaftsversammlung im
Kulturhaus aus und trug seine falschen Meinungen in die Reihen der Parteilosen.
Er vertrat dort wiederum die Meinungen, wir würden in der DDR
ungenügend und falsch über die Lage in der CSSR informiert.
Er versuchte die Tätigkeit der Konterrevolutionäre zu baga-
tellisieren und zu verniedlichen - wandte sich gegen den Be-
schluß zur Hilfeleistung durch die Bruderländer und stellte
dort desorientierende Fragen. Bei ihm trat offener "Objekti-
vismus", ein ungenügender Klassenstandpunkt und mangelndes
Vertrauen zur Politik der Partei in Erscheinung.

Die KPKK Greiz zu Böhmes Parteiverfahren (1968)

44

Kulturbereich arbeiten zu können – wie es ihm seine Genossen mit auf den Weg gegeben hatten.

Vermittelt hatte die Arbeit bei der Post ein Greizer Parteiveteran namens Walter Kopp. So schreibt Böhme es in seinem nachgelassenen autobiographischen Manuskript.[72] Kopp (1898-1973) war ehemaliger Widerstandskämpfer und erster Nachkriegsbürgermeister von Greiz, später auch erster Kreissekretär des Kulturbundes in der Stadt. Für Manfred Böhme scheint er so etwas wie ein väterlicher Freund und Ratgeber gewesen zu sein. Interessant war an Walter Kopp auch seine „sektiererische" Vergangenheit in der antistalinistischen Splitterpartei KPD Opposition (O), die in den 20er Jahren in und um Greiz eine gewisse Stärke hatte.

Wie bodenlos verworren und undurchsichtig die DDR-Verhältnisse waren, ist auch an Kopps Biographie ablesbar: Wegen seiner KPD-(O)-Vergangenheit wird der Parteiveteran 1950 als Bürgermeister abgesetzt und mit diesem Makel aber 1954 gezielt als IM verpflichtet. Er soll Kontakte nach Westdeutschland für das MfS aufbauen – über ehemalige westdeutsche Kameraden, mit denen er in der NS-Zeit inhaftiert war. Laut Akte sind die Pläne des MfS nicht sehr erfolgreich gewesen, Kopps Gesundheitszustand ließ wenig Aktivitäten zu.[73]

Bei aller integren Eigenständigkeit, derentwegen Walter Kopp in Greiz sehr geschätzt war, hat er sich – wie andere auch – 1968 in der regionalen Parteipresse zum öffentlichen Kritisieren des Prager Frühlings verpflichten lassen. So sah Treue zur Partei aus – für junge Leute war vermutlich gar nicht zu durchschauen, wer warum wie handelte, möglicherweise aber anders dachte.

Die Parteistrafe von Manfred Böhme wurde Ende Dezember 1970 wieder gelöscht.[74] (Das entsprechende Original findet sich interessanterweise auch in Böhmes Nachlass.) Damit war der Weg frei für eine Rückkehr in eine leitende Funktion des Kulturbereiches. Offenbar war gerade hier die Personaldecke in Greiz recht dünn. Als zu Anfang 1971 der Kreissekretär des Kulturbundes wegen Inkompetenz auf eine andere Leitungsposition beim Rat der Stadt manövriert wurde, fiel die Wahl der SED-Kreisleitung auf Manfred Böhme als Nachfolger. Dieses für ihn sehr interessante Amt als Kulturbundkreissekretär sollte er sieben Jahre lang in Greiz ausüben.

---

72   RHA, MaB 08, siehe auch Kap. VII.
73   BStU, MfS Gera AIM 8775/72.
74   RHA, MaB 33.

Manfred Böhme (3.v.l.) bei der Post (1969)

Gut möglich, dass bei der Besetzung dieser Position auch die Sicherheitsorgane ein Interesse geltend gemacht hatten. Manfred Böhme war nämlich seit Anfang 1969 inoffizieller Mitarbeiter der Staatssicherheit.

Ab 1969 IM „August Drempker"

Knapp zehn Jahre später meint Böhme selbst, das MfS hätte 1968/69 seinen bevorstehenden Parteiausschluss verhindert, habe ihn „herausgehauen".[75] Möglicherweise wäre ein Parteiausschluss für ihn, der seit seinem 18. Geburtstag SED-Mitglied war, eine große Katastrophe gewesen.

Im Nachhinein betrachtet, dürfte mit dem neuerlichen ideologischen Querliegen auch die Chance auf eine Karriere innerhalb der Partei geschwunden sein. Hat dem ehrgeizigen Böhme deshalb das Angebot gefallen, inoffiziell für das MfS zu agieren?

Laut Karteikarte[76] wurde der sogenannte Vorlauf zu Böhme vom MfS im November 1968 eröffnet, und eine tatsächliche Verpflichtung muss im Januar 1969 stattgefunden haben. Er wurde zum GI (Geheimen Informator) „erhoben". Diese Funktion wurde in einigen Fällen vom MfS wie ein Ehrenamt ver-

---

75 AU-Akte 14783/78, Bd. I, Bl. 179.
76 BStU, Ast. Gera, F 77: angelegt am 27.11.68, am 24.1. zum IM (GI) erhoben.

liehen. Möglicherweise war gerade dieses Herangehen bei Manfred Böhme auf fruchtbaren Boden gefallen. Denn Böhme befand sich wieder einmal – wie schon mehrfach – in einer Bewährungszeit. Er hatte die Partei enttäuscht, sie hatte ihn abgestraft und in die „Praxis" geschickt, aber ihr Geheimdienst befand ihn der Mitarbeit für würdig.

Der IM „August Drempker" alias Manfred Böhme wurde – auf der untersten regionalen Ebene des MfS – von der Kreisdirektion Greiz geführt. Sein erster Führungsoffizier, Karl Hopfmann (Jg. 1927), war damals Oberleutnant und Arbeitsgruppenleiter. Ihm folgte um 1971 Leutnant Klaus Bräunlich (Jg. 1939) als Führungsoffizier.[77]

Da die IM-Akte von Manfred Böhme – bis 1978 immerhin schon 10 Ordner[78] – vernichtet worden ist, kann seine Tätigkeit nur rekonstruiert werden aus den verschiedenen Betroffenen-Akten, in denen Böhmes Berichte erhalten geblieben sind. Teilweise finden sich auch Unterlagen in den Akten anderer IM, denn nach dem Prinzip der ständigen gegenseitigen Überwachung wurden inoffizielle Mitarbeiter auch gezielt zur Beobachtung anderer IM, von deren IM-Status sie nichts wussten, angehalten.

Böhmes Greizer IM-Tätigkeit im Überblick

Die Schwerpunkte von Böhmes IM-Arbeit lagen in den Greizer Jahren (1969 bis 1977) in der „Bearbeitung" von Reiner Kunze, in Berichten über den Gesprächskreis in der Jungen Gemeinde, über den Kreis um die Bildhauerin Elly-Viola Nahmmacher, den Autor Jürgen Fuchs, den CDU-Kreisvorsitzenden Rolf Claus und den Kreis um die Band *media nox*, der gegen die Biermann-Ausbürgerung protestierte. Böhme berichtete ausführlich und mehrfach über den Slawisten und Lektor Dr. Ralf Schröder und dessen angeblichen Kreis in Berlin.

Bei Betrachtung dieser Schwerpunkte in chronologischer Abfolge zeichnet sich folgende Dynamik seiner IM-Aktivitäten ab:

Zu Anfang berichtete Böhme in der Breite – hauptsächlich Einzelheiten: Anwesenheiten bei Veranstaltungen, Tratsch und Klatsch, wer welche Meinungen zu welchem Thema hat, wer mit wem aus welchem Grund in Beziehung steht. Während er sich anfangs ausbedungen haben muss, über nähere Bekannte nur allgemein zu berichten, scheint er später ganz aufzugehen in dieser konspirativen Aufgabe.[79] Bald legt er dem MfS einige Themen und

---

77   Ebenda.
78   AU-Akte, Bd. III, Bl. 219. Übergabeprotokoll an die BV Nbg. 25.7.78.
79   AU-Akte 14783/78 Bd. I, Bl. 29.

Manfred Böhme
neuer Kulturbundsekretär

Greiz. Die Kreisleitung Greiz des Deutschen Kulturbundes bestätigte in Anwesenheit des Bezirkssekretärs Walter Schilling (Gera) in ihrer letzten erweiterten Kreisleitungssitzung im April die Nominierung von Manfred Böhme als neuen Kreissekretär.

Manfred Böhme hat sich während seiner jahrelangen Greizer Tätigkeit sowohl in der Stadt- und Kreisbiblio-thek als auch bei der Deutschen Post durch eine vielseitige gesellschaftliche und kulturelle Wirksamkeit – u. a. in Vorträgen, mit seinem Zirkel Junger Lyriker oder Rezitatoren – bewährt und bringt wesentliche Voraussetzungen für eine erfolgreiche und intensivere Kulturbundarbeit mit. Die Mitglieder der Kreisleitung wünschten ihm viel Erfolg.

Aus der SED-Bezirkszeitung „Volkswacht" (30.4.1971)

Personen als beobachtungswürdig ans Herz und beginnt Einschätzungen und Analysen zu liefern.

Vom erwähnten Greizer CDU-Funktionär Rolf Claus beispielsweise malte Böhme über Wochen, Monate und Jahre ein Bild, als betriebe der höchstwahrscheinlich „Feindtätigkeit", stehe mit einer bestimmten Berliner Gruppierung in Kontakt und wolle allem Anschein nach ihn, Böhme, für den Verfassungsschutz werben.[80]

Nach ungefähr drei Jahren hatte sich diese Geschichte totgelaufen, weil höhere Stasi-Offiziere aus Gera nach verwertbaren und belastbaren Informationen fragten und die Sinnhaftigkeit der gesamten Berichterstattung infrage stellten. Offenbar in diesem Zusammenhang bekam Böhme den neuen Decknamen „Paul Bonkarz" und interessanterweise auch schriftlich fixierte Aufträge, die er zu unterschreiben hatte.[81] Diese Festlegungen sollten ihn davon abhalten, ausschweifend selbständig aktiv zu werden.[82] Nebenher gab Böhme Berichte zu Reiner Kunze und dessen Kontakten, besonders 1973 nach Erscheinen von Kunzes Buch *Brief mit blauem Siegel*.[83]

1976 verstärkte sich die Berichterstattung zu Reiner Kunze in extremem Maße. Nach der Biermann-Ausbürgerung wurden die Proteste der Freunde um *media nox* zu einem weiteren Schwerpunkt in Böhmes Zuträgerfunktion. Seine Freunde schrieben Protestbriefe, zeigten sie vertrauensvoll auch Böhme, und der berichtete der Stasi umgehend davon. Damals wurde einer der Freunde,

---

80 OV „Fuchs", BStU, MfS Gera, AOV 635/76, Bd. I-III (nachfolgend AOV 635/76).
81 Ebenda, Bd. III, Bl. 72.
82 AU-Akte 14783/78, Bd. I, Bl. 52.
83 OV „Lyrik", BStU, MfS Gera 1434/77.

Manfred Böhme in Dresden (frühe 70er Jahre)

Harald Seidel, aus der SED ausgeschlossen, gegen andere Mitglieder der Band – wie zum Beispiel Günter Ullmann – wurden Operative Vorgänge eingeleitet.[84]

Weitere wiederkehrende Themenfelder Böhmescher Berichte sind Jürgen Fuchs, die Greizer Bildhauerin Elly-Viola Nahmmacher und ihr Freundeskreis sowie die Familie Hartmann, in der Böhme freundschaftlich verkehrte. Auch über verschiedene Freunde wie Arnold Vaatz oder Hans-Peter Jakobson, den er selbst für den Kulturbund begeisterte, berichtet Böhme später diffamierend und belastend.

Nachfolgend sind einige der wesentlichen Themen von Manfred Böhmes Berichterstattung an das MfS thematisch geordnet beschrieben.

In der Rolle des „intellektuellen Sektierers"

Durch seine rege Funktionstätigkeit in Gremien wie der FDJ-Kreisleitung Greiz, dem Kreisvorstand der Gesellschaft für Deutsch-Sowjetische Freundschaft (DSF) und natürlich dem Kulturbund war Manfred Böhme in den 70er Jahren stark eingebunden in die Arbeit der sogenannten Nationalen Front, einer von der SED dominierten Plattform sämtlicher Parteien und Massenorganisationen. Bei den Tagungen der Nationalen Front traf er also mit den regionalen Chefs der Blockparteien zusammen, so auch mit Rolf Claus, dem langjährigen CDU-Kreisvorsitzenden in Greiz.

Rolf Claus (1920-1999), ein gelernter Kaufmann, war seit 1959 CDU-Kreisvorsitzender und – was Böhme nicht wissen konnte – seit 1969 selbst IM. Der Deckname von Claus war „Rolf Westphal". Hier liegt also einer je-

---

84   OV „Medium", BStU, MfS Gera, AOP 777/79 (nachfolgend AOP 777/79).

ner nicht allzu seltenen Fälle vor, in denen ein IM den anderen bespitzelte.[85] Claus galt offenbar in Kirchenkreisen als SED-loyal. Er war ab 1969 für mehrere Jahre Vorsitzender der Nationalen Front, regional gesehen also eine einflussreiche Person. Claus und Böhme wurden interessanterweise vom selben MfS-Offizier geführt, von Oberleutnant Bräunlich.[86] Der war allem Anschein nach sehr beeindruckt von Böhmes Berichten über die vermeintliche Feindtätigkeit seines IM „Westphal".

Im Jahre 1972, als der Verdacht gegen Claus offenbar auf fruchtbaren Boden fiel, startete die KD Greiz einen Operativen Vorgang unter dem Decknamen „Fuchs" gegen Rolf Claus. Böhme wurde im März 1972 instruiert, den „Fuchs" zu besuchen und nur, „wenn es äußerst wichtig ist", noch in der Nacht seinen Führungsoffizier anzurufen. Es war äußerst wichtig, und Böhme meldete sich auch, wie vereinbart, in verschlüsselter Form als „Meister Wagenknecht vom Wetterdienst" am Telefon. Hier wurde also sehr geheime Arbeit geleistet.

Die KD Greiz wertete recht zufrieden aus, dass Böhme die ihm erteilten Instruktionen befolgte und die vereinbarte *„Rolle als intellektueller Sektierer"* einhielt.[87] (Es liegt nahe, dass er sich diese Rolle selbst auf den Leib schrieb. Er schien sie zu lieben.)

Da sich über fast drei Jahre immer mehr Informationen zu Claus anhäuften, die ausschließlich von Böhme kamen und den Eindruck erweckten, dass Claus sehr überlegt versuchte, von Böhme angebliche „interne Berichte" zu erlangen, die auch für angebliche Kontaktpersonen in Berlin von Interesse wären, entstand ein gewisser Handlungsdruck. Böhme suggerierte, Claus gehöre einer Gruppierung an und verhalte sich seltsam: So kündige er regelmäßig gemeinsame Treffen an, sage diese dann ab, beordere ihn zu bestimmten Zeiten zu Treffs in der Öffentlichkeit, kontrolliere Böhmes Anwesenheit im Büro durch Telefonanrufe und Ähnliches mehr.[88]

Offenbar ließ Böhme seiner Phantasie freien Lauf. Gelegentlich jedoch

---

85   Laut Akte (Gera AOV 635/76) berichtete Claus über verschiedene Greizer Pfarrer und deren Leumund, über Musiker, Kirchentreffen, über den christlichen Arbeitskreis beim Kreisausschuss der Nationalen Front. Er schrieb Einschätzungen über Unionsfreunde, d. h. CDU-Mitglieder, und hatte den Auftrag zur „ständigen Kontrolle" einiger Personen, darunter des zuständigen Superintendenten. Claus lieferte Informationen über einen „voraussichtlichen Nichtwähler", über die „Stimmung unter den Pfarrern" des Kreises Greiz und erwähnte auch Böhme in seinen Berichten als „progressiven Menschen, der stets einen klaren Klassenstandpunkt habe".
86   Ebenda.
87   Ebenda, Bd. I, Bl. 297.
88   Ebenda, Bd. I-III.

muss es auch Misstrauen bei der Staatssicherheit gegeben haben. Beispielsweise im März 1974, denn am 1. April 1974 hatte Böhme plötzlich einen neuen Decknamen, „Paul Bonkarz", und beim Treff war ein höhergestellter Führungsoffizier anwesend.[89]

1974: Unter neuem Namen – „Paul Bonkarz"

In seinem ersten Bericht beschwichtigte „Paul Bonkarz" die beiden Führungsoffiziere Bräunlich (von der KD Greiz) und Linke (von der BV Gera), seine Wertungen würden „auf objektiven Fakten" beruhen. Das achtseitige Tonbandprotokoll dieses Berichtes lässt erkennen, wie Böhme agierte: Detailreich und ausführlich teilte er sich mit und fasste dann zusammen, dass Claus wahrscheinlich nicht mit einem westlichen Geheimdienst Kontakt habe, die Möglichkeit aber bestünde.

„Bei meinen bisherigen Erfahrungen, die sehr gering sein mögen und bei dem, was ich von Rolf Claus weiß, halte ich es nicht für wahrscheinlich, daß er mit einem westlichen Geheimdienst oder die Gruppierung mit einem westlichen Geheimdienst in Verbindung steht.
Aber ich halte es für möglich, weil der Krafteinsatz, den eine solche Gruppierung vielleicht innerhalb der befreundeten Blockpartei CDU, vielleicht innerhalb jetzt Gleichgesinnter, weil der Kraftaufwand für eine solche Gruppierung zu groß wäre. Wie gesagt, ich halte es nicht für wahrscheinlich aber für möglich." [90]

Wenig später fügte Böhme noch hinzu:

„Abgerundet möchte ich sagen, daß ich sicher bin, daß Rolf Claus eine feindliche Tätigkeit durchführt, bewußt durchführt, was auf einen Schaden unserer Entwicklung abzielt." [91]

Ausdrücklich verbürgt sich Berichterstatter Böhme im selben Rapport dafür, dass der verdächtige Blockpartei-Funktionär großes Interesse an Unterlagen aus dem „Stahlschrank" des SED-Kreischefs gezeigt hätte.[92]

---

89   Ebenda, Bd. II, Bl. 160ff. Die Schreibweise des neuen Decknamens variiert in den Akten: Bonkar(t)z.
90   Ebenda, Bd. II, Bl. 163.
91   Ebenda, Bd. II, Bl. 167.
92   Ebenda.

Allmählich entschließt sich die KD Greiz zu einer klärenden „Kombination" von Maßnahmen, will zuvor aber noch die Ehrlichkeit des IM „Paul Bonkarz" prüfen. Dazu wird unter riesigem logistischen Aufwand das Büro von Böhme verwanzt, damit endlich Mitschnitte von einem Gespräch mit dem „Fuchs" gemacht werden können. Nachdem die Technik eingebaut ist, lehnt der „Fuchs" angeblich ein Gespräch mit Böhme in dessen Büro ab, deshalb wird Böhme dann mit einer Aktentasche ausgestattet, die Tontechnik, also ein Aufnahmegerät, enthält. Leider gelingt die Aufnahme wegen technischer Probleme nicht. Aber Böhme ist der Kundschafter an vorderster Greizer Front.

Wenige Jahre später wird er einem Berliner MfS-Offizier erzählen, er habe 1974/75 „maßlos viel getrunken", da die Belastung durch die inoffizielle Arbeit so stark gewesen sei.[93]

Der ganze Fall hat sich zu einem Monstrum entwickelt, deshalb fordert die übergeordnete Bezirksverwaltung Gera 1975 verwertbare Informationen, und als die nicht kommen, wird der OV eingestellt – wegen *„Nichtbestätigung der Verdachtsmomente".*[94] Die Vorgangsperson habe die Informationen lediglich *„zur Stärkung der Rolle der CDU gegenüber der SED"* gesammelt, heißt es nun ganz lapidar. Das war im Frühjahr 1976, als Manfred Böhme bereits in einer anderen sehr wichtigen Frage ausführliche Berichte lieferte.

Zuvor jedoch änderte sich im Leben von Manfred Böhme etwas Wichtiges: Er heiratet im Dezember 1975, kurz vor Weihnachten, die Studentin Evelyn Bachmann, die ein Kind von ihm erwartet.[95] Ein Familienleben wird er aber deshalb nicht führen. Auch als seine Tochter geboren ist, tritt er als Vater nur besuchsweise in Erscheinung und lebt im Prinzip weiterhin das Leben eines Ungebundenen.

Böhmes Zuarbeit zum OV „Lyrik" gegen Reiner Kunze

Das MfS observierte in Greiz ganz besonders den Schriftsteller Reiner Kunze, der nach dem Einmarsch in Prag 1968 sein Parteibuch zurückgegeben hatte und sich auf keine Gespräche mit der SED mehr einließ. Er zeigte damit eine Konsequenz, wie sie von keinem anderen prominenten Autor jener Jahre bekannt wurde.

Kunze (Jg. 1933) wurde, einen Tag nachdem er sein SED-Mitgliedsbuch zurückgegeben hatte, vom MfS unter Beobachtung genommen. In der Amtssprache des MfS hieß das, „ein Vorlauf-Operativ" wurde angelegt. Das war am

---

93 AU-Akte 14783/78, Bd. I, Bl. 179.
94 AOV 635/76, Bd. III, Bl. 138f.
95 Die Heiratsurkunde befindet sich im Nachlass, RHA, MaB 26.

27. August 1968.[96] Bis zum Frühjahr 1971 war der „Operative Vorgang" gegen Reiner Kunze ein Vorlauf, danach ein Operativer Vorgang (OV), das heißt, es ging nun darum, strafrechtlich relevante Beweise gegen den Schriftsteller zu sammeln.

Geleitet wurden die Maßnahmen gegen Kunze von der Geraer Bezirksverwaltung der Stasi. Federführend waren nacheinander die Offiziere Linke und Wirkner.

Manfred Böhme war jedoch ein inoffizieller Mitarbeiter der Kreisdienststelle (KD) Greiz. Die Geraer Abteilung XX forderte die Zuarbeit ihrer Greizer Kollegen,[97] woraufhin mehrere IM aus der Greizer Kulturszene beauftragt wurden, über den abtrünnigen Dichter Kunze zu berichten.

Reiner Kunze (Mitte der 70er Jahre)

Seine ersten ausdrücklichen Bericht zu Reiner Kunze sprach Manfred Böhme seinem Führungsoffizier Bräunlich im Dezember 1970 auf Band.[98] Im Jahr darauf tat er dies regelmäßig einmal im Monat, das ist aus den erhaltenen Unterlagen ersichtlich.[99] Er berichtete über Kunzes Rückzüge in ein Gartenhaus in Kottenheide, darüber, wer ihn dort besuchte, wie es dem Lyriker gesundheitlich ging, zu wann er von der Evangelischen Studentengemeinde eingeladen wurde. Auch darüber, welche Kulturbund-Veranstaltungen Reiner Kunze besuchte. Beispielsweise tat er das offenbar am 15. Januar, als

---

96 OV „Lyrik", BStU, MfS Gera AOP 1434/77, Teil I, Bd. I, Bl. 234ff. (kurz AOP 1434/77).
97 Ebenda, Bl. 330ff.
98 Ebenda, Teil I, Bd. II, Bl. 288f.
99 Ebenda, Teil I, Bd. II: Die überwiegende Anzahl von Böhmes erhaltenen IM-Berichten sind Abschriften von Tonbandaufnahmen. Dies wurde auf den Abschriften selbst auch vermerkt. Erst später und vor allem in seiner Berliner Zeit schrieb Böhme einige seiner Berichte selbst auf einer Schreibmaschine und zeichnete sie mit seinem Decknamen gegen.

zu Ehren von Luxemburg und Liebknecht ein Hörspiel von Böhme zusammen mit der Band *media nox* im Kulturbundklub Greiz aufgeführt wurde.[100]

Im Jahr 1972 schien Böhme zu stark in den schon beschriebenen OV „Fuchs" eingebunden, um regelmäßig über Kunze zu berichten. Erst 1973, als der Förderpreis der Bayrischen Akademie der Schönen Künste an den Greizer Lyriker verliehen wurde und der ihn persönlich entgegennahm, hatte Böhme wieder zu berichten. Im selben Jahr erschien im Reclam-Verlag Leipzig ein Querschnittsband mit dem Titel *Brief mit blauem Siegel*. Böhme erklärte sich auf Wunsch des Verlages bereit, im Greizer Kulturbund eine Art Buchvorstellung zu ermöglichen. Nach eigenem Bericht hintertrieb er gleichzeitig dieses Vorhaben, indem er in Absprache mit der SED-Kreisleitung bei den gedruckten Ankündigungen für das Weglassen von Kunzes Namen plädierte.[101] Die Buchvorstellung fand nicht statt, das Buch selbst war dennoch innerhalb weniger Tage in Greiz vergriffen.

Sehr ausführlich informierte Böhme auch über die Diskussionen, die um Marcela Kunze, die Tochter des Lyrikers, an der EOS in Greiz entstanden. Was ihm die Tochter und deren Freund anvertrauten, gab Manfred Böhme weiter. Die Bedrängnis der Eltern, die ihre Tochter schlecht schützen konnten vor den Reaktionen der Schule, die eigentlich dem Schriftstellervater galten – die wusste Manfred Böhme, der Vermittler und vermeintliche Vertraute, sehr geschickt auszunutzen.

Böhme über sich selbst: „*Insgesamt möchte ich einschätzen, daß Böhme sich 1973 mit dem Streit um Marcela Kunze das Vertrauen des Ehepaares Kunze voll erworben hat und daß sie Böhme mehr anvertrauen, als sehr engen Freunden, die öfters bei Kunzes aufkreuzen als Böhme das zeitlich und bei seiner Position in Greiz möglich ist.*"[102]

In der Rolle desjenigen, der mit beiden Seiten vertraut ist, muss er sich sehr gefallen haben. Als 1974 die Ausbürgerung von Alexander Solschenizyn debattiert wird, fragt die SED-Kreisleitung (nach Böhmes eigenem Bericht) bei ihm an, ob er nicht Reiner Kunze zu einer kritischen Stellungnahme bewegen könne.[103] Diese soll dann tatsächlich im *Greizer Heimatboten*, einem Kulturbund-Blättchen, abgedruckt werden. Böhme hält zwar diesen Ort für ungeeignet, fühlt aber dennoch bei Reiner Kunze in Sachen Solschenizyn vor.

100 Ebenda, Bl. 205f.
101 Ebenda, Teil I, Bd. III, Bl. 186-193.
102 Bericht vom 20.7.76 in Teil I, Bd. V, Bl. 229f.
103 Bericht vom 5.2.74 in Teil I, Bd. III, Bl. 227-233.

Der Lyriker will sich aber nicht gegen Solschenizyn stellen, dem er schon 1970 ein Gedicht gewidmet hatte. Kunze lehnt also eine schriftliche Äußerung ab, und Böhme schätzt gegenüber seinem Führungsoffizier ein, dass Kunze sich *„in der Position zum grundsätzlichen Problem (...) das Hintertürchen offenlassen"* wolle. Dem Führungsoffizier und dessen Chef gefiel diese Bewertung so gut, dass sie gleich in den Sachstandsbericht aufgenommen wurde.

Reiner Kunze ist sich damals der allgemeinen Observation bewusst gewesen. Deshalb warnte er seinen vermeintlichen Freund Manfred ausdrücklich vor dem MfS, das ihn, Kunze, zur Konterrevolution zähle. So jedenfalls hat Böhme es seinen Auftraggebern am 5.2.1974 berichtet.[104] Zum damaligen Zeitpunkt waren seine Dienste für die Staatssicherheit schon so wertvoll, dass er seit November 1973 ein monatliches Honorar von 200 M erhielt.[105]

Im Jahre 1974 wurde einzig und allein für die wöchentlichen Treffs mit Böhme eine konspirative Wohnung (KW) in der Oberen Braunstraße in Greiz „angemietet". Wie Unterlagen und abgerechnete Quittungen für Alkoholika belegen, gingen diese Treffen mehrmals in der Woche nie unter drei Stunden ab. Für eine entspannte Atmosphäre mit Schnaps und belegten Brötchen war durch die Inhaber der konspirativen Wohnung gesorgt.[106]

Da der „Fall Kunze" immer brisanter zu werden schien, gab es in der Folgezeit mehrere Absprachen der MfS-Ebenen von Berlin und Gera. Im Juli 1974 hielt der Genosse Wirkner (BV Gera) dazu im Protokoll fest: *„Die Bearbeitungsmethode bei K. soll analog der Bearbeitungsmethode, die bei Biermann angewendet wird, erfolgen."*[107] Damals erwartete das MfS neue Richtlinien in Sachen Biermann aus dem Zentralkomitee der SED. Danach sollte sich dann auch der Umgang mit Reiner Kunze richten.

Hier deutet sich an, was inzwischen bekannt ist: Seit 1971 hat das MfS der SED-Führung fast jährlich neue Szenarien für eine Ausweisung bzw. Ausbürgerung des Liedermachers Wolf Biermann vorgeschlagen. Im nämlichen Sommer 1974 wurde Biermann eine beantragte Reisegenehmigung zur Verleihung eines Preises verwehrt. Kurt Löffler, Staatssekretär im Kulturministerium, ließ Biermann – in Anspielung auf dessen Hamburger Herkunft – jedoch wissen, dass er jederzeit in die BRD *„zurückkehren"* könne und eine *„Entlassung aus der Staatsbürgerschaft der DDR"* ohne Umstände erhalte.[108]

---

104 Ebenda.
105 Das ist den Zusammenfassungen in der AU-Akte zu entnehmen.
106 Siehe KW „Wolfgang Hohendorf", BStU, MfS, Gera X/36/74, Bd. I.
107 Protokoll vom 8.7.74, AOP 1434/77, Bd. I, Bl. 72, Teil I, Bd. III, Bl. 293-296.
108 Wolf Biermann u. a.: Die Ausbürgerung, Berlin 2001, S. 264f.

Reiner Kunze, mit dem man ebenso wie mit Biermann verfahren wollte, musste also schon 1974 begründete Befürchtungen haben, aus dem Land gedrängt zu werden. Zunächst jedoch wollte das MfS abwarten, wie es gegen Biermann weiterlaufen würde.

Manfred Böhme taucht erst wieder in der Planung für 1976 in Kunzes Akten auf.[109] Im Jahre 1975 gibt er einiges über Jürgen Fuchs zu Protokoll, scheint aber ansonsten durch seine fiktionalen Berichte im OV zu Rolf Claus nun auch dem MfS gegenüber in Erklärungsnot geraten zu sein. Er wird auf Ehrlichkeit überprüft und erscheint deshalb das ganze Jahre 1975 in den Maßnahmeplänen zum OV „Lyrik" nicht mehr. Es sind nur vier Berichte aus diesem Jahr von „Bonkarz" in der Kunze-Akte zu finden. Hauptsächlich drehen sie sich um Jürgen Fuchs.[110]

Exkurs: Jürgen Fuchs 1975

Der junge Jenaer Autor Jürgen Fuchs (1950-1999) war mit Gerulf Pannach, dem Texter der *Klaus-Renft-Combo*, und der bekannten Berliner Liedermacherin Bettina Wegner im Februar 1975 in Bad Köstritz aufgetreten, was für den Veranstalter später zu einem Eklat führte, der auch durch viele Stasi-Berichte geistert. Fuchs, damals kurz vor Beendigung seines Psychologiestudiums in Jena, wurde im April 1975 aus der SED ausgeschlossen, danach von der Universität relegiert und war anschließend auch wegen seiner freundschaftlichen Kontakte zu Robert Havemann für das MfS ein Sicherheitsrisiko. Havemanns Tochter Sibylle studierte ebenfalls in Jena und gehörte zum Freundeskreis von Jürgen Fuchs. Böhme bauschte die Kontakte zu Fuchs in seinen Berichten auf. Er gab an, das Vertrauen von Fuchs zu haben, schilderte die angeblichen Pläne von Fuchs in Berlin, seine literarischen Vorhaben, wobei er besonders auf Publikationspläne im Westen verwies. Jürgen Fuchs gegenüber gab sich Böhme vertraulich, berichtete vom Auftrittsverbot, das der Kulturbund beschlossen hatte, gleichzeitig meldete er sofort weiter, was er über Auftrittspläne von Fuchs, Pannach und Wegner erfuhr.[111]

---

109 AOP 1434/77, Teil I, Bd. IV, Bl. 188f. und 232f.
110 Siehe Untersuchungsakte von Jürgen Fuchs, ebenda, Bl. 126f. und 141ff.
111 AU 11554/78, Bd. 8 , Bl. 102f.

Böhmes Berichterstattung im Jahre 1976

Erst im März 1976 formuliert die BV Gera wieder, welche Informationen zu Reiner Kunze man vom IM „Paul Bonkarz" erwartet: Informationen über das neue Buch von Kunze *Die wunderbaren Jahre*,[112] über dessen Kontakte zu Biermann und zur Sicht auf die SED. Die genaue Formulierung lautet absurderweise: *„Welche Erwartungen stellt er [gemeint ist Reiner Kunze] an den IX. Parteitag?"*[113]

Böhme war also in Sachen Kunze wieder im Spiel. Und dieses Spiel betrieb er gerade 1976 besonders arg: Mehrere seiner inoffiziellen Treffs müssen derart lang gewesen sein, dass die Tonbandabschriften einen unglaublichen Umfang von 20, manchmal auch 30 Seiten annahmen.[114]

Böhme redete offenbar ungebremst über Personen, Details und Zusammenhänge, erklärte weitschweifig „die tschechoslowakische Entwicklung", nannte Namen wichtiger Protagonisten in der ČSSR, behauptete, einige persönlich zu kennen, und scheint mit all dem in der Rolle seines Lebens gewesen zu sein: in der des hochstapelnden Welterklärers.

Möglicherweise animierte ihn die Tatsache, dass er nun neue Zuhörer hatte, immerhin den Leiter der Abteilung XX in Greiz und einen weiteren Führungsoffizier aus Gera von der BV. Man traf sich in Gera in einer konspirativen Wohnung (KW „Weiser") im Hinterzimmer eines Geschäftes.[115]

Insgesamt kommt bei dieser Serie von langen Treffen ein Konvolut von zum großen Teil fabulierten „Informationen" zusammen, das ungefähr 120 Seiten umfasst und sich im weitesten Sinne mit Reiner Kunze und seinen Ansichten und Kontakten beschäftigt.[116] Böhme referiert darin ebenso über „rechtsrevisionistische" Entwicklungen in der ČSSR wie über einen oppositionellen Berliner Kreis um Dr. Ralf Schröder oder über Kunzes angebliche Beziehungen zu ZK-Mitarbeitern.[117]

---

112 AOP 1434/77, Teil I, Bd. IV, Bl. 248.
113 Ebenda.
114 Siehe Tonbandprotokoll vom 4.6.76 mit dem von Böhme stammenden Titel: Zum geistigen Rundhorizont. Rechtsrevisionismus und Rechtsreformismus mit dem damaligen Zentrum ČSSR und Verbindungen des Reiner Kunze zu diesen Leuten bzw. umgekehrt, Teil I, Bd. V, Bl. 105-123.
115 Die KW „Weiser" befand sich bis 1980 in der Greizer Str. 38 in Gera, „Paul Bonkarz" wurde hier bis 1977 getroffen. BStU, MfS Gera X/227/72.
116 Besonders die Tonbandprotolle vom Juni, Juli und August 1976.
117 Im Protokoll der Tonbandaufnahme vom 24.6.76 (36 Seiten!) ist nachzulesen, wie Böhme Reiner Kunze eindeutig belastet, indem er berichtete, Kunze habe im Sommer 1968 davon gesprochen, dass der Prozess gegen Slánský konstruiert gewesen sei. Der Schauprozess gegen Rudolf Slánský im Jahre 1952 war in der Tat inszeniert. Böhme steht mit dieser Information also in bester stalinistischer Tradition. Siehe auch Bericht vom 9.7.76 (22 Seiten), Teil I, Bd. V, Bl. 190-211.

Beim Nachrecherchieren vieler Zusammenhänge wird ein Muster deutlich: Böhme verband sehr kunstvoll Tatsächliches, Personalien oder Ereignisse, mit frei Erfundenem und vor allem mit der hervorgehobenen Darstellung seiner eigenen Person.

In seiner Beschreibung des vermeintlich oppositionellen Berliner Kreises um Ralf Schröder spielt immer wieder er selbst eine große Rolle. Nämlich als jemand, dessen Analyse angeblich in Berlin bei Schröder sehr gefragt sei. Wenn er den Ablauf dieser Berliner Treffen schildert, so beginnen sie in seiner Erzählung häufig mit einer *„von Böhme gelieferten Lageeinschätzung"*.[118]

Man bekommt den Eindruck, dass Böhme sich in diesen Gesprächen mit der Stasi ungeheuer spreizte und zu einer sehr wichtigen Person aufblies, die auch „in Berlin" geschätzt werde.

Sprachlich spiegelt sich dies in einem interessanten Detail wider: Was ihm zunächst vermutlich aus Gründen der Konspiration nahegelegt wurde, entwickelt er insofern zu seinem Stil, als er nun von sich selbst als „Böhme" spricht. Und in der Tat: Wenn ein IM „Bonkarz" in seinen Berichten einen „Böhme" erwähnt, ist für Außenstehende nicht ersichtlich, dass beide identisch sind.

Am Ende seines Lebens, beim Abfassen seiner Autobiographie[119], verfällt der Autor Böhme wieder in genau diesen Stil: Er spricht von sich als „Böhme", statt „ich" zu sagen. Was wie eine exaltierte Schrulligkeit aussieht, ist also wohl eher eine Angewohnheit aus zwei Jahrzehnten voller inoffizieller Gesprächsrunden mit Führungsoffizieren bei einer Flasche Schnaps und eingeschaltetem Aufnahmegerät.

Viele der Böhmeschen Geschichten dürften auch für das MfS schwer nachprüfbar gewesen sein, weil sie nie *völlig* falsch waren, sondern immer auch punktuell richtige Fakten enthielten. Seine Einschätzungen für das MfS waren häufig nach einem Schema aufgebaut, wonach er zunächst erklärte, diese oder jene Entwicklung nicht für sehr wahrscheinlich zu halten, sie im nächsten Moment dann aber auch nicht völlig ausschließen wollte. Dadurch entstand eine Vagheit, die es dem Betrachter oder Zuhörer selbst überließ, was dem Gesagten zu entnehmen sei. Auf diese Art spann Böhme ein ungeheuer detailreiches Gewebe, das nicht sofort als Schwindel zu erkennen war – vor allem nicht in einem Land, in dem beispielsweise historische Fakten nicht auf öffentlichem Wege zu überprüfen waren.

Böhme gab seine Rolle des historisch gut informierten und gut verbundenen Kenners unter anderem auf Kosten von Reiner Kunze, der glaubte,

---

118 AOP 1434/77, Teil I, Bd. V, Bl. 242f.
119 Siehe Kap. VII.

Kunzes Bauernhaus in Leiningen (MfS-Foto)

ihm vertrauen zu können. In seiner Imponiersucht trug Böhme jedes kleine Faktum zur Greizer und Geraer Dienststelle des MfS, die dann ihrerseits eine Überwachungsmaschinerie in Gang setzten, sich mit der Berliner Hauptverwaltung kurzschlossen und im gesamten Lebensumfeld der Familie Kunze eine grenzenlose Beobachtung organisierten.

Ein Beispiel: Da man sich dem freistehenden Bauernhaus, in das sich Reiner Kunze zum Schreiben zurückzog, noch nicht hatte nähern können, wurden Überlegungen angestellt, ein Grundstück in der Nachbarschaft zu erwerben, um darauf einen Bungalow zu errichten. Von dort aus sollte dann agiert werden.[120]

Erstaunlich ist neben der Maßlosigkeit von Böhme sein Pokern und Bluffen in alle Richtungen – im Interesse einer angestrebten Wichtigkeit. Zum Beispiel hatte er schon im März 1976 der SED-Kreisleitung Greiz mitgeteilt, er habe das neue Buch von Kunze gelesen.[121] Einen Monat später vertröstet ihn der Schriftsteller Kunze allerdings noch auf einen späteren Zeitpunkt, zu dem er ihm Einblick in sein Manuskript gewähren wolle.[122]

So sehr Böhme also die Nähe der regionalen SED-Instanzen und aller ihrer Strukturen suchte, ein Bereich, wo er – eventuell aus Überzeugungsgründen – die volle Wahrheit sagte, war dies nicht.

---

120 AOP 1434/77, Teil I/V, Bl. 258.
121 AOP 1434/77, Teil I/IV, Bl. 294f.
122 AOP 1434/77, Teil I/V, Bl. 58ff.

Daraus zu schließen, Böhme wollte in der SED gegen die SED kämpfen oder in der Stasi gegen die Stasi, wie dies von einigen seiner Bekannten gemutmaßt wurde und möglicherweise immer noch wird,[123] scheint nicht schlüssig. Vielmehr überwiegt der Eindruck, er kämpfte, wo immer es ging, für ein bestimmtes Bild von sich: das des bestinformierten Mannes am Ort – mit Kontakten in die wichtigen Zentralen.

Schon Ende September 1976 beschloss das Zentralkomitee der SED den Ausschluss von Reiner Kunze aus dem Schriftstellerverband,[124] damit hatte dieser Schritt auch zu erfolgen. Um mögliche Zauderer unter den Schriftstellerkollegen zu überzeugen – und weil dies generell so gehandhabt wurde –, trafen sich die Parteimitglieder vorab und wurden „auf Linie gebracht".

In der Wahlversammlung des Schriftstellerverbandes der Bezirke Erfurt und Gera am 29.10.1976 in Weimar haben letztlich alle anwesenden Verbandsmitglieder einstimmig für Reiner Kunzes Ausschluss gestimmt, berichtet der IM „Fritz Weiß" von dort.[125] Am 3.11.1976 bestätigte das Präsidium des Schriftstellerverbandes in Berlin diesen Beschluss.

Offenbar hat sich unmittelbar danach von seinen Schriftstellerkollegen nur Jurek Becker bei Kunze gemeldet[126], um ihm seine Solidarität zu bekunden. Später tat dies auch der Feuilletonist Heinz Knobloch[127], durch dessen Vermittlung Reiner Kunze in den 60er Jahren unter Pseudonym für die Zeitschrift *Wochenpost* geschrieben hatte. Da Post und Telefon des Ehepaars Kunze überwacht wurden, können diese MfS-Angaben eine gewisse Vollständigkeit beanspruchen.

Kunze in der Kirche und Biermann im Westfernsehen

In der Mitte des Novembers 1976 verknüpften sich die beiden „Fälle" Kunze und Biermann auch vor Ort in Greiz auf sehr symbolische Weise.

Am 19.11.1976 war Reiner Kunze in die örtliche katholische Kirche zu einer kleineren Lesung eingeladen. Die Kirche war allerdings voll besetzt, um die 200 Besucher hörten die Lesung von zwanzig seiner neueren Texte aus dem Buch *Die wunderbaren Jahre*.

---

123 Häufig war die Behauptung zu hören, dass Böhme „die Palastrevolution" wollte.
124 Streng vertraulicher Aktenvermerk vom 30.9.76 über eine ZK-Beratung vom 29.9.76, AOP 1434/77, Teil I, Bd. V, Bl. 100f.
125 Ebenda, Bl. 203-206. Unter dem Decknamen „Fritz Weiß" agierte der Jenaer Experten-IM Prof. Werner Kahle (AB X/432/75). Siehe auch Teil I, Bd. V, Bl. 243ff., 247ff., 252ff.
126 Jurek Becker (1937-1997), ebenda.
127 Heinz Knobloch (1926-2003), ebenda, Teil I, Bd. VII, Bl. 21f.

An jenem Tag war die Ausbürgerung von Biermann schon publik gemacht worden. Die Staatssicherheit zeigte Präsenz. Im Umfeld der Kirche waren MfS-Leute postiert, die sämtliche Besucher registrierten. Für die lückenlose namentliche Erfassung sorgten anwesende IM. Auch Manfred Böhme lieferte einen Ablaufbericht und die Namen von Anwesenden.[128] Nach dieser Kunze-Lesung eilten viele Besucher recht zügig nach Hause vor den heimischen Fernsehapparat, denn das Kölner Biermann-Konzert wurde an dem Abend von der ARD ausgestrahlt.

Reiner Kunze wurde nicht zuletzt durch dieses zeitliche Zusammenfallen von Lesung und „Biermann im Westfernsehen" zu einer derart wichtigen Sicherheitsangelegenheit, dass die Bezirksverwaltung Gera der Staatssicherheit tägliche Lagetelegramme mit der höchsten Dringlichkeitsstufe nach Berlin an die Hauptabteilung XX schickte.[129]

Jene Bewertung, die 1990/91 in Greiz kursierte, Böhme habe das Schlimmste verhindert und mit seinen IM-Berichten seine Freunde geschützt, lässt sich nach Auswertung mehrerer OV-Akten nicht bestätigen.

Was damals niemand wissen konnte: Manfred Böhme war im Kulturbereich von Greiz einer der Hauptberichterstatter des MfS. Erst durch ihn sind viele der vermeintlich feindlichen Aktivitäten und Verbindungen gegenüber dem MfS thematisiert, analysiert und – was ebenso wichtig ist – mit „Berliner Kreisen" in Verbindung gebracht worden.

Erst durch Böhmes Informationen zu den Protestbriefen der Freunde um *media nox* ist ein Operativer Vorgang (OV) in Gang gesetzt worden, zuerst gegen die Gruppe, später auch einzeln gegen Günter Ullmann und andere Bandmitglieder.

Der OV „Medium" gegen die Freunde von *media nox*

Die Ausbürgerung des Liedermachers Wolf Biermann am 18. November 1976 rief neben der Petition prominenter Künstler auch Protestaktionen hervor, die – so, wie die DDR-Öffentlichkeit strukturiert war – nicht bekannt geworden sind. In Greiz gibt es ein sehr anschauliches Beispiel dafür, wie mit *nicht*prominenten Verfassern von Protestbriefen damals umgegangen wurde. Manfred Böhme ist wiederum nicht nur involviert, seine Informationen dürften sogar weitere „Maßnahmen" ausgelöst haben.

Was war geschehen? Im November 1976, eine Woche nach der Aus-

---

128 Ebenda, Teil I, Bd. VI, Bl. 294ff.
129 Zum Beispiel: ebenda, Bl. 244ff.

bürgerung, schrieben vier Greizer Freunde von *media nox* jeweils einen Protestbrief an das Kulturministerium, an den Schriftstellerverband und an das ZK der SED. Harald Seidel als Genosse – Böhme war sein Bürge beim Eintritt in die Partei – schrieb auch an den 1. Sekretär der SED-Kreisleitung. Harald Seidel zeigte zuvor seinem Freund Böhme diesen Brief, und der wiederum erzählte der Staatssicherheit davon.[130] Die Originalbriefe wurden aus der Post „gefischt", es ist fraglich, ob danach alle Briefe ihre vorgesehenen Adressaten erreichten.

Umgehend bekam Harald Seidel nun ein Parteiverfahren. Er versuchte, sich zu wehren, wandte sich an seinen einstigen Bürgen Manfred Böhme, doch der war für ihn damals nicht erreichbar.[131]

Seidel wurde am 13.12.1976 von seiner Arbeitsparteiorganisation, der APO III des VEB Plasttechnik Greiz, aus der SED ausgeschlossen. Es gab eine Gegenstimme und vier Stimmenthaltungen laut Sachstandsbericht des MfS.[132]

Eine Eingabe gegen diese Entscheidung wurde von der SED-Bezirksleitung Gera „*überprüft und zurückgewiesen*".[133] Im Januar 1977 eröffnete die Stasi gegen die vier Briefeschreiber den OV „Medium".[134]

Böhme, damals in seiner heftigsten Münchhausen-Phase, fabulierte nun davon, dass Günter Ullmann angeblich Botendienste zwischen Reiner Kunze und Ralf Schröder in Berlin erledigte.[135]

Er ließ sich von seinem Freund Ullmann auch einige Gedichte recht konspirativ übergeben – in einer Streichholzschachtel versteckt –, nur um dies dann beim MfS zu melden. Dort übergab man die Texte an den bewährten Literaturwissenschaftler aus Jena, Prof. Dr. Michael Wegner, der zumeist mit kunsthandwerklichen Gegenständen für seine zügig ausgeführten Stasi-Expertisen belohnt wurde.[136] Andere, die bei der Kontrolle der kritischen Briefe Zuträgerdienste leisteten, wurden mit Spirituosen entlohnt.

Für Günter Ullmann verursachte dieses Spitzeltum von Böhme in der Folgezeit eine enorme Verunsicherung, die heftige psychische Folgen nach sich zog. Im Jahre 1977 wurde er zum ersten Mal in eine psychiatrische Klinik eingeliefert. Danach beschloss das MfS absurderweise, Ullmann als IM anzuwerben. Ein besonderes Konzept für die „Gewinnung" von Ullmann wurde erstellt, es sah regelmäßige Vorladungen und Befragungen vor.

---

130 BStU, MfS Gera, AOP 777/79 und Gespräch mit Harald Seidel, 7.10.08.
131 Gespräch mit Harald Seidel, 7.10.08.
132 OV „Medium": AOP 777/79, Bd. I, Bl. 74.
133 Ebenda.
134 Ebenda, Bl. 43ff.
135 Ebenda, Bl. 84ff.
136 Ebenda, Bl. 113-115.

A b s c h r i f t

Greiz, d. 20.11.1976

Werter Genosse Willibald Müller !

Wenn ich mich heute an Dich persönlich und nicht an meine
Grundorganisation im VEB Plasttechnik wende, so ganz einfach
an Hand der Tatsache der folgend genannten Problematik.
Zudem gehöre ich der Kreisleitung des Kulturbundes der DDR
in Greiz an und bin Leiter der Kommission "Kunst und Literatur".

Wie allgemein bekannt ist, wurden der Schriftsteller Reiner
Kunze und der Liedsänger Wolf Biermann für ihnen vorgeworfene
staatsfeindliche Äußerungen bei der Ausübung ihrer künstlerischen Tätigkeit zur Verantwortung gezogen. Reiner Kunze für
sein zuletzt erschienenes neues Buch in der BRD und Wolf
Biermann in Bezug auf eine mit ihm durchgeführte Veranstaltung
in Köln.
Bei aller Unterschiedlichkeit in den ideologischen Auffassungen
beider Künstler halte ich, ohne mit ihnen in jeder ihrer inhalt-
lichen Aussagen übereinzustimmen, die Maßnahme unserer Regierung
bezüglich für Wolf Biermann und die des Schriftstellerverbandes,
was Reiner Kunze anbelangt für unausgewogen und falsch.
Unsere DDR hat im Laufe ihrer Entwicklung enorme Erfolge zu
verzeichnen. Beispielsweise denke ich nur an unsere ausge-
zeichnete Sozialpolitik und deren Kontinuität, an die Durch-
brechung der außenpolitischen imperialistischen Blockade und die
damit verbundene weltweite diplomatische Anerkennung, die großen
internationalen sportlichen Leistungen unseres kleinen Landes,
die Solidarität mit allen Fortschrittskräften in der Welt und
viele weitere.

Aber auch die bessere, die sozialistische Welt hat ihre Schat-
tenseiten. Eine ganze Reihe von Unzulänglichkeiten traten
bei unserer erfolgreichen sozialistischen Entwicklung auf.

Protestbrief von Harald Seidel gegen die Biermann-Ausbürgerung

63

Wenn beide Künstler diese auf ihre bestimmt oftmals unbequeme
Art und Weise zur Aussage brachten, so heißt das keineswegs,
daß ich immer ihre Ansichten teile. Ich meine nur, wir sollten
uns lieber unbedingt kameradschaftlich, aber auch kritisch mit
ihnen auseinandersetzen, denn ich bin von ihrer Aufrichtigkeit
und Staatsverbundenheit mit der DDR fest überzeugt.

Ein sozialistisches demokratisches Land, wie unsere weltweit
geachtete Deutsche Demokratische Republik, kann es sich leisten, auch solche Künstler zu schätzen und kritische Nachsicht
üben, denn sie tragen letztlich, wenn auch für uns inoft unbe-
quem erscheinender Art und Weise, zu weiterer internationaler,
insbesondere kultureller Achtung und Anerkennung unseres Staates
bei, selbst auf die Gefahr hin, daß der Klassengegner ihre in-
haltlichen Aussagen ausnutzt und ideologisch ausschlachtet.
Aber das tat er bereits schon immer, angefangen vom klassischen
Erbe bis zum sozialistischen Realismus, von Goethe bis Gorki
und Brecht.

Mit sozialistischem Gruß

gez. Harald Seidel
PS. Diese Meinung bitte ich als einmal gegeben zu akzeptieren.

F.d.R.d.A.: D/

Der Leiter der Kreisdienststelle Greiz ergänzte handschriftlich: „angestrebter
Gewinnungsprozeß kann schwierig werden (...) trotzdem muß ‚der Kampf
um diese Seele' hartnäckig geführt werden(...), weil wir mit U. in den Untergrund vorstoßen. Müller 13.3.78."[137]

---

137 Ebenda, Bd. I, Bl. 148-151.

Der ausgetüfftelte Plan scheiterte zwar am Ende, deutet aber auf einen offenbar vorhandenen IM-Bedarf bei der Greizer Stasi hin.

Zu diesem Zeitpunkt hatte sie ihren Hauptberichterstatter aus dem Untergrund, Manfred Böhme, ganz offensichtlich schon halb abgeschrieben. Seit Ende des Jahres 1976 vertraute das MfS ihm nicht mehr hundertprozentig, auch beruflich deutete sich ein Karriereknick an.

Unmittelbar nach der Ausreise von Reiner Kunze im April 1977 verlor Böhmes Stern in Greiz erheblich an Leuchtkraft. Paradoxerweise deshalb, weil er, der emsige Stasi-Zuträger, bei den SED-Funktionären als zu enger Freund von Kunze galt. Die traditionelle Logik der SED, nach der einer bestraft werden musste, traf diesmal relativ unvorbereitet Böhme.

1977: Das Ende in Greiz und die neue Arbeit in Gera

Nach dem Jahr 1976, in dem Manfred Böhme sich als IM informative Hochleistungen abverlangte, folgte ein Jahr später der Zusammenbruch seiner Greizer Existenz.

Er verlor im Juni 1977 nicht nur den Posten als Kreissekretär des Kulturbundes,[138] sondern alle anderen Funktionen, die er noch bekleidet hatte, gleich mit. Gegenüber dem MfS listete Böhme später folgende Ehrenämter und Tätigkeiten auf, die er bis Mai 1977 innehatte:

„Mitglied der FDJ-Kreisleitung,
Mitglied des Kreissekretariats der Nationalen Front,
Mitglied des Kreissekretariats der DSF,
Vorsitzender der Bezirkskommission Geschichtsbewußtsein Gera,
Vorsitzender des Kreisliteraturaktivs in Greiz,
Kreisausschußmitglied der Volkssolidarität,
Mitglied der ABI,
Leiter verschiedener Zirkel für das Parteilehrjahr,
verantwortlicher Redakteur der Monatszeitschrift ‚Heimatbote‘,
Lehrer an der Ingenieurschule für Textiltechnik Reichenbach, Außenstelle Greiz“.[139]

Es stellt sich natürlich die Frage: Warum wurde der erfolgreiche Kulturbundfunktionär Manfred Böhme im Frühjahr 1977 abgehalftert?

---

138 Siehe Aufhebungsvertrag vom 14.6.77 im Nachlass, RHA, MaB 32.
139 Eigenhändiger Lebenslauf vom 24.4.78, in: AU-Akte, Bd. II, Bl. 87f.

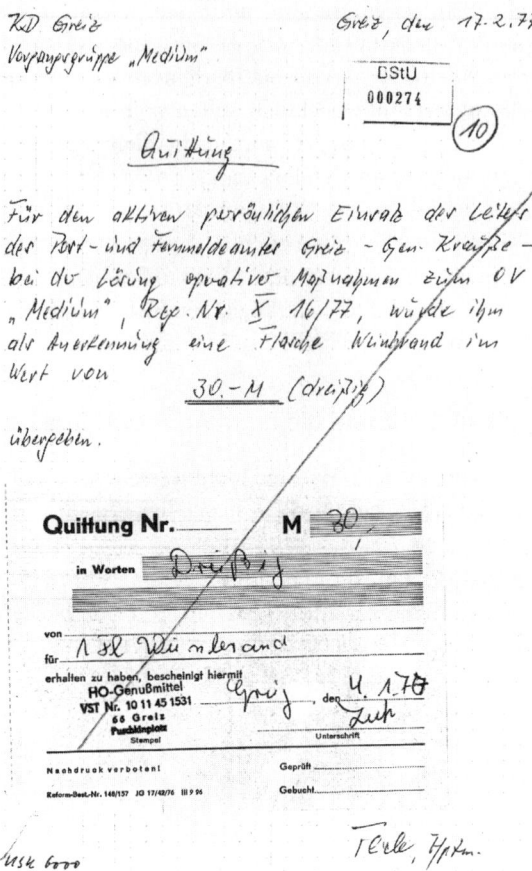

MfS-Quittung über ein Präsent für einen hilfreichen „Briefträger" (1977)

Für die SED-Kreisleitung Greiz war Böhme von nun an nicht mehr tragbar wegen seiner allgemein angenommenen Freundschaft zu Kunze und wegen einer angenommenen Sympathie für Biermann. Dabei muss mitgedacht werden, dass Kunze und Biermann als Teil desselben Problems gesehen und deshalb von regionalen SED-Funktionären damals auch immer im gleichen Atemzug genannt wurden.

Wenige Tage nachdem Reiner Kunze im April 1977 in die Bundesrepublik ausgereist war, gab er dem ARD-Magazin *Report* ein Interview. Es wurde am 18.4.1977 ausgestrahlt.[140]

---

140 ADN-Information, Typoskript der Sendung in Böhmes AU-Akte, Bd. I, Bl. 37-40.

In diesem Interview erwähnte Kunze – der damals ja Manfred Böhme für seinen Verbündeten hielt – dass ein junger Kulturbundfunktionär in Greiz sich für ihn eingesetzt habe. In den Augen und Ohren der regionalen Parteioberen machte dieses Lob eines Dissidenten Böhme zum Mit-Dissidenten. Sein doppeltes Spiel als vermeintlicher Vertrauter von Kunze und gleichzeitiger Spitzel drehte sich in diesem Moment zu seinen Ungunsten. (Vergessen werden darf nicht, dass Böhmes IM-Identität ja selbst den regionalen Parteispitzen nicht bekannt war.)

Manfred Böhme muss geahnt haben, was dieses Interview bewirken konnte. Edith Schimmel erinnert sich, dass sie und ihr Mann zusammen mit dem Familienfreund Böhme diese ARD-Sendung gesehen haben. Nach Kunzes O-Ton habe Böhme geäußert: *„Das wars. Jetzt passierts.“*[141]

Das Lob von Reiner Kunze via Westfernsehen brachte vermutlich das Fass zum Überlaufen. Gegen Manfred Böhme begann danach im Kulturbund außerdem eine Untersuchung wegen finanzieller Unstimmigkeiten.[142] Dabei ging es nicht um irgendeine Form von persönlicher Bereicherung, denn schon bei seinem Amtsantritt im Jahre 1971 hatte der Kulturbund ein Minus von 40.000 Mark zu verzeichnen. Diese roten Zahlen auszugleichen dürfte recht schwierig gewesen sein. Erst recht bei Böhmes Unvermögen, mit Geld umzugehen, wie es ihm Frau Ruth Dillner, seine Buchhalterin seit 1972, rückblickend bescheinigt.[143]

Frau Dillner (Jg. 1917) erinnert sich auch daran, wie Böhme 1973 einen wertvollen Steinway-Flügel des Kulturbundes für wenig Geld an die Musikschule verkaufte. Er tat das, weil eine Greizerin ihren Flügel dem Kulturbund schenkte. Als Gegenleistung für diese Schenkung bat sie Manfred Böhme, ihre Aufnahme in den Schriftstellerverband zu unterstützen. Hier konnte Böhme allerdings doch nicht helfen. Die frustrierte Autorin forderte später ihren Flügel zurück, was den Greizer Kulturbund in Schwierigkeiten brachte.[144]

Böhmes Jonglieren in Geldfragen ist vermutlich nur der letzte Tropfen, wenn nicht sogar ein Vorwand gewesen. Unbeliebt hatte der Kreissekretär sich bei seinen Kollegen und bei einflussreichen Männern des Kreises schon vorher gemacht – dadurch, dass er besser informiert war, und auch durch ein recht extravagantes Auftreten oder Fernbleiben von Sitzungen nebst fadenscheinigen Entschuldigungen dafür.

---

141 Gespräch mit Edith und Peter Schimmel am 26.5.08.
142 BStU, MfS, HA XX, Nr. 14044, Bl. 12-28.
143 Telefonat mit Ruth Dillner am 14.10.08.
144 Ebenda.

Fotos von Peter Hochel: Greiz 1976

Lange Jahre hatte aber sein Vorgesetzter, der Bezirkssekretär des Kulturbundes Gera Walter Schilling, schützend seine Hand über ihn gehalten. Schillings Stuhl begann allerdings damals selbst zu wackeln. Dass Schilling zwar über Böhmes Neigung zur Unehrlichkeit verärgert war, ihn aber dennoch mochte und schützte, kann man wiederum aus Schillings eigenen IM-Berichten ersehen. Walter Schilling hat unter dem IM-Namen „Fritz Schellhorn" mit dem MfS zusammengearbeitet.[145]

Wie viele andere auch entschuldigte Schilling die sehr durchsichtigen Ausreden seines Mitarbeiters Böhme mit dessen Elternlosigkeit und betonte dagegen seine besondere Einsatzbereitschaft und Intelligenz.

Auch auf Kreisebene waren schon des Öfteren Rücktrittsforderungen laut geworden. Zum Beispiel im Jahre 1976, als Böhme eine Ausstellung des jungen Fotografen Peter Hochel im Kulturbund möglich machte.[146] Auf Hochels Fotos sah Greiz aus wie in der Realität, grau und an vielen Stellen dem Verfall nahe. Wie häufi-

145 Siehe BStU, MfS Gera AIM 760/79.
146 Peter Hochel (Jg. 1953), heute Galerist im „Malzhaus" Plauen.

ger in solchen Situationen ging Manfred Böhme offensiv gegen seine Kritiker vor und kokettierte mit seiner engen Beziehung zum SED-Kreissekretär Willibald Müller.

Doch nach einer Finanzrevision half auch das nicht mehr. Der Kulturbund ging später sogar gegen Böhme vor das Arbeitsgericht, was ihn sehr getroffen haben dürfte. In der Folge dieser Auseinandersetzung musste Manfred Böhme die relativ geringe Summe von insgesamt 375 Mark in monatlichen Zahlungen von 75 Mark an den KB leisten, um damit für den Klavierverkauf geradezustehen.[147]

Nicht unwesentlich dürfte auch das zunehmende Misstrauen des MfS gegenüber den stark fiktional geprägten Berichten von Böhme gewesen sein. Zwar agierte „das Organ" nicht allzu entschlossen, doch zunehmend distanzierter gegenüber dem einstigen Hauptberichterstatter. Seine Berichte wurden mehrfach überprüft.[148] Nachdem die regionale SED-Spitze Böhmes Ablösung offiziell zunächst damit begründete, dass er für die Position eines Kreisbibliothekars gebraucht werde, setzte sich vermutlich doch der MfS-Plan durch, Böhme nach Gera zu entsenden, wo die Staatssicherheit ihn unter besserer Kontrolle wähnte.

Im Sommer 1977, genau am 20. Juni, begann Manfred Böhme eine Tätigkeit in der damals größten Bibliothek des Bezirkes, der Wissenschaftlichen Allgemeinbibliothek (WAB) in Gera. Er wurde zunächst als Mitarbeiter des Bereiches Öffentlichkeitsarbeit eingesetzt und hatte sogenannte literaturpropagandistische Aufgaben wahrzunehmen: Veranstaltungsorganisation, Werbung und Erarbeitung von Broschüren zur Anleitung von Bibliothekaren.[149]

Schon recht bald verpflichtete sich der Bibliothekar Böhme zu einem Einsatz in der Greizer Konservenfabrik im Rahmen der „sozialistischen Hilfeleistung". Der profane Hintergrund für derartige, durchaus nicht unübliche Arbeitseinsätze war der allgegenwärtige Arbeitskräftemangel. Ebenso wie Studenten zu Ernteeinsätzen verpflichtet wurden, betraf dies auch zeitweise entbehrliche Angestellte des Kulturbereichs. Böhme arbeitete offenbar im Transport über sechs Wochen und hat nach Angaben seiner Vorgesetzten freiwillig diesen Einsatz verlängert.[150] Dass später daraus die Mär vom Oppositionellen wurde, der als Hilfsarbeiter in die Fabrik ging, ist eine andere Geschichte.

---

147 Siehe HA XX, 14044 bzw. AU-Akte.
148 Siehe OV „Lyrik", AOP 1434/77, Bd. I/V, Bl. 282f.
149 AU-Akte, Bd. II, Bl. 230ff.
150 Ebenda.

Da für Februar 1978 ein Brecht-Jubiläum anstand, der 80. Geburtstag, war Manfred Böhme in der WAB mit einer Ausarbeitung zur Rolle Brechts beauftragt worden. Bei den SED-Kreisleitungen von Gera-Stadt und Gera-Land gingen im Herbst und Winter 1977 mehrere Anrufe ein, die darauf hinwiesen, dass ein gewisser Böhme, „beschäftigt in der Konservenfabrik", mit Jugendlichen eine Demonstration für Kunze plane. Ein anderer Anruf wies auf illegale Schriften gegen Bertolt Brecht hin, die ein gewisser Böhme verteile. Die Anrufe wurden mitgeschnitten und später an das MfS weitergeleitet.[151] Vorerst passierte jedoch nichts.

Dass Böhme selbst hinter diesen Anrufen steckte, ahnte zu diesem Zeitpunkt noch niemand. Merklich frustriert durch seine Abschiebung nach Gera auf eine subalterne Position, ohne wichtige Aufträge von der Stasi, rang er um Aufmerksamkeit – doch das stellte sich erst später heraus.

Da Manfred Böhme sich nach wie vor noch häufig in Greiz aufhielt, versuchte er mit Berichterstattung zu dortigen Vorgängen seine Wichtigkeit für das MfS weiterhin unter Beweis zu stellen.

Elly-Viola Nahmmacher und das Brüsewitz-Mahnmal

Im Zentrum seiner Zuträgertätigkeit stand im Jahr 1977 die Greizer Bildhauerin Elly-Viola Nahmmacher (1913-2000), die damals gerade an einem Mahnmal für den Pfarrer Oskar Brüsewitz arbeitete. Brüsewitz war nach einer öffentlichen Selbstverbrennung im nahe gelegenen Zeitz im August 1976 ums Leben gekommen. Der spektakuläre Fall und alles, was damit im Zusammenhang stand, beschäftigte die Stasi besonders.

Eigentlich hatte Böhme im Kulturbund die Arbeit der Künstlerin Nahmmacher insofern gefördert, als er ihre Ausstellungen unterstützte und sich ihr gegenüber freundlich gab. Allerdings war auch dieses Verhältnis zwiespältiger Natur: Böhme berichtete einerseits im Detail über das geplante Mahnmal und alle Beteiligten, andererseits überreichte er der bespitzelten Künstlerin ein selbstverfasstes Gedicht, das seine Ehrerbietung ausdrücken sollte.[152] Da Manfred Böhme das Gedicht auch an Joachim Stein geschickt hatte, ist es erhalten geblieben.

Die Brüsewitz-Plastik wurde Elly-Viola Nahmmacher kurz vor dem Totensonntag des Jahres 1977 vom Rat des Bezirkes in Abstimmung mit der Staatssicherheit im wahrsten Wortsinne abgekauft, um zu verhindern, dass die

---

151 AU-Akte, Bd. III, Bl. 111 und Bl. 305.
152 OV „Die Alte", enthält diverse Berichte von Böhme ab 1970, besonders im Jahre 1977. MfS Gera AOPK 123/80, Bl. 88ff.

*Brüsewitz-Mahnmal
von Elly-Viola
Nahmmacher (1977)*

Skulptur in eine westdeutsche Partnerkirchgemeinde gelangen konnte. In den Stasi-Akten ist nachzulesen, wer involviert war und was man tun wollte, wenn die Künstlerin diesen eigenartigen Ankauf ablehnen oder rückgängig machen würde.[153] Geplant war, die Brüsewitz-Plastik in diesem Falle einfach zu beschlagnahmen. Die unerwünschte Skulptur wurde schon am Tag nach dem feindseligen Ankauf nach Gera abtransportiert. Bis zum Herbst 1989 war sie im dortigen Museum eingelagert.

So sehr Manfred Böhme versuchte, seine alte Position als wichtigste inoffizielle Informationsquelle wiederzuerlangen, das MfS notierte, dass der

---

153 Ebenda, Bl. 139ff. Hier berichtet der GMS „Ulrich Schreiber" vom Ankauf am 15.11.77 und vom Abtransport am nächsten Tag. Unter diesem Decknamen agierte der Stellvertreter des Rates des Kreises für Kultur, Eberhard Herzog (Jg. 1929), für das MfS.

Mit einem aufrichtigen Händedruck der Künstlerin
Frau Elly-Viola Nahmmacher in Greiz von Manfred
Böhme anläßlich seines Abschiedes gewidmet am
3.10. 1977

Deine Hände

Wachsen ein in

Totes Holz,

Beleben jede Faser.

Aus natürlicher Maserung

Hebt sich lebendiger Gedanke !

Mutter und Künstlerin.

Gedicht von Manfred Böhme (1977)

Kontakt nur noch zum Schein aufrechterhalten werde. Erwähnt ist jedenfalls mehrfach eine OPK (gelegentlich mit dem Namen „Täuscher"), die angeblich gegen Böhme zur Überprüfung eingeleitet wurde oder werden sollte.[154]

Wiewohl er dieses Misstrauen nur erahnen konnte, dürfte der psychische Druck für ihn von beiden Seiten her sehr stark gewesen sein: Die alternativ-kritischen Kreise, die er heimlich bespitzelte, solidarisierten sich mit ihm, da er seine geliebte Arbeit verloren hatte – sie hielten ihn für einen der ihren. Und seine Führungsoffiziere beim MfS hatten ihn im Verdacht, ein heimlicher Dissident zu sein, der sie betrog.

Der Druck muss derart stark gewesen sein, dass Böhme nach mehreren wirkungslosen Versuchen, die Aufmerksamkeit des MfS zu erlangen, die Flucht nach vorn antrat. Am Osterwochenende 1978 entschloss er sich zu einer extremen Aktion, die klarmacht, wie stark seine Bindung an die Staatssicherheit war.

---

154 AU-Akte 14783/78, Bd. I, Bl. 78.

III. Die erwünschte Inhaftierung (1978)

Mit einer Flugblattaktion zwingt Manfred Böhme die Staatssicherheit, ihn zu verhaften. Da ihm danach ein Prozess wegen staatsfeindlicher Hetze droht, wird er aus der SED ausgeschlossen. Ein MfS-Psychiater stellt psychische Störungen fest, Böhme kommt ohne Prozess frei und wird auf höchste Weisung weiter als IM eingesetzt.

Zu Ostern 1978 besucht Manfred Böhme seine Frau und die kleine Tochter in Triptis bei Gera. Aber er bleibt nicht das ganze Wochenende. Am Ostersonnabend, den 25. März, macht er sich per Bahn über Gera auf nach Leipzig.

Dort bucht er nachmittags ein Zimmer im *Parkhotel*, kauft sich an der Bar eine Flasche Wein, um sie auf dem Zimmer zu trinken. Die Bardame erinnert sich später, dass jener Hotelgast, dem sie die Flasche verkauft hat, Schorfstellen im Gesicht hatte.[155]

Böhme überlegt es sich dann anders, bleibt doch nicht über Nacht, sondern steigt noch abends in einen Zug nach Magdeburg. Bei sich hat er nur kleines Reisegepäck, eine Aktentasche.

Im Zug bittet er einen Mitreisenden um einen Kugelschreiber und beginnt, auf halbierten DIN-A4-Blättern Losungen zu notieren. Insgesamt 34 Zettel beschreibt er in Druckschrift.[156]

Eine Losung lautet:

WER HIER MITKLATSCHT, IST EIN BRAVER BÜRGER –
WER ABER DENKT, IST EIN FEIND! HALT DEIN MAUL!

Auf ein anderes Blatt schreibt er:

BIERMANN HAT RECHT: DU LASS DICH NICHT
VERHÄRTEN IN DIESEN HARTEN ZEITEN:

---

155 Siehe Untersuchungsakte AU 14783/78 (kurz AU-Akte), Bd. II, Bl. 17.
156 Ebenda, Bd. III, Bl. 220ff.

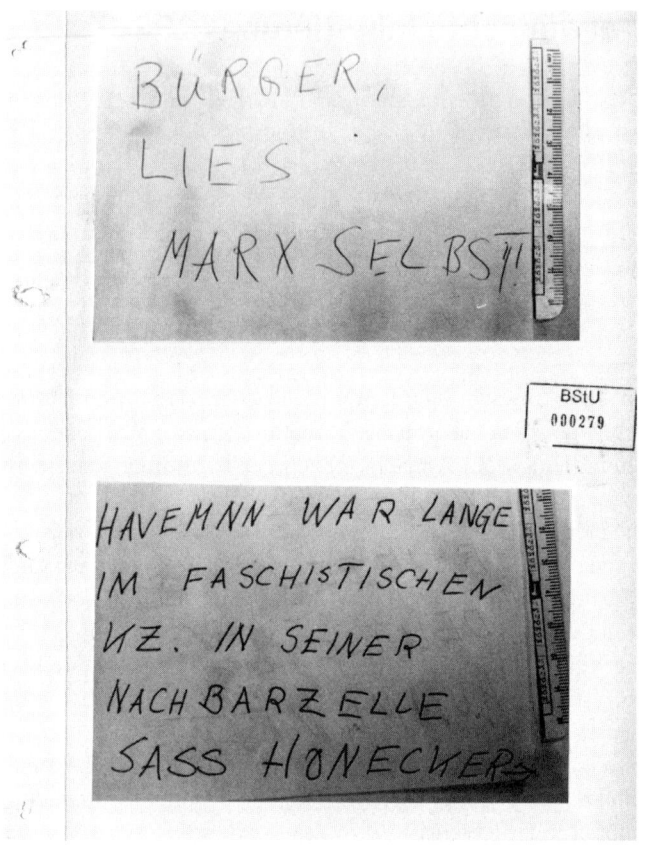

Fotografierte Flugblätter von Böhme in der MfS-Akte (1978)

*MEHR GELD, MEHR WAREN, MEHR AUTOS (BESONDERS
MEHR INTERSHOPS!)/ABER WO SAGT IHR EURE MEINUNG?*

Viele der Zettel unterschreibt Böhme mit dem Kürzel „GIM", als sei er Anhänger der trotzkistischen *Gruppe internationaler Marxisten*:

*SIE HABEN MARX SELBST NICHT GELESEN,
SONST WÜRDEN SIE SICH SCHÄMEN! GIM*

*ROBERT HAVEMANN SCHWEBT IN LEBENSGEFAHR! GIM/
ARBEITER, BAUERN, HANDWERKER! DEIN BRUDER*

Manfred Böhme wirft diese Blätter offenbar ungesehen aus dem Toilettenfenster, als sein Zug gegen 18.30 Uhr im Magdeburger Bahnhof einfährt. Nicht auf die Bahnsteigseite, sondern auf die Gleisseite fallen sie.

Das scheint weiter niemand bemerkt zu haben. Danach geht er zur Transportpolizei auf dem Magdeburger Bahnhof und meldet dort, er habe gesehen, wie jemand Flugblätter aus dem Zug geworfen habe. Vorsorglich hinterlässt er bei der Transportpolizei eine Magdeburger Adresse, unter der er anzutreffen sei.

Er wird dort später am Abend nochmals aufgesucht und von der Abteilung K der Trapo zu einer Befragung „zugeführt". Die Trapo hatte den Vorfall bereits der Abteilung IX der Magdeburger MfS-Zentrale gemeldet und die findet durch Überprüfung heraus, dass Böhme in Gera „aktiv erfasst" ist. Die stasieigene Ermittlungsabteilung übernimmt nun die Vernehmung.[157] Dabei verheddert Böhme sich, sodass man schließlich ihn selbst für den Produzenten der Flugblätter hält, was er jedoch bestreitet. Die Vernehmer lassen ihn zu Vergleichszwecken Schriftproben anfertigen, die ihn später eindeutig als „*Schrifturheber*" überführen. Böhme leugnet aber weiter. Er wird verhaftet und am nächsten Tag in das MfS-Untersuchungsgefängnis seines Heimatbezirkes nach Gera gebracht.[158]

Nach seiner Verhaftung bittet er ausdrücklich darum, seine literarischen Texte, die ein Magdeburger Freund an sich genommen hatte, in die Untersuchung einzubeziehen.[159] Das geschieht, hat zunächst aber keine Auswirkungen. Unter den Papieren, die er in seinem Koffer mit sich führte, befinden sich laut Aufstellung auch eine Mappe mit Urkunden und Auszeichnungen, seine Fachschularbeit, Materialien zum Lehrlingswohnheim Leuna und eine „*Brosch. R. Kunze*".[160]

In Gera gesteht Böhme in seiner ersten Vernehmung, der Urheber der Flugblätter zu sein. Er deutet an, dass er ursprünglich geplant habe, erst auf der Rückfahrt von Magdeburg in Leipzig die SED-Bezirksleitung anonym anzurufen, um sich selbst der Tat zu bezichtigen. Seine Absicht sei gewesen, erst zu Hause in Gera verhaftet zu werden, so erklärt er dem Untersuchungsführer Seidel.[161]

Per Telex wird schon am 27.3.1978 die Berliner Zentrale des MfS von dem Fall Böhme verständigt. Als dort die Nachricht eingeht, wird sie „*Gen. E. M.*

157 BStU, MfS Magdeburg, Abt. IX, Nr. 1266, Bl. 160-173.
158 AU-Akte 14783/78, Bd. I, Bl. 114.
159 Ebenda, Bd. I, Bl. 325f., 328.
160 Ebenda, Bd. I, Bl. 133, 137.
161 Ebenda, Bd. I, Bl. 217.

zur Kenntn." vorgelegt.[162] Ein Hinweis, dass der Fall höchstwahrscheinlich auf Erich Mielkes Tisch gelandet ist.

Am 29.3. erwägen die Vernehmer vom Geraer MfS, den Vorgang „zweckmäßigerweise" von der HA IX/2 oder IX/5 in Berlin aufklären zu lassen.[163] Zu dem Zeitpunkt hatte der Untersuchungshäftling Böhme im MfS-Gefängnis Gera bereits auf 65 handgeschriebenen Seiten einen Überblick über sämtliche ihm bekannten Personen aus seinem persönlichen und beruflichen Umfeld angefertigt. Böhme hatte dabei akribisch gekennzeichnet, wen er privat und wen er auf Betreiben des MfS kennengelernt hatte. Außerdem gab er neben Beruf, Alter und Parteizugehörigkeit des Betreffenden auch Kurzcharakteristiken wie „sympathisch", „bürgerliche Haltung" oder „reaktionäre Grundeinstellung" mit an.[164]

Neben der Fülle der Kontakte dürfte auch dem Vernehmer Seidel vom Geraer MfS aufgefallen sein, wie viele SED-Funktionäre der Kreisebene Böhme gut kannte und für wie viele jüngere Bekannte aus Greiz und Umgebung er selbst Bürge beim Eintritt in die SED gewesen war. Zu einigen Personen – wie zum Beispiel Günter Ullmann – bittet Böhme, weitere Ausführungen machen zu dürfen.[165]

Das Angebot nimmt die Stasi gerne an, denn für Ullmann interessiert sich die Kreisdirektion Greiz momentan sehr. Insgesamt ist den Geraer Genossen der dortigen Abteilung IX der Fall vielleicht zu kompliziert und ungewöhnlich gewesen. Und außerdem hatte sich für Berichte von Böhme auch 1976/77 schon die Hauptabteilung (HA) XX in der Berliner Zentrale interessiert.

Zunächst bleibt Böhme allerdings in Geraer Untersuchungshaft. Am 30.3. werden ihm sogenannte Hafterleichterungen genehmigt, er darf lesen, schreiben und rauchen. In seinen ersten Vernehmungen erklärt er sich zum Dissidenten, der mit der Partei nicht mehr in Übereinstimmung sei und deshalb die Konfrontation mit dem MfS gesucht habe. Gleichzeitig räumt Böhme ein, in seiner Berichterstattung gelegentlich Wahres mit Unwahrem vermischt zu haben, um sich „gegenüber dem MfS aufzuwerten".[166]

Währenddessen bereitet sich die Hauptabteilung IX in Berlin bereits auf die Untersuchung des Falles Böhme vor und entwickelt am 4.4.1978 einen Plan über zu erarbeitende Informationen: Die dortige Arbeitsgruppe des leitenden MfS-Offiziers Karli Coburger (AG Coburger) soll sich mit diesem Fall befassen.[167]

---

162 Ebenda, Bd. I, Bl. 296.
163 Ebenda, Bd. I, Bl. 294.
164 Ebenda, Bd. I, Bl. 229-293.
165 Ebenda, Bd. I, Bl. 258.
166 Ebenda, Bd. I, Bl. 299ff.
167 Ebenda. Coburger leitete später die HA VIII, zuständig für Observierung und Verhaftung

Häftling Nr. 995 beim MfS in Hohenschönhausen

Eine Woche später, am 11.4.78, wird der Untersuchungsgefangene Böhme an die Berliner Hauptabteilung IX übergeben, das heißt, er wird nach Berlin-Hohenschönhausen in die dortige Untersuchungshaftanstalt des MfS transportiert. Und mit ihm sämtliche Akten, die ihn betreffen. Als „operativer Bearbeiter" wird ein Major Günter Berndt ausgewählt, der bis dahin als „Offizier für Sonderaufgaben" mit heiklen Themen, wie zum Beispiel Tötungsdelikten von in der DDR stationierten Sowjetsoldaten, befasst war.[168]

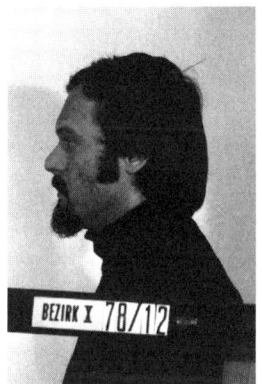

Fotos aus Böhmes MfS-Untersuchungsakte (1978)

In seiner ersten Vernehmung in Hohenschönhausen versuchte Böhme, bei seiner Geraer Version zu bleiben. Danach wurde er, laut Untersuchungsakte, eine Woche lang nicht vernommen. Interessanterweise war das Thema der darauffolgenden Vernehmungssitzungen Ralf Schröder, über den Böhme ja schon in Greiz mehrfach und sehr ausgeschmückt berichtet hatte.[169]

Exkurs: Ralf Schröder (1927-2001)

Ralf Schröder war im Jahre 1978 ein anerkannter und geschätzter Lektor für sowjetische und russische Literatur im DDR-Verlag *Volk und Welt*. Manfred Böhme kannte Schröder seit 1971, als sich beide, laut Böhme, auf einer Dostojewski-Konferenz begegnet waren. Seitdem blieben sie in Kontakt.

---

168 Personalakte Berndt.
169 AU-Akte, Bd. II, Bl. 24ff.

Schröder wurde regelmäßig zu Vorträgen im Rahmen des Kulturbundes nach Greiz eingeladen und galt nicht nur dortigen Zuhörern als brillanter Kenner der sowjetischen Literaturszene, wobei sein Interesse auf den kritischen Stimmen lag, um deren Veröffentlichung er auch in der DDR kämpfte.

Schröder selbst hatte gegenüber Böhme von seiner Haftzeit in Bautzen und dem vorhergehenden Prozess wegen angeblicher Umsturzpläne gesprochen. Im Nachgang der Janka-Harich-Prozesse war 1957/58 eine Gruppe von Leipziger Intellektuellen verhaftet und staatsfeindlicher Aktivitäten bezichtigt worden. Zu dieser Gruppe gehörten neben Erich Loest auch der Slawist Schröder und sein Bruder Winfried, ein Romanist.

Ralf Schröder wurde zu zehn Jahren Haft verurteilt, erhielt aber in der Haft, ähnlich wie Wolfgang Harich, die Erlaubnis zu eingeschränkt wissenschaftlicher Arbeit, er durfte lesen. Hier begann die gedankliche Vorarbeit für sein Buch zum Faust-Motiv im russischen Roman.[170] Die Untersuchungsakten zu Schröder aus den 50er Jahren legen nahe, dass er sich bereits in der Haft zu einer späteren Zusammenarbeit mit dem MfS bereit erklärte. Dies merkt auch sein früherer Mitgefangener Erich Loest in dem Buch *Prozesskosten* so an.[171]

Nach seiner Amnestierung[172] gelang es Schröder durch die Hilfe von Freunden, im Berliner Verlag *Volk und Welt* 1966 eine Arbeit im Lektorat für sowjetische Literatur aufzunehmen.

Ralf Schröder wurde im Jahre 1970 von MfS-Offizieren im Verlag aufgesucht und nach einem gewissen Vorlauf im Mai 1970 zur Mitarbeit als IM „Karl" geworben.[173] Karl war sein zweiter Vorname. Schröders Auftrag sollte offenbar hauptsächlich in Berichten zu dem mit ihm befreundeten Übersetzer Thomas Reschke bestehen.[174] Die Berichte zu Reschke geben Grund zu der Annahme, dass Schröder mindestens bis 1987 als IM „Karl" aktiv war.[175] Der Umfang dieser Tätigkeit bleibt allerdings unklar.

Für Böhme, der zunächst von dieser IM-Tätigkeit nichts gewusst haben dürfte, bot Schröders Vergangenheit einen Anlass für ausschweifende Berichte an seine Führungsoffiziere, da hier ein klares Interesse des MfS bestehen musste. In der Tat ist es auch bereits in Greizer Zeiten so gewesen, dass

---

170 Gorkis Erneuerung der Fausttradition. Faustmodelle im russischen geschichtsphilosophischen Roman, Berlin 1971.

171 Siehe Erich Loest: Prozesskosten, Göttingen 2007, S. 259, wenngleich Erich Loest sich im Jahr der tatsächlichen Verpflichtung irrt.

172 Ralf Schröder wurde 1964 aus dem Zuchthaus Bautzen entlassen.

173 Siehe AIM 9202/91.

174 Außer einigen wenigen Teilen der Personalakte und einem IM-Bericht über Thomas Reschke aus dem Jahre 1987 ist die MfS-Akte von Ralf Schröder nicht erhalten.

175 BStU, ANS AOPK 16401/89, Bl. 1f.

Böhmes IM-Berichte zu Ralf Schröder nach Berlin an jene Hauptabteilung XX weitergeleitet wurden, die zum einen den Literaturbetrieb beobachtete und zum anderen auch Schröder selbst als IM führte.

Die Frage, ob sich hier eventuell zwei inoffizielle Mitarbeiter gegenseitig im Stasi-Auftrag observierten, lässt sich beim gegenwärtigen Aktenstand nicht beantworten. Dennoch dürfte die mehrfache Gebrochenheit in der Beziehung der angeblich freundschaftlich verbundenen Männer auf der Hand liegen.

Vermutlich hat Manfred Böhme sehr von der Kompetenz Schröders profitiert und vieles, was er von Schröder hörte, als eigenes Wissen ausgegeben. Auch einige Böhme-Briefe aus den letzten Lebensjahren erwecken stark den Eindruck, als versuche Böhme, sich mit Details und Personen aus Schröders Leben zu schmücken, indem er sie mit leichter Hand in die Erzählung seines eigenen Lebenslaufes implantierte.

Man könnte sogar so weit gehen, die geplante und selbstinszenierte Inhaftierung als eine gewisse Nachahmung des Schröderschen Schicksals zu sehen: Böhme war nun in Stasi-Haft, was das deutlichste biographische Zeichen für einen „intellektuellen Sektierer" war.

Zu Ralf Schröder wird Böhme mehrfach vernommen, er fertigt in Hohenschönhausen auch eine eigenhändige Niederschrift mit folgendem Titel an: *Einschätzung des mir bekannten Personenkreises um Dr. Ralf Schröder, Berlin.* Das sind neun locker beschriebene Seiten. Böhme gibt hierin zu, selten mehrere Personen des Schröderschen Bekanntenkreises zusammen angetroffen zu haben. Das heißt, er widerspricht früheren Berichten, die er geliefert hatte. Außerdem erwähnt er, dass der Bekanntenkreis nicht als Gruppierung oder Gruppe zu betrachten sei, auch dies hatte er in früheren Jahren der Staatssicherheit nahegelegt.

Während er alte Lügen korrigiert, produziert er jedoch fortwährend neue. Angeblich, so Häftling Böhme, habe Günter Ullmann aus Greiz sich in Berlin mit Dr. Ralf Schröder getroffen.[176] Überhaupt sind seine zu Günter Ullmann gelieferten Berichte aus dieser Haftzeit von großer Niedertracht. Die gipfelt noch in einer geradezu diabolischen Behauptung: Böhme erklärt, er habe Ullmann *„auf die Krankheitsgeschichte (...) gebracht".*[177] Sollte das heißen, er war der eigentliche Stichwortgeber für den Verfolgungswahn, dem Ullmann nach den ersten Stasi-Vernehmungen verfiel? Das hieße, Böhme hätte Ullmann also auf jene Idee gebracht, die Stasi könnte ihm vielleicht in eine Zahnplombe einen Sender eingesetzt haben und wisse deshalb so viel über ihn.

---

176 AU-Akte 14783/78, Bd. II, Bl. 58 und 65.
177 Ebenda, Bd. I, Bl. 349.

Dabei war Freund Manfred der „Sender". Er hatte in den Vorjahren schon acht Mal Gedichte, die Ullmann ihm anvertraute, an das MfS weitergeleitet – zusammen mit Erläuterungen und Lügengeschichten.

Da auch die neuen „Dossiers" von Böhme nach Gera gingen, hatten die dortigen Stasi-Vernehmer reichlich Material, um Günter Ullmann von Oktober bis Dezember 1978 sieben Mal zu Vernehmungen vorzuladen. Damit trieben sie den psychisch Angeschlagenen planmäßig in weitere Verzweiflung – als Maßnahme gegen seine unveröffentlichten Gedichte.[178]

Die andersartige Haft

Noch innerhalb der ersten zwei Wochen in der Untersuchungshaftanstalt Hohenschönhausen fertigt Manfred Böhme einen eigenhändig geschriebenen Lebenslauf an. Grob betrachtet scheint dieser Lebenslauf weitestgehend zu stimmen, in Details jedoch weicht er – wie alle Böhme-Berichte – von der Realität ab.

Auch in den schriftlichen Erklärungen über seine Position zum MfS und in der Erklärung zu Reiner Kunze treten Unwahrheiten auf. Ganz deutlich beispielsweise dort, wo er auf Prag im August 1968 und seine Haltung zum Einmarsch zu sprechen kommt. Angeblich – so Böhme jetzt – habe er damals öffentlich kritisiert, der Einmarsch in Prag sei *zu spät* geschehen.[179] Nachweislich eine Verdrehung dessen, was er seinerzeit tatsächlich gesagt hatte.[180]

Wenn diese vier Monate voller Vernehmungen und Niederschriften vielleicht als eine Art angestrebter Lebensbeichte erscheinen, so sind sie doch in puncto Wahrheitsgehalt weit davon entfernt. Möglicherweise hat der Untersuchungshäftling Nr. 995 chronische Probleme, was die Wahrheit als Aufeinanderfolge von Ereignissen und Haltungen betrifft. Vielleicht ist das Jonglieren mit kleinen und größeren Abweichungen für ihn das eigentlich Reizvolle.

In der Untersuchungsakte finden sich beispielsweise auch etliche Anmeldungen von Böhme für ein und dasselbe Hotel in Leipzig. An ihnen fällt auf, dass er sich wechselweise als verheiratet oder als ledig ausgab. Auf einigen Anmeldeformularen ist die Rubrik Familienstand nicht ausgefüllt, stattdessen ist in der Spalte Beruf das Wort „Bibliothekar" etwas breiter geschrieben.

---

178 Siehe OV „Medium": AOP 777/79, Bd. 1, Bl. 158-193.
179 AU-Akte 14783/78, Bd. II, Bl. 130.
180 Für Böhmes kritische Äußerungen im August 1968 gibt es Belege in mehreren Berichten von inoffiziellen Mitarbeitern der Greizer Kulturszene, die an Böhmes „falsche" Haltung erinnerten, als der 1971 die Position des Kulturbund-Kreissekretärs erhalten sollte.

Die Vernehmungen, die Major Günter Berndt mit Böhme in der Folgezeit führte, drehten sich um seinen Lebenslauf, sein Verhältnis zum MfS und immer wieder um den Hergang der Magdeburger Flugblattaktion. Auch einige Auffälligkeiten im Vorfeld der Magdeburger Aktion wurden angesprochen: mehrere zumeist anonyme Anrufe, die Manfred Böhme als politisch verdächtig anzeigten und in Gera und Leipzig jeweils bei der SED-Kreis- oder Bezirksleitung eingegangen waren.

Manfred Böhme gibt recht schnell zu, diese Anrufe selbst getätigt zu haben, um das MfS auf sich aufmerksam zu machen, was zu seinem Bedauern nicht geschah. Und er räumt ein, dass er *„beim MfS anfallen wollte"*. Nach seiner *„Abnabelung"* vom Kulturbund habe er gewollt, dass man ihn aus dem Verkehr ziehe, schreibt er in einer Erklärung am 29.4.1978, und er wolle nun die Konsequenzen der Flugblattaktion tragen.[181]

Der Untersuchungshäftling Böhme erklärt, sein Recht auf einen Anwalt nicht in Anspruch nehmen zu wollen. Auch seine Ehefrau bittet er nach dem zweiten Besuch, ihn nicht mehr zu besuchen. Er scheint sich nicht bedroht zu fühlen und gibt sich demonstrativ in die Hände des MfS.

Mit seinem Vernehmer, Major Berndt von der Hauptabteilung IX, versucht Böhme, seine politischen Positionen zu diskutieren. Da sein Gegenüber nicht zu Diskussionen aufgelegt ist, hält Böhme erläuternde Monologe und gibt bekannt, dass er sich *„vollinhaltlich zur DDR bekenne"* und die *„in der DDR bestehenden gesellschaftlichen Verhältnisse"* seine *„volle Zustimmung haben"*.[182]

Er redet in den Vernehmungen und in seinen Erklärungen auch über seine Wertschätzung für das MfS, das er höher schätze als die Partei.

„Ich habe mehrfach betont, und ich stehe auch heute noch dazu, daß ich im Ministerium für Staatssicherheit die Kraft sehe, die vor allem diesen Staat, der meine volle Sympathie und Verbundenheit besitzt, erhalten hat in zahlreichen gefährlichen Situationen."[183]

„Ich möchte noch einmal betonen, daß ich nie die Absicht hatte und sie auch heute nicht habe, von der Mitarbeit MfS entbunden respektive entpflichtet zu werden. Ich möchte nach meiner Haftentlassung gern weiter beim MfS arbeiten. Das aber hängt wohl nun mehr davon ab, ob sich im Organ jemand findet, der mir noch einmal vertrauen könnte."[184]

---

181 AU-Akte 14783/78, Bd. II, Bl. 169ff.
182 Ebenda, Bd. III, Bl. 8.
183 Ebenda, Bd. II, Bl. 91.
184 Ebenda.

Erklärung zu meiner Straftat am 25. 3. 1978 und den
Aussagen hierzu lt. Protokoll zu den Vernehmungen
vom 28., 29. und 30. 3. 1978

Am 25. März 1978 verübte ich aus dem im Magdeburger Hauptbahnhof einfahrenden Zug eine Straftat, die noch am gleichen
Tage gegen 20.00 Uhr zu meiner Verhaftung führte.
In den Vernehmungen vom 25. 3. 1978, 20.00 Uhr bis
26. 3. 1978 gegen 16.00 Uhr bestritt ich beharrlich meine
Täterschaft, um nicht in Untersuchungshaft in Magdeburg
verbleiben zu müssen. Ich wollte nach Gera kommen.
Aus den Vernehmungen vom 28., 29. und 30. März 1978 gingen
zwei Protokolle hervor, in denen ich bewußt falsche Angaben
zu den Motivationen und den Hintergrundmotiven für die
Tat machte.
Ich möchte deshalb, vom Untersuchungsführer hier in Berlin
um wahrheitsgemäße Aussage ersucht, zur Vorbereitung, zum
Hergang und zu den Motivationen der Tat direkt und zu den
Gründen meiner falschen Aussagen in Magdeburg und in Gera
in der Zeit vom 25. März bis 30. März 1978 erklären:
1. Vorbereitung der Tat:
Am 25. 3. 1978, Ostersamstag, fuhr ich 11.00 Uhr von meiner
Familie ab Triptis über Gera und Leipzig nach Magdeburg,
um einer Einladung meiner vietnamesischen Freunde nachzu-
kommen, die ich schon seit 1976 einige Male in Magdeburg
besucht hatte. 12.57 Uhr fuhr mein Zug in Leipzig ein,
und ich trank mit zwei Adener Studenten (Jemen), die ich
im Zuge wiedergetroffen hatte, im Westrestaurant des Haupt-
bahnhofes zwei Milchmixgetränke. Mir war es an diesem Tage
noch sehr übel, nachdem ich, wie auch von anderen Personen
bestätigt werden kann, schon fast eine Woche an einer Er-
kältung laboriert hatte. Ich hatte starke Kopfschmerzen
und schob gezwungener Maßen meine Entscheidung, nach Magdeburg fahren oder nicht, in Leipzig auf. Ich schlief einige
Stunden im "Parkhotel" und "genehmigte" mir vor meinem

Protokoll einer von Böhme in der Haft abgegebenen Erklärung (29.4.1978)

Ruhen, um einschlafen zu können, auf einen Hieb eine halbe
Flasche Weißwein, den ich vorher im Restaurant des "Park-
hotels" gekauft hatte. Nach 2½ Stunden spürbar erholt,
ging ich nun doch wieder zum Hauptbahnhof, um mit dem von
Dresden kommenden D-Zug 16.55 Uhr ab Leipzig nach Magdeburg
fahren zu können. Der Zug war, obwohl es Ostersamstag war,
wider Erwarten kaum besetzt. Ich ging, wie es immer und
schon seit Jahren meine Gewohnheit ist, bis zum 1. Wagen
hinter der Lokomotive durch. In diesem Wagen, durchgehend
und ohne Abteiltrennungen, saßen kaum Fahrgäste, höchstens
10 Personen, und das im Raucher- und Nichtraucherabteil
zusammen. Schon vor Abfahrt des Zuges hatte ich mich für
die Ausfertigung der Flugzettel mit hetzerischem Inhalt
und Abwurf derselben, bei günstiger Gelegenheit eventuell
in Magdeburg, entschieden. Ich fertigte die Flugzettel im
fahrenden Zug zwischen Leipzig bis Schönebeck an. Dazu besorgte ich mir leihweise 2 x von Mitfahrenden einen Kugelschreiber. Papier riß ich mir aus einer frisch gekauften
Briefpapiersammlung zurecht. Um Fingerabdrücke zu vermeiden,
zog ich mir einen Strumpf über die Hände. Zum Gang hin ver-
deckte mich mein Mantel. Ich saß allein und unbemerkt von
anderen Reisenden.

2. Hergang der Tat:

In Schönebeck hatte ich etwa 30 der vorliegenden Flugzettel
fertiggestellt, hinter derem Inhalt ich in keinem Falle
stehe. Ich verließ Nichtraucher- und Raucherabteil und stellte
mich an jene Waggontür von der ich wußte, daß sie auf der
beim einfahrenden Zug dem Ankunftsbahnsteig entgegengesetzten
Seite sein müsse. Nach Magdeburg-Buckau betrat ich das an der
Waggontür direkt liegende Toilettenabteil. Als der Zug wenige
Minuten später im Magdeburger Hauptbahnhof einfuhr, verge-
wisserte ich mich, daß auf dem gegenüberliegenden Bahnsteig
"5" keine Personen waren und warf die Flugzettel direkt aus
dem offenen Toilettenfenster auf das Schienengestränge, das
noch zwischen Zug und anderem Bahnsteig lag. Ich stieg
schnell aus, kaufte mir am auf dem Bahnsteig befindlichen
Kiosk eine Flasche Weinbrand und ging in den Tunnel.

Dort machte ich 18.30 Uhr zwei Angehörige der Transportpolizei und einen Zivilisten, der bei ihnen stand, auf die
Flugzettel aufmerksam. Der Zug war 18.27 Uhr eingefahren,
also waren nur 3 Minuten Differenz. Nachdem die Transportpolizisten sich sofort zu dem Bahnsteig begeben hatten,
wartete ich noch einen Moment an der Stelle, wo sie gestanden hatten. Danach ging ich ohne jegliche Hast in das
Bahnhofspostabteil, warf zwei Briefe ein und kam zeitlich
so wieder heraus, daß die aus dem Tunnel kommenden Angehörigen der Transportpolizei wieder und noch im Bahnhofsgebäude auf mich stoßen mußten. Kurz hinter dem Seiteneingang waren sie an mich heran und ich gab an, die Zettel
herausfallen zu sehen, beschrieb auch eine in Frage kommende
Person. Von mir aus gab ich meine Personalien und die Adresse
meines geplanten Besuches an.

3. Zu den Motiven meiner strafbaren Handlung:

Hierzu möchte ich etwas weiter ausholen. Bereits im Jahre
1975 und im Jahre 1976 hatte ich meinen Kontaktmann MfS
mehrfach darum gebeten, mich unter irgendeinem Vorwand
(Reise oder ähnliches) vorübergehend von der Öffentlichkeit
wegzunehmen. Damals ging es mir zwar vor allem darum, endlich in einigen Dingen der Konspiration und zu einigen Zusammenhängen mir ein qualifiziertes Wissen anzueignen und
konkreter unterwiesen zu werden. Aber auch wollte ich damals
schon, wenn das auch nicht der dominierende Grund war, etwas
zur Ruhe kommen, denn seit 1970 hatte ich keinen Urlaub mehr
gehabt. Das will ich keinen Menschen zum Vorwurf machen,
da es an meiner Art Arbeitseinteilung lag. Jedenfalls hielten
die mit mir in Kontakt stehenden Mitarbeiter MfS das für
eine fixe Idee. Als es mir dann 1976 vage in Aussicht gestellt wurde, kamen im Zusammenhang Biermann/Kunze/Fuchs/
Nahmacher und andere solche Aufträge auf mich zu, die mein
Herauslösen aus der Arbeit schier unmöglich machten. Nachdem
die Aufträge im Zusammenhang mit der Affäre Wolf Biermann
und zu Reiner Kunze im großen und ganzen gelöst waren, trat
eine für mich persönlich schwer verkraftbare Situation zutage.
Mit "geschlossenem Visier" wurde ich nicht nur, zwar mit

Auszeichnungen und Pressewürdigung meiner Verdienste, im
Gespräch mit mir aber sehr unverhohlen und deutlich, als
Kreissekretär Kulturbund der DDR am 21. Mai 1977 zur Über-
raschung vieler abgewählt, sondern bekam auch zahlreiche
andere Funktionen, an deren Arbeit ich hing, weggenommen.
Vieles an meiner Arbeit, was bisher Lob und Anerkennung von
offizieller Seite fand, wurde jetzt öffentlich in Schimpf
abgetan. Es ließe sich hierzu noch manches sagen. Diese
bewußte betriebene Abnabelung, die sicherlich auch mit
manchem meiner Fehler zusammenhing, schuf für mich eine
kaum verkraftbare Situation. Ich bat ab Anfang 1977 mehrmals die mit mir in Kontakt stehenden Personen MfS, mich
unter irgend einem Vorwand "aus dem Verkehr zu ziehen". Nach
nichts sehnte ich mich so wie nach Ruhe und neuem Überdenken
so vieler Fakten, die sich in den letzten Jahren nur auf-
speichern konnten. Vieles an Fakten konnte ich nicht einordnen, weil nie Zeit vorhanden war. Zahlreiche äußere und
innere Probleme, ein ab 1973 fast kaum verkraftbarer Streß
trugen zu dieser Situation bei. Dabei bin ich mir im klaren
darüber, daß ich an diesen Problemen und am Streß selbst
die Hauptschuld hatte. Aussprechen konnte ich mich nur ab
und an mit den Genossen vom MfS, und auch dann nur, wenn
Zeit war. Meinen Wunsch, "mich aus dem Verkehr zu ziehen",
hielten sie verständlicher Weise für eine Mani. Deshalb
tätigte ich dann ab Anfang Oktober 1977 bis 1978 im Februar
Anrufe anonymer Art bei Leitungsebenen der SED in Leipzig
und Gera mit konkretem Hinweis auf meine Person, um meinen
Wunsch so gelinde zu erzwingen. Ohne Erfolg! Darauf führte
ich mit den Personen Lutz Ludwig und Bernd Schulze (Staßfurt
und Gera) von deren Mitarbeit MfS ich ahnte und in beiden
Fällen ab Mitte 1977 wußte, denn sie hatten mich getestet
und mehrfach konkretes Wissen offenbart, welches nur in
einem Punkt zusammenläuft, solche Gespräche, die MfS auf
mich hätten aufmerksam machen müssen. Dabei ahnten beide
nichts von meiner Zusammenarbeit. Auch das blieb ohne Erfolg.
Am 25. 3. 1978 entschied ich mich dann in Leipzig zu diesem
Schritt einer strafbaren Handlung. Ich wollte in keiner
Weise, daß die Flugblätter an andere gerieten; in keiner Weise

85

534

stehe ich hinter dem Inhalt der Flugzettel; in keiner Weise
wollte ich jemand aufwiegeln. Deshalb der Abwurf derselben
auf einem menschenleeren Bahnsteig und in die Fahrrinne,
und deshalb auch den sofortigen Hinweis an die Angehörigen
der Transportpolizei.

4. Zu meinen Aussagen in Magdeburg und Gera in der Zeit
   vom 25. bis 30. März 1978

In Magdeburg bestritt ich hartnäckig die Tat, denn ich wollte nach Gera überführt werden. Ich nahm an und hatte dann
am ersten Vernehmungstag in Gera noch die Hoffnung, nach
einem entsprechenden "Donnerwetter" kämen einige Monate Ruhe
heraus und dann neu an die Arbeit. Legenden für mein zeit-
weiliges "Verschwinden" hätten sich nach meiner Einschätzung
bei meiner bisherigen Lebens- und Arbeitsweise vielerlei
finden lassen. Aber man glaubte mir nicht. Meine so wie hier
geschilderte Motivation wurde als "schizofren" oder "bewußte
Verschleierung" angesehen. Und wer sollte auch Grund haben,
mir nach dieser strafbaren Handlung noch zu glauben. Meine
bisherigen Verbindungen, die ich nicht im eigenen Interesse
gesucht hatte; meine geistig kritische Einstellung, die Tat;
alles schien plötzlich eindeutig staatsfeindlich. Spätestens
am 30. 3. 1978 war mir klar, daß ein Verfahren und eine
Reihe von Jahren Freiheitsentzug unausbleibliche Folge
meiner Handlung sein würden. Und so unterschrieb ich dann
die mit mir abgesprochenen Protokolle freiwillig, ohne mir
gemachte Versprechungen und ohne Zwang.
Ich bin weder Trotzkist noch stehe ich der GIM nahe. Was ich
darüber weiß, weiß ich zum großen Teil aus meiner inoffiziellen Arbeit. Ich wollte wirklich weder jemanden aufwiegeln noch jemanden mit den Flugzetteln erreichen. Ich stehe
auch in keinem Falle hinter dem Inhalt der Flugzettel.
Ich bin nie ein nur formales Mitglied der SED gewesen, sondern verstand mich bei allen kritischen Vorbehalten zu Ver-
fahrensweisen, die ich in BPO-Versammlungen offen aussprach,
mit vollem Herzen als Mitglied dieser marxistisch-leni-
nistischen Partei wie als Bürger der DDR, der ich mich nicht

nur heimatlich, sondern vollinhaltlich verbunden fühlte
und fühle. Ich hatte nicht und habe nicht die Absicht, meine
Zusammenarbeit mit dem MfS zu unterbrechen, auch wenn man
mir das vorhielt. Das wäre auch anders und ohne Anstoß zu
erregen möglich gewesen. Meine Mitarbeit beim MfS ist
niemandem bekannt, von mir niemandem mitgeteilt worden.
Da ich bereits genügend Zeit hatte, einiges zu meiner Person,
zu meiner Entwicklung und vor allem zur Straftat vom
25. 3. 1978 nachzudenken, weiß ich, wie unsinnig und schädlich meine Handlungsweise war. Ich hätte, so glaube ich
heute, meine Probleme anders und besser klären können, ohne
Schaden zu verursachen. Ich bereue meine Tat aufrichtig.
Diese Reue hat nichts damit zu tun, nur strafmildernde
Positionen zu erlangen. Auch diese Erklärung steht in keinem
Zusammenhang mit Strafmilderung, sondern entspricht der
Wahrheit.
Meine Reue dient niemandem, das weiß ich gut.
Vielleicht kann ich nach Verbüßung meiner Strafe etwas in
operativer Arbeit wieder gut machen. Beendet man meine Arbeit
mit dem MfS aber, so beraubt man mich, wenn vielleicht
auch zu Recht, meines wichtigsten Lebensinhaltes. Ich
bereue auch, meinen langjährigen Kontaktleuten MfS, mit
denen ich mich gut verstand, nun auch einige unangenehme
Stunden bereitet zu haben.

Manfred Böhme

Während der Haft verliert Manfred Böhme seine SED-Mitgliedschaft.
Nach knapp zwei Monaten U-Haft beim MfS wird er am 5. Juni 1978 von den
zwanzig Genossen seiner letzten SED-Parteigruppe in der Wissenschaftlichen
Allgemeinbibliothek Gera einstimmig aus der Partei ausgeschlossen. Das passierte fast automatisch, wenn jemand wegen „staatsfeindlicher Hetze" in Haft
kam – und Mitglied der Partei war. Die SED wartete keinen Prozess ab, sie
wusste selbst am besten, wie derartige Prozesse endeten, denn dies wurde
wiederum von ihren eignen Funktionären im Justizapparat vorher festgelegt.

Ungewöhnlich jedoch ist, dass sich die Urkunde über seinen Ausschluss im Nachlass befindet, dass sie Böhme also nach 1989/90 ausgehändigt worden ist.[185]

Im Fall von Manfred Böhme verlief so gut wie alles sehr viel anders als bei anderen politischen Gefangenen. Wahrscheinlich konnte der ungewöhnliche Verdächtige seinem Vernehmer Schritt für Schritt klarmachen, dass er tief im Herzen einer der Ihren war. Zumindest wurde er deutlich anders behandelt als andere Untersuchungshäftlinge, denen man staatsfeindliche Hetze vorwarf.

Ein Beispiel: In den Vernehmungen wird Böhme aufgefordert, sich zu zwei Einschätzungen seiner Person zu äußern, die von seinen letzten Arbeitsstellen – Kulturbund und Wissenschaftliche Allgemeinbibliothek Gera – angefertigt worden waren. Böhme erklärt, mit bestimmten Darstellungen seiner Person nicht einverstanden zu sein, und erläutert seine Ablehnung. Fast unglaublich ist, was daraufhin geschieht. Die beiden früheren Arbeitsstellen werden vom MfS aufgefordert, neue Einschätzungen zu schreiben. Und das geschieht auch prompt. Den überarbeiteten Einschätzungen stimmt Böhme dann per Unterschrift zu. Derartige Erfahrungen dürften politischen Häftlingen in DDR-Gefängnissen völlig fremd gewesen sein.

Genauso ungewöhnlich ist, dass Manfred Böhme das psychiatrische Gutachten zu seiner Person lesen durfte, welches im Haftkrankenhaus Hohenschönhausen von *„Dipl.-Med. H. Böttcher"* erarbeitet wurde. Böhmes Schuldfähigkeit wird vom MfS-Psychiater nicht bestritten, er erwähnt aber starke psychische Störungen, spricht von einer *„akzentuierten Persönlichkeit"* und kommt am Ende seiner Expertise zu dem bemerkenswerten Fazit:

„Es muß nicht besonders betont werden, daß der Beschuldigte für eine andauernde inoffizielle Tätigkeit ungeeignet ist."[186]

Der Vernehmer legt Böhme später das besagte Gutachten vor, der quittiert die Einsichtnahme am 12. Juli 1978.[187]

Böhme wird nicht nur anders behandelt, auch er selbst verhält sich anders als andere Inhaftierte. An zwei Wochenenden bittet er um Schreiberlaubnis und wendet sich brieflich in fast privatem Ton an seinen Vernehmer.

---

185 RHA, MaB 33.
186 AU-Akte 14783/78, Bd. I, Bl. 177-184.
187 Ebenda, Bd. III, Bl. 174.

Im ersten Brief vom 2.7.1978 schreibt Manfred Böhme: *„Für mich ist es die höchste Strafe, nicht mehr Genosse zu sein."* Er bittet außerdem darum, nicht wochenlang ohne Verhör warten zu müssen. Er erklärt, *„tiefe Scham"* zu empfinden beim Gedanken *„an die Flugzettel vom Magdeburger Bahnhof"*, wünscht, im Strafvollzug arbeiten zu dürfen, und verspricht, nach der Haft eine Maxime zu haben:

> *„Ihrem Organ gegenüber werde ich kein Quentchen Lüge, auch nicht der sogenannten ‚verzeihlichen' zulassen, unabhängig, ob ich weiter für Sie arbeiten darf oder nicht."* [188]

Eine Woche später ersucht Böhme seinen Vernehmer in einem zweiten persönlichen Brief, zu einem kurzen Gespräch geholt zu werden, um ihm „etwas wirklich Dringendes" zu sagen, das nicht im Zusammenhang mit der Straftat stehe.

Außerdem schreibt er dem Vernehmer ein Gedicht von sich auf, das er vor längerer Zeit „im Zustand einer tiefen Krise" geschrieben habe, „heute aber zu sentimentalisch" finde.

Mit leichten Abwandlungen wird Böhme dieses Gedicht viel später auch anderen Bekannten schicken, offenbar erfüllt es einen ganz bestimmten Zweck.

Die Sonne
lächelt matten Glanz mir
auf die Kraft meiner Ideale.
Der Wind hat
sie zerzaust,
als ich dem Morgen
nachgewunken
mit rotem Tuch.
Nun falte ich sie
mit dem Tuch zusammen,
zu wärmen sie an meinem Herzen.

Unterschrieben: *„Mit freundlichen Grüßen! Ihr Manfred Böhme"* [189]

---

188 Ebenda, Bd. III, Bl. 124.
189 Ebenda, Bd. III, Bl. 165-167.

Freilassung ohne Prozess

Anders als von Böhme befürchtet, kommt es zu keinem Prozess gegen ihn. Im Abschlussbericht der Untersuchung vom 17. Juli 1978 werden als Gründe dafür angegeben, Böhme habe keine staatsfeindlichen Absichten gehabt, habe offen ausgesagt, und außerdem bestünde durch einen Prozess die Gefahr der Dekonspirierung.[190]

In der Tat wäre die Situation, die zur Flugblattaktion geführt hatte, nicht zu erklären gewesen, ohne dabei Manfred Böhmes knapp zehnjährige inoffizielle Arbeit für das MfS zu thematisieren.

Major Berndt, der Untersuchungsführer der HA IX, folgt in dieser abschließenden Zusammenfassung Böhmes Erzählungen über seine Kindheit und schreibt, dieser habe seine beiden Eltern nicht kennengelernt. Bemerkenswerterweise sind auch andere Einzelheiten falsch festgehalten, was heißt, nicht gegengeprüft oder nicht für wichtig erachtet worden. Zu schließen ist daraus, dass die ausfernden Erklärungen Böhmes extrem aufwendig in der Überprüfung waren und auch das MfS begrenzte Möglichkeiten oder Interessen hatte. Vermutlich kam es dem Vernehmer Berndt weniger auf Details als auf eine einigermaßen übersichtliche Geschichte des Falles Böhme an – nachdem man sich seiner ideologischen Vertrauenswürdigkeit versichert zu haben glaubte. (Anders gesagt: Dass Böhme ständig neue Versionen lieferte, dürfte dem Vernehmer nicht entgangen sein. Doch log Böhme auf der richtigen Seite.) Das besagte Abschlusspapier zur Vorlage bei Stasi-Chef Mielke endet mit folgender Einschätzung:

„Im Ergebnis der geführten Untersuchungen und unter Berücksichtigung der in der Vergangenheit von BÖHME geleisteten inoffiziellen Tätigkeit für das MfS kann eingeschätzt werden, daß BÖHME grundlegende Schlußfolgerungen für ein künftiges verantwortungsbewußtes Verhalten gezogen hat und deshalb zu erwarten ist, daß er die sozialistische Gesetzlichkeit einhalten wird.“ [191]

Vorgeschlagen werden drei Maßnahmen: Das Ermittlungsverfahren wird eingestellt, die Haftentlassung ist für den 25. Juli 1978 vorgesehen. Da eine Wiedereingliederung im Bezirk Gera die Gefahr einer Dekonspirierung böte, wird Manfred Böhme im Bezirk Neubrandenburg *„wieder eingegliedert"*.

---

190 Ebenda.
191 Ebenda, Bd. III, Bl. 192.

Ministerrat
der Deutschen Demokratischen Republik
Ministerium für Staatssicherheit

Verwaltung/Bez.-Verw. .....MfS Berlin.....

Abt./Kreisdienstst. .....Hauptabteilung IX.....

Berlin , den .....17. Juli..... 19 78

Entlassungsanweisung

für die Haftanstalt ~~XX~~ des MfS Berlin.....

Der/~~Die~~ am .....26. 3...... 19 78 eingelieferte

Name .....BÖHME.....

Vorname .....Manfred.....

Geburtstag und -ort .18. 11. 1944 in Bad Dürrenberg.

Beruf .....Bibliothekar.....

Familienstand .....verheiratet.....

Wohnungsanschrift 65 Gera, Goethestraße 1a

ist zu entlassen.

Hinweise zur Durchführung der Entlassung:

Der Leiter der ~~Abteilung/KD~~ HA IX .....Dr. Fister/Generalmajor.....

(Unterschrift)

(Siegel)

Bestätigt

(Unterschrift)

Entlassen am .... 19......

129 371 6.0 **Form 539**

Stasi-Chef Mielke wies die Entlassung an (1978).

Zu Böhme wird vom Tag der Haftentlassung an von der BV Gera in Zusammenarbeit mit der BV Neubrandenburg des MfS ein inoffizieller Kontakt aufrechterhalten, *„um Fehlverhaltensweisen durch Böhme vorzubeugen und zu prüfen, inwieweit er für eine weitere inoffizielle Zusammenarbeit mit dem MfS geeignet ist".*[192]

Minister Mielke bestätigt am 19. Juli 1978 den Vorschlag mit seiner Unterschrift. Die Entlassung geht dann so vor sich, dass Manfred Böhme von seinem neuen Führungsoffizier aus Neubrandenburg, Berthold Freese, in Berlin abgeholt wird. Freese unterzeichnet sowohl die „Übernahme" von Böhme selbst als auch die der zu ihm gehörenden Akten.[193]

Als Ausweg aus zunehmendem Druck und seiner inoffiziellen wie beruflichen Bedeutungslosigkeit in Gera hat Böhme, der die Mechanismen der Stasi kennt, den Geheimdienst zum Handeln gezwungen: Er provoziert eine Verhaftung, die er verschiedenen Personen gegenüber bereits mehr oder weniger deutlich angekündigt hatte.

Böhme begibt sich – im Gegensatz zu tatsächlichen Oppositionellen – vollständig in die Hand des MfS, um dessen Vertrauen wiederzuerlangen. Die Stasi-Haft verschafft ihm die erwünschte Aufmerksamkeit (beider Seiten) und damit Bedeutung, gleichzeitig auch in gewissem Sinne Ruhe und eine nach außen hin eindeutige Identität als Stasi-Opfer.

Entgegen fachärztlichem Rat aus den eigenen Reihen behält das MfS die inoffizielle Beziehung zu Böhme bei. Die viermonatige Haft ist auch im Sinne des MfS eine perfekte Tarnung für die zukünftige Arbeit des Manfred Böhme als Zuträger. Von dessen psychischer Gestörtheit, die der MfS-Psychiater als *„Unfähigkeit"* bezeichnete, *„tragfähige, gefühlsmäßige Bindungen zu anderen Menschen zu entwickeln"*,[194] profitiert der Geheimdienst letztlich enorm. Ehrliche und loyale Freundschaften kann oder will dieser Mann offenbar nicht leben – das MfS wird zur konkurrenzlosen sozialen Bezugsgröße für ihn.

An diesem Punkt seines Lebens verschmelzen Böhmes reale Biographie und seine fabrizierten Legenden zu einer kaum durchschaubaren Einheit.

192 Ebenda, Bd. III, Bl. 193.
193 Ebenda, Bd. I, Bl 13 und Bd. III, Bl. 216.
194 Ebenda, AU 14 783/78, Bd. I, Bl. 182.

IV. **Neustrelitz (1978 bis 1985)**

*Per Geheimdienstbeschluss lebt Böhme nach seiner Freilassung
in Mecklenburg, arbeitet zunächst am Theater, wird hier wegen Streitigkeiten entlassen und findet lange keine qualifizierte
Arbeit. Dennoch bleibt er als IM sehr aktiv und begibt sich im
MfS-Auftrag in verschiedene kirchliche Friedenskreise, die auch
mit Berliner Gruppen in Verbindung stehen.*

Am Tag seiner Entlassung aus dem Stasi-Gefängnis in Berlin-Hohenschönhausen, am 25. Juli 1978, beginnen neue Verhältnisse für den vormals
so verzweifelten Manfred Böhme alias „Paul Bonkarz".

Bis gestern noch Untersuchungshäftling Nr. 995 beim MfS, wird er nun
direkt von Hauptmann Freese, einem Mitarbeiter der Abteilung XX in der
MfS-Bezirksverwaltung Neubrandenburg, in sein neues Leben abgeholt. Beide
fahren nach Neustrelitz, anderthalb Autostunden nördlich von Berlin gelegen.
Hier wird Böhme neu anfangen, hat „das Organ" beschlossen.

Was den Ausschlag gab für Böhmes „Umsiedlung" ausgerechnet nach
Neustrelitz, ist unklar. Seinem eigenen Bekunden nach – wie es sich in der
Untersuchungsakte findet – wäre er auch sehr gern nach Rostock gegangen,
wo ein befreundetes junges Ehepaar aus dem Greizer Bekanntenkreis lebte.

Neustrelitz ist in den 70er Jahren eine Kreisstadt im Bezirk Neubrandenburg mit 25.000 Einwohnern. In dem früheren Residenzstädtchen des Groß-
herzogs von Mecklenburg-Strelitz ähneln die Bedingungen ein wenig denen in
Greiz. Auch in Neustrelitz gibt es ein Theater, zwar kein Schloss mehr, aber einen Schlosspark. Was für den russisch sprechenden Böhme außerdem wichtig
ist: Es gibt eine große sowjetische Garnison in der kleinen Stadt.

In Sachen Arbeitsstelle scheint damals alles vorbereitet gewesen zu sein,
denn noch am Ankunftstag hat sich Manfred Böhme bei der *Gewerkschaft
Kunst* im Friedrich-Wolf-Theater Neustrelitz angemeldet. Belege dafür finden
sich in den Papieren seines Nachlasses.[195]

Zwei Tage später unterzeichnet Böhme einen Arbeitsvertrag als Mitarbeiter für Öffentlichkeitsarbeit im Theater, der gegengezeichnet ist vom
ökonomischen Direktor des Hauses. Laut Vertrag beginnt Böhme *„am 26.7.78*

---

195 RHA, MaB 25, FDGB-Kontrollkarte.

die Tätigkeit als Mitarbeiter der Abteilung Öffentlichkeitsarbeit".[196]

Anderthalb Jahre später wird er zum kommissarischen Abteilungsleiter der Öffentlichkeitsarbeit befördert und erhält eine monatliche Gage von 1.000 M.[197] Doch der Eindruck eines erneuten schnellen Aufstiegs täuscht. Nach allem, was andere fleißige Stasi-Zuträger über ihn berichten, hat er sich nicht sehr wohlgefühlt, weil *„die Chemie nicht recht stimmte".*[198] Ein Beleg dafür ist sicher auch Böhmes baldiger Versuch, an der Jenaer Universität eine Arbeit zu finden.

Schon im September 1978 berichtet IM „Klaus Froberger", eine Thüringer Stasi-Quelle, dass ein Manfred Böhm (sic) sich *„persönlich um eine Stelle an der Sektion Literatur und Kunstwissenschaften"* bewarb, *„mit dem Ziel, im Bereich Kulturwissenschaften/(Kultur)theorie wissenschaftlich tätig zu werden. Da jedoch bekannt ist, daß Böhme lediglich einen Fachschulabschluß auf dem Gebiet des Bibliothekswesens besitzt, besteht voraussichtlich nicht die Möglichkeit, ihn an der Sektion zu beschäftigen. Herr Böhme äußerte, er sei am Theater Neustrelitz beschäftigt, habe jedoch die Absicht, sich in Jena anzusiedeln."*[199]

Da später häufiger von Böhmes Seite die Behauptung gefallen ist, er habe ein derartiges Fernstudium abgeschlossen oder stünde sogar kurz vor einer Promotion in Kulturwissenschaften, ist davon auszugehen, dass er eine solche Richtung gern verfolgt hätte. Es gibt aber keinerlei Belege dafür, dass dies tatsächlich geschehen ist. Im Gegenteil: Seine Ehefrau Evelyn Böhme, von der er weitgehend getrennt lebte, wird später ein Fernstudium in der Richtung Kulturwissenschaft absolvieren. Es ist jedoch Manfred Böhme, der aus ganz offiziellem Anlass, nämlich vor dem Scheidungsrichter – also in Gegenwart von Evelyn Böhme – angibt, diplomierter Kulturwissenschaftler zu sein. Wieder wird das Böhmesche Prinzip der biographischen Anleihe wirksam.[200]

Doch zurück nach Neustrelitz. Die schriftlichen Quellen über die sieben Neustrelitzer Jahre sind unterschiedlicher Art und Glaubwürdigkeit, lassen aber dennoch ein gewisses Mosaik entstehen. Zunächst sind da IM-Berichte von Schauspielern und Theaterkollegen, die signalisieren, dass Manfred Böhme schon 1979 wieder wegwill vom Neustrelitzer Theater.[201] Das allerdings möchten viele, die Fluktuation an dem kleinen Haus ist groß und die Theaterhochburg Berlin verlockend nahe – nur eine Bahnstunde entfernt.

---

196 RHA, MaB 32.
197 Ebenda.
198 IM „Hans Albrecht", BStU, MfS Nbg. AIM III 897/80.
199 IM „Froberger", siehe BStU, MfS Gera AOV 766/85, Bl. 305.
200 Telefonat mit Evelyn Böhme-Pock am 6.12.08.
201 IM „Olav", BStU, MfS Nbg. III 977/77, Teil II, Bd. I, Bl. 135.

Böhme, so ein Berichterstatter, sei in seiner Arbeitsstelle „*eigentlich unterfordert*", habe das Zeug zum wissenschaftlichen Mitarbeiter, gebe aber trotzdem das „*unermüdliche Arbeitstier*".[202]

Er wird natürlich viel in der Theaterkantine gesehen, soll viel trinken. Manche Kollegen trauen ihm nicht, halten ihn für einen Blender, Aufschneider und Spitzel, so hinterbringt es ein Regisseur der Stasi.[203]

Neue Namen

Die Neubrandenburger Bezirksverwaltung der Stasi registriert den neuen IM unter dem Decknamen „Bernd Rohloff". In seinen Berichten taucht die Quelle meist in der Kurzform als „Rohloff" auf.

In dieser Zeit, schon 1979, beginnt Manfred Böhme, wegen seiner angeblich „jüdisch-aramäischen Herkunft" seinen Namen gelegentlich auf *Manfred Ibrahim Urbij-Böhme* zu erweitern. In seinem Nachlass finden sich Postkarten, zumeist von entfernteren Bekannten, die derart adressiert sind.

Böhmes Spiel mit Namen setzt sich bis in seine letzten Lebensjahre fort, noch kurz vor seinem Tod phantasiert er darüber, eigentlich französischer Herkunft zu sein.

Selbst im DDR-Vorstrafenregister, das von der Stasi im Frühjahr 1978 herangezogen wurde, findet sich als angeblicher Mädchenname der Mutter *Urbig* verzeichnet. Das ist eine leichte Abwandlung des tatsächlichen Mädchennamens von Böhmes Stiefmutter, Hildegard *Uhlig*, der dritten Ehefrau seines Vaters. Ob dies ein schlichter Schreibfehler war, wie er beispielsweise durch fernmündliche Überlieferung in sächsischem Dialekt entstehen konnte, oder ein bewusstes Spielen mit kleinen „Fehlern", bleibt dahingestellt.

Böhme liebt auch in Neustrelitz das Geschichtenerzählen, doch schneidet er hier am neuen Wohnort gelegentlich noch ungenierter auf, als er das in Greiz tat. Auch hier gilt er als versierter Kenner der russischen Sprache. Doch seine Behauptung, er habe persönliche Kontakte zu den berühmten sowjetischen Schriftstellern Aitmatow und Tendrjakow, hätte man ihm in Greiz vermutlich nicht abgenommen. Dort kannte man durch Böhmes eigene Kulturbund-Aktivitäten denjenigen, der diese Kontakte tatsächlich hatte: Dr. Ralf Schröder. In Neustrelitz war der Slawist und Lektor Schröder nicht derart bekannt. Doch auch hier fand Böhme durch Initiative seines

---

202 BStU, MfS Nbg. AIM III 897/80.
203 IM „Bergner", BStU, MfS Nbg. AIM III 451/89 C, Bl. 98.

Führungsoffiziers einen Gesprächspartner, dem Ralf Schröder ein Begriff war und mit dem er das Spiel spielen konnte, das im Englischen *name dropping* heißt.

Dazu kam es aber erst nach seiner Zeit am Theater. Vorerst blieb Manfred Böhme dreieinhalb Jahre am Friedrich-Wolf-Theater in Neustrelitz.

Von dort berichtet er als „Rohloff" über Kollegen, zum Teil sehr hämisch und gehässig. Einen Regisseur „meldet" Böhme beispielsweise der Stasi als homosexuell.[204]

Nach seinem dienstlichen Schriftverkehr zu urteilen, der im Nachlass überliefert ist, muss er sehr viel Energie dafür verwandt haben, vermeintlich korrupte und „mafiotische Strukturen" am Theater aufzudecken. Inwieweit diese Vorwürfe der Realität entsprachen, ist heute nur schwer nachzuprüfen.[205]

Ein gewisses Gerechtigkeitsgefühl scheint Manfred Böhme bei aller Hochstapelei jedoch eigen gewesen sein, auch ein kritischer Blick für das, was man gemeinhin „Wirtschaften in die eigene Tasche" nennt.

Vorstellbar ist folgendes Szenario: Der unterforderte, aber ambitionierte und theaterbegeisterte Böhme legt sich bald mit der Theaterleitung an. Seine Karriere am Theater verläuft für ihn unbefriedigend. Auf einer öffentlichen Theaterkonferenz stellt er 1980 die Arbeit des Intendanten infrage. Im Jahre 1981, als die Stelle des Chefdramaturgen ausgeschrieben wurde, bewirbt er sich – vergeblich. Beim Umbau des Theaters bemerkt er „finanztechnische Unregelmäßigkeiten", die er nicht tolerieren will. Mit der geheimen Staatsmacht im Rücken fühlt er sich sogar stark genug, seine Kritik direkt bei der SED-Bezirksleitung anzubringen. (Immerhin war er selbst ja kein Genosse mehr.) Dort in der SED-Bezirksleitung, zu der übrigens auch sein Theaterintendant J. A. Weindich gehörte, dürfte er jedoch als ein ehemals inhaftierter Dissident registriert worden sein, nicht als positive gesellschaftliche Kraft.

Möglicherweise war es genau diese erneute Diskrepanz seiner zwei Identitäten, der äußeren und der gefühlten inneren, die ihn hier wieder ungeplant in ein gewisses Abseits brachte.

Denkbar ist durchaus, dass Böhme reale Ungesetzlichkeiten und Schlampereien ansprach, doch von jemandem mit dieser offiziellen Vergangenheit (nämlich politischer Haft) wollte man sich derlei vermutlich nicht sagen lassen.

---

204 Ebenda.
205 RHA, MaB 36.

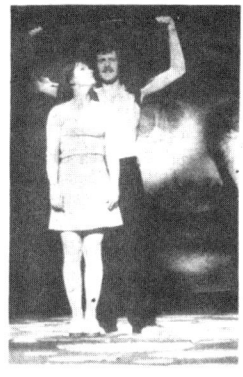

Wieder mal ins Theater

In dieser Woche gastiert das Friedrich-Wolf-Theater Neustrelitz mit drei Produktionen jüngeren Datums im Haus der Kultur und Bildung in Neubrandenburg. Gestern erlebten die Einwohner unserer Bezirksstadt Horst Noacks Inszenierung „Der Vogelhändler" von Zeller. Das gleiche Stück ist am Freitag auf der Bühne des HKB zu sehen.

Am kommenden Samstag stellt sich das Schauspielensemble des Friedrich-Wolf-Theaters erneut mit „Mark Aurel oder Ein Semester Zärtlichkeit" den Neubrandenburgern zur Diskussion. Hier geht es um interessante Fragen junger Menschen in unserer Gegenwart, Probleme und Gedanken, die dem „Mark Aurel" zu-

grunde liegen, unterstrichen in ihren aktuellen Bezügen durch die Musik R. Lakomys.

Böhme

Die Schauspieler Regina Nitzsche und Wolfgang Brumm in einer Szene aus „Mark Aurel oder Ein Semester Zärtlichkeit"   Foto: Gerhardt

Über alles wird diskutiert und informiert

Interessante Abende beim Freundeskreis Theater / Intendant und Fallada-Klub laden ein

Seit Februar 1979 gibt es ein gemeinsames kulturpolitisches Unterfangen des Friedrich-Wolf-Theaters Neustrelitz und der Kreisorganisation des Kulturbundes der Deutschen Demokratischen Republik. In kurzen Abständen laden Intendant des Theaters, J. A. Weindich, und der Hans-Fallada-Klub zu Veranstaltungen des Freundeskreises Theater ein. Über alle das Theater allgemein, im speziellen das Friedrich-Wolf-Theater interessierenden Fragen wird diskutiert, informiert.

Am Donnerstag, dem 8. November, führen in diesem Freundeskreis Theater Horst Mamerow, Ausstattungsleiter, und Siegfried Schoder, Chefmaskenbildner, das Gespräch mit allen Interessierten am Schaf-

fens- und Inszenierungsprozeß des Friedrich-Wolf-Theaters. Dabei geht es um alle Fragen des Bühnenbildes, der Ausstattung, der Maskenbildnerei, der technischen und handwerk-

lichen Möglichkeiten und des künstlerischen Gesamtensembles. Beginn dieser Veranstaltung um 19.30 Uhr im Hans-Fallada-Klub Neustrelitz.

Böhme

Szenenfoto aus dem Musical „Fiktiver Report über ein amerikanisches Pop-Festival" am Friedrich-Wolf-Theater. Premiere war am 4. November.

Theaterhinweise von Böhme in der Regionalpresse („Freie Erde", „Der Demokrat")

Es ist nicht bekannt, wie offen Böhmes Vergangenheit von der Neu-brandenburger Stasi gegenüber der SED-Bezirksleitung präsentiert wurde. Anzunehmen ist aber, dass im Interesse der Konspiration nichts oder wenig vom realen Böhme bekannt war. Nach mehreren Runden der Auseinander-setzung, die sich auch darum drehten, dass Böhme die Autorität des Inten-danten nicht in gewünschter Weise anerkannte, erhielt er letztendlich von der Theaterleitung die Rote Karte.

Als Manfred Böhme im November 1981 seinen Aufhebungsvertrag mit dem Theater unterschrieb,[206] hatte dieses Ende wohl nichts mit einem angeb-lichen Eintreten für die polnische Gewerkschaft *Solidarność* zu tun. Dies sind Legenden aus späterer Zeit.

Böhme beendete das für ihn inzwischen unerquickliche Arbeitsverhältnis in der Zuversicht, leicht andernorts, vielleicht in Berlin oder Leipzig, Arbeit zu bekommen. Zu seinem Erstaunen gelang ihm das aber nicht. Er wurde nach anfänglich freundlicher Auskunft überall hingehalten und abgelehnt – genauso, wie es echte Dissidenten erlebten. Böhme, der sich vermutlich aber nicht als solcher fühlte, versuchte es weiter, an ungefähr 20 Stellen im Kulturbetrieb des Bezirkes Neubrandenburg und DDR-weit.

Ob dieser Teil seiner verzweifelten Arbeitssuche echt war und der Stasi gut ins Image vom „intellektuellen Sektierer", der ins soziale Abseits geraten war, passte oder aber eher abgesprochene Strategie, die Böhme ertrug und mitspielte, das ist nicht eindeutig zu sagen.

Für die Variante einer mit dem MfS abgesprochenen Strategie spricht die auffallende Beflissenheit seiner IM-Berichte aus jener nun folgenden Zeit – trotz Arbeitslosigkeit, Arbeitssuche und wechselnder Aushilfsjobs.

Offiziell endete der Arbeitsvertrag mit dem Theater am 28.2.1982. Danach musste Böhme sich auch um eine neue Bleibe kümmern, sein Zimmer im Theaterwohnheim konnte er nicht behalten.

Eine sehr geringe Einnahmequelle tat sich ihm Ende März 1982 durch eine dreimonatige Unterrichtsvertretung für Russisch am Institut für Heim-erzieher Hohenprießnitz auf. Die vereinbarten zwei Wochenstunden Sprach-unterricht wurden mit 18 Mark pro Stunde bezahlt.[207]

Obwohl es Anzeichen dafür gibt, dass Böhme vom MfS finanziell unter-stützt wurde – sein Neubrandenburger Führungsoffizier äußerte sich 1990

---

206 RHA, MaB 32.
207 Ebenda.

so dem *Spiegel* gegenüber –, ist darüber hinaus über Höhe und Umfang von eventuell regelmäßigen Zahlungen nichts bekannt.[208]

„Auftragsgemäß versuchte ich, mich interessant zu machen"

Mit jener erwähnten Haltung des verzweifelten Arbeitssuchenden traf Böhme im Juni 1982 auf den Neubrandenburger Anwalt Dr. Horst Fitzer. Doch dieses Zusammentreffen erfolgte nicht zufällig, sondern auftragsgemäß. Böhme bereitete sich ausführlich darauf vor, indem er sich umhörte, was im Bekanntenkreis über Fitzer geredet wurde. Das Ergebnis wiederum teilte er seinem Führungsoffizier mit. Die Stasi benutzte hier Böhme, um durch ihn den Anwalt Fitzer, seines Zeichens seit 1971 als IM namens „Schwalbe" und „Heinz Neubert" bei der Firma aktiv, zu kontrollieren.[209]

Da Böhmes eigene IM-Akte nicht auffindbar ist, sind seine in der Akte von Fitzer abgelegten Berichte umso interessanter als Belege für seinen damaligen Stil und ebenso für seine Auffassung als IM.

Horst Fitzer (Jg. 1931) hatte damals selbst bereits ein bewegtes inoffizielles Leben hinter sich. Der vormalige Kreisstaatsanwalt gab als „inoffizielle Kontaktperson der Kriminalpolizei" (IKK) und später als Anwalt und IM viele Details über Mandanten weiter, besonders über solche, die einen Ausreiseantrag stellen wollten oder gestellt hatten. Über die Kanzlei von Horst Fitzer liefen nämlich alle „Übersiedlungsersuchen" (ÜSE) aus dem gesamten Bezirk Neubrandenburg. Fitzer war nach eigener Aussage laut MfS-Akten ein „Unterbevollmächtigter" des bekannten Berliner Anwalts Wolfgang Vogel.[210] Auch in der Kulturszene kannte sich Dr. Fitzer bestens aus, und Böhme konnte mit ihm russisch parlieren – man war also interessant füreinander.

IM „Heinz Neubert" (Fitzer), der auch im sogenannten Operationsgebiet, also in der Bundesrepublik, mehrfach zum Einsatz kam, wurde 1982 vom MfS gerade in puncto Ehrlichkeit überprüft. Dazu wurde sein Büro abgehört, und die Abhörprotokolle wurden dann mit Fitzers Berichten über Mandanten und Sachverhalte verglichen. Hier lief also eine wechselseitige Kontrolle zweier IM ab, denn auch Böhmes Berichte konnten durch die von Fitzer sowie durch die Abhörprotokolle verifiziert werden.

---

208 Im Magazin *Der Spiegel*, Nr. 13/1990 vom 26.3.1990, wird sein Neubrandenburger Führungsoffizier unter dem geänderten Namen Fritsch wie folgt zitiert: „Manchmal gaben wir ihm 500 im Monat, manchmal mehr, manchmal gar nichts."

209 Siehe Akte zu IM „Schwalbe"/„Heinz Neubert": BStU, MfS Nbg. III/804/71.

210 Ebenda. Wolfgang Vogel (1925-2008), der bekannte Berliner „Ausreiseanwalt", war Honeckers Beauftragter für humanitäre Fragen und hatte selbst enge Kontakte zum MfS.

Wie sehr Manfred Böhmes gesamtes Leben zum Material seiner Legenden wurde, untrennbar verwoben mit jeweiligen MfS-Aufträgen, davon zeugt ein eifriger Bericht aus genau jener Zeit, als es ihm von außen betrachtet sehr schlecht zu gehen schien. Am 15. Juli 1982 sprach „Bernd Rohloff" seinem Führungsoffizier, Hauptmann Freese, laut Abschrift unter anderem folgendes auf Tonband:

„Auftragsgemäß suchte ich am heutigen Tag den Rechtsanwalt Horst Fitzer unangemeldet auf. Auftragsgemäß versuchte ich, mich für eine oder mehrere Konsultationen bei Rechtsanwalt Horst Fitzer interessant zu machen. Nach – meiner Meinung – anfänglichen Schwierigkeiten, war es möglich, Rechtsanwalt Fitzer im Zeitraum von 9.00 Uhr bis 10.40 Uhr zu sprechen.[211]
Als Angebot gab ich ihm meine Situation zu verstehen, aus der Sicht, daß ich seit November 1981 enorme Schwierigkeiten hatte, überhaupt eine Arbeit, geschweige denn eine meinen Fähigkeiten entsprechende Arbeit zu bekommen. An sich hatte ich vor, so war auch mein Auftrag strukturiert, Rechtsanwalt Fitzer nicht mehr anzubieten als diese Geschichte meiner zur Zeit nicht erlangbaren Arbeitsrechtsmöglichkeit. Ich mußte aber sehr bald einsehen, daß Fitzer nicht der Partner ist, sich mit lapidaren Erklärungen und Rechtsaufträgen zufriedenzugeben. (...) Es ließ sich also in dieser 1¾ Stunde nicht verhindern, daß Fitzer in groben Zügen Einblick in mein Leben und meine Entwicklung bekam. Ich hatte eine ganze Reihe meiner Unterlagen mitgenommen über meine Entwicklung, vor allem der Vorgänge meiner Tätigkeit in den letzten Monaten am Friedrich-Wolf-Theater im Zusammenhang mit meiner Kündigung, um meine Leutseligkeit für Fitzer zu unterstreichen. Das ist auch gelungen.
Persönlich spielte ich Fitzer einen völlig zerknirschten und zerfahrenen Menschen vor, der nun nicht mehr weiß, was er unternehmen soll, da ihm jede Möglichkeit, Arbeit zu bekommen, zumindest im Bezirk Neubrandenburg, aber auch, wie ich ihm sagte, in Gera, Leipzig und Berlin, und anderen Bezirken, versagt ist."[212]

Bei seiner Einschätzung von Fitzer gab sich Böhme als erprobter IM zu erkennen:

---

211 BStU, MfS Nbg. III/804/71, Teil II, Bd. 13, Bl. 253.
212 Ebenda.

„In der Regel habe ich die Erfahrung gesammelt, daß das zweite Treffen mit solch geistig flexiblen Leuten wie Fitzer, viel schwieriger wird, weil sie in diesem Treffen versuchen, verstärkter zu testen, als sie das beim ersten Treffen machen.

(...) Ich glaube, daß das zweite Treffen am 20. Juli entscheidender und schwieriger sein wird, um an Fitzer insgesamt dranzubleiben und mehr zu seiner Person zu erfahren."[213]

Insgesamt ist eine gewisse Leidenschaft für das „Dranbleiben" an Fitzer zu erkennen, die sicher auch darin ihren Grund hat, dass Fitzer immerhin mit Namen wie Havemann und Ralf Schröder etwas anzufangen wusste. Auch Reiner Kunze sei der umtriebige Anwalt angeblich im Westen begegnet, erfuhr Böhme.

Dem am 9. April 1982 verstorbenen SED-Dissidenten Robert Havemann widmete Manfred Böhme übrigens einige kryptische Zeilen. Diesen Text und weitere schickte er, wie es seine Angewohnheit war, in einem Brief an seinen früheren Dozenten und Bekannten Joachim Stein. Mit der Bemerkung: *„Auch wenn nie etwas gedruckt wird von mir, schreibe ich sehr gern weiter."*[214]

Für Robert Havemann

Wenn wir eines Tages
schweigen dürfen,
wenn wir alle
Dich erkennen;
erkennen
in Deiner Größe
und Deiner Schwäche,
Mensch zu sein
im Vergessen
eigenen Leides![215]

Auch an Anwalt Fitzer gab er einige seiner literarischen Versuche, da der sich dafür interessierte. Fitzer kommentierte die Texte angeblich mit den

---

213 Ebenda, Bl. 258.
214 Brief vom 17.8.82 an Joachim Stein.
215 Archiv Stein. Auch über J. Stein hatte Böhme zuvor mehrfach berichtet.

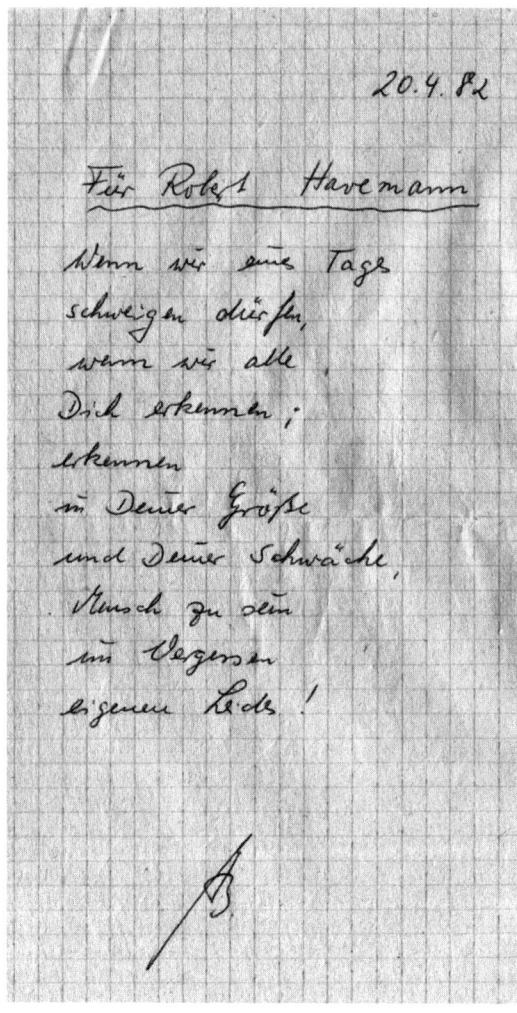

Worten, Böhme habe sich offensichtlich verrannt.[216]

In den wechselseitigen Berichten der beiden IM über ihre Begegnungen spiegeln sich einige reale Geschehnisse aus Böhmes Leben wider:

Horst Fitzer erklärte Böhme beim Treffen am 20. Juli 1982, er habe mit dem Stasichef Dr. Peter Koch über Böhmes Fall gesprochen. Böhme stellte sich dumm und fragte, ob Fitzer deswegen in Berlin gewesen sei, worauf der ihm erläuterte, Koch sei der Bezirkschef der Stasi in Neubrandenburg. Fitzer gab also recht großspurig seine guten Kontakte zum MfS zu erkennen. Und Fitzer ergänzte, er habe auch gegenüber der SED-Bezirksleitung angedeutet, dass man Böhme besser Arbeit geben solle, sonst würde der zu seinem, Fitzers, Klienten werden. Was wohl heißen sollte, Böhme könnte zum

---

216 BStU, Nbg. III/804/71, Teil II, Bd. 6, Bl. 30. In Fitzers weiterem Umfeld war Böhme möglicherweise auf den jungen Nachwuchsautor Bodo Ranke aufmerksam geworden. Rankes Ehefrau war Anwältin in Fitzers Kanzlei. Jedenfalls erbot Böhme sich, literarische Texte von Ranke für die Stasi zu besorgen. Siehe OPK „Literat", BStU Nbg. AOPK 599/83, Bd. 1, Bl. 205f. und 219.

Ausreisekandidaten werden. Auf diese Weise habe Böhme schließlich eine Arbeit als Kellner bekommen.[217]

Ab 1. August 1982 beginnt Manfred Böhme tatsächlich in der Neubrandenburger Gaststätte *Zum Kranich* als Aushilfskellner zu arbeiten, für einen monatlichen Bruttolohn von 395 Mark.[218] Das hält er aber nur wenige Monate aus und berichtet Anwalt Fitzer von seinen Schwierigkeiten, die herablassende Behandlung dort zu ertragen. Er bespricht mit Fitzer, wie er sich in Sachen Kündigung verhalten solle. Ein neues Arbeitsverhältnis geht Manfred Böhme am 25. Januar 1983 als „Produktionsarbeiter der Lohngruppe 4" im VEB Schnittholz und Holzwaren Düsterförde ein. Über diese Arbeit im Sägewerk schreibt er auch Freunden in Leipzig und andernorts. Auf ärztliches Anraten, so Böhme später in Briefen, habe er diese harte Arbeit aufgeben müssen. Ein Aufhebungsvertrag existiert im Nachlass. Er ist auf den 5. September 1983 ausgestellt.

Bevor Manfred Böhme die körperlich anstrengende Arbeit als Sägewerker aufgab, bekam er allerdings einen neuen Auftrag als IM, bei dessen Erfüllung er zu alter Höchstform auflief.

„Bernd Rohloff" wurde vom MfS zum Kirchentag nach Rostock geschickt. Dort nahm er am 11. Juni 1983 auftragsgemäß an der Eröffnungsveranstaltung in der Rostocker Petrikirche teil. Zunächst registrierte er ein Konzert mit Kirchenbands vor dem Eingang der Kirche, bei dem sich ca. *„400 bis 450 Personen versammelten"*. Über das nachfolgende zweistündige Gespräch mit den beiden Bischöfen der mecklenburgischen und der Greifswalder Kirche Dr. Rathke und Dr. Gienke sowie über Begegnungen und Beobachtungen im Umfeld berichtete Böhme dermaßen detailliert, dass die Tonbandabschrift 12 Seiten füllte.[219]

Eigentlich war er auf eine Veranstaltung mit dem Schriftsteller Rüdiger Rosenthal orientiert worden, konnte aber nirgends Hinweise für dessen Auftritt finden und verfolgte deshalb sehr genau das *Gespräch mit Prominenten*, wie die Diskussion mit den Bischöfen Gienke, Rathke und jeweils zwei Konsistorialbeamten benannt worden war.

Aus Böhmes Bericht:

„Zu den Besuchern: es waren insgesamt 140 Besucher da, die das Nordschiff betraten. Von diesen 140 Besuchern verblieben als feste Gesprächsteilnehmer oder Zuhörer nur 49 im Nordschiff, die anderen fallen unter

---

217 BStU, Nbg. III/804/71, Teil II, Bd. 13 , Bl. 269ff.
218 RHA, MaB 32.
219 BStU, Nbg. AOP 1448/86, Teil II, Bd 1, Bl. 281-292.

eine gewisse Interessentenfluktuation, die entweder stiller kamen oder gingen, sich kurze Zeit aufhielten, nur kurz reingingen und wieder rausgingen.

(...) Das Durchschnittsalter der Besucher liegt nach meiner Überrechnung bei etwa 27/28 Jahren. Die meiste Besucherzahl wurde gestellt von etwa 15 bis 30-jährigen. Nur wenige Besucher lagen darüber, nur wenige um die 40 Jahre herum. Es waren nur 6 Besucher über die 40, um die 50 und noch älter. Und einige Besucher, ich würde sagen, das waren etwa 30 Prozent waren im Alter um die 20 bis 25. "[220]

Insgesamt beschrieb Böhme sowohl die Inhalte, Fragen und Positionen der Debatte als auch die Namen und Funktionen der Diskutanten derartig minutiös und genau, dass es verwunderlich ist, wie er dies alles im Gedächtnis behalten konnte. Es dürfte klar auf der Hand liegen, dass IM „Rohloff" hier wie zuvor in Greiz mit „Bestleistungen" brillieren wollte, die vermutlich dem MfS nicht alle Tage in der Form angeboten wurden.

Böhme gibt wieder, wen die Veranstalter als Stasi-Abgesandten erkannt haben, er schätzt das Auftreten der kirchlichen Amtsträger als sachlich ein, erwähnt die *„blauäugige Anständigkeit"* von X und die *„gewisse Verschlagenheit"* von Y – er ist also wieder ganz in seinem Metier.[221]

Der Bibliothekar in Friedenskreisen

Die kirchlichen Kreise werden in den nächsten Jahren das Hauptaktionsfeld von Böhme alias „Rohloff" in Mecklenburg sein.

Sein äußerliches Leben stabilisiert sich nach einer Staatsratseingabe an Erich Honecker vom September 1983.[222] Als Folge dieser Beschwerde erhält die Stadt- und Kreisbibliothek Neustrelitz die Auflage, ihn einzustellen. Am 26.10.1983 nimmt Manfred Böhme dort die Arbeit auf – wie im Arbeitsvertrag steht, als *„persönlicher Mitarbeiter des Leiters der Einrichtung für operative Arbeit"*. Diese Stellenbeschreibung war der Tatsache geschuldet, dass eigentlich keine Planstelle frei war, dennoch aber eine Beschäftigung von oben angeordnet wurde.[223] Die im Nachlass erhaltenen Prämienurkunden lassen erkennen, dass der Bibliothekar Böhme recht aktiv wirkte und Anerkennung bekam.[224]

220 Ebenda, Bl. 283ff.
221 Ebenda.
222 RHA, MaB 23. Eine sogenannte Eingabe an das Staatsoberhaupt Honecker galt als letzte Beschwerdemöglichkeit, denn in der DDR gab es keine Verwaltungsgerichte.
223 So erinnert sich die damalige Bibliotheksleiterin Gerda Lemcke.
224 RHA, MaB 32, MaB 27.

In der Bibliothek und im Umfeld der *Urania* trat Manfred Böhme mit Vorträgen zu Lion Feuchtwanger in Erscheinung, der 1984 zu seinem 100. Geburtstag eine gewisse Aufmerksamkeit erfuhr.

In Neustrelitz gründete sich um den Theologen Dr. Klaus-Michael Körner ein Friedenskreis, dem Böhme sich im Jahre 1984 anschloss. Parallel dazu entwickelte sich im selben Jahr ein Kontakt zu Pfarrer Markus Meckel, der ein sommerliches mehrtägiges Friedensseminar in seinem Wohnort Vipperow beherbergte.

Manfred Böhme nahm erstmals im Jahre 1984 am Abschlusswochenende dieses Friedensseminars teil, das am 11. und 12. August in Neustrelitz stattfand. Böhme ging hier auf den jungen Pfarrer Meckel zu, nachfolgend bemühte er sich sehr, eine engere Bekanntschaft zu Meckel aufzubauen.

Markus Meckel (Jg. 1952) und sein Freund Martin Gutzeit, Pfarrer im Dorf Schwarz (bei Röbel), hatten aus ihrer Studienzeit am Ostberliner Sprachenkonvikt[225] enge Kontakte zum Pfarrer der Golgatha-Gemeinde, Peter Hilsberg. Pfarrer Hilsberg lud regelmäßig zu einem anspruchsvollen theologisch-philosophischen Gesprächskreis ein, den auch einige kritische Marxisten und ehemalige SED-Mitglieder wie Wolfgang Templin besuchten.

In Templins Beschreibung war dies ein Gesprächskreis von Philosophie- und Theorieinteressierten, *„der fast privaten Charakter hatte".*[226] Hilsberg, ein unkonventioneller Gastgeber, lud den Kreis ohne jegliche Formalitäten in seine Wohnung ein. Ein Kern von „Regelbeteiligten" hatte eine Stärke von acht bis zu einem Dutzend, darunter fast immer Meckel, Gutzeit, auch Templin. Zumeist traf man sich schon freitags und setzte die Diskussionen über das gesamte Wochenende fort.

Über Markus Meckel erhielt Manfred Böhme, der interessante Bibliothekar aus dem Neustrelitzer Friedenskreis, eine Einladung in diesen Studienkreis.

Aus jenem Berliner Kreis berichtete IM „Rohloff" erstmalig im November 1984. Er meldete 15 Teilnehmer aus der gesamten Republik, konstatierte – wie häufiger –, dass ein Vortrag sehr schlecht gewesen sei, und schätzte ein:

„Es war deutlich zu spüren, die Theologen lassen sich ihre ‚dreckige Arbeit' hier von Marxisten machen, die sich benutzen lassen, die glücklich darüber sind, sich irgendwo – und wenn es bei den Theologen ist – zu produzieren."[227]

---

225 Das Sprachenkonvikt in der Ostberliner Borsigstraße (im Stadtbezirk Mitte) war nach dem Mauerbau 1961 eine eigenständige kirchliche Hochschule, an der Theologen ausgebildet wurden.
226 Gespräch mit Wolfgang Templin am 2.3.09. Offiziell war der Studienkreis beim Bund der Evangelischen Kirchen der DDR (BEK) angebunden.
227 BStU, MfS Nbg. AOPK 1202/86, Bd. 1, Bl. 216.

Böhme gibt noch zu Protokoll, Meckel sei als der *„am weitesten rechts Stehende in dem Kreis"* einzuschätzen. Als seine Strategie beschreibt er eine bewusste Zurückhaltung: *„bin auf Langzeitwirkung gegangen".*[228] Verwundert äußert IM „Rohloff" sich über die Leichtigkeit des Zugangs zu diesem Kreis:

> *„Was mir auffiel: Ich wurde von niemandem gefragt, was ich eigentlich mache und wo ich bin. (...) allein, dass ich von Hilsberg eingeladen worden war über Markus Meckel genügte, dass dieser Kreis mich voll aufnahm."* [229]

Am Tag seiner ersten Teilnahme beim Pfarrer Hilsberg (9.11.1984) hat sich Böhme interessanterweise in Berlin mit einer Nebenwohnung polizeilich angemeldet.[230] Damit deutet sich eine Zielrichtung und Ambition an, die offenbar nicht nur von Manfred Böhme privat ins Auge gefasst wurde. Es war damals zwar nicht unmöglich, aber doch schwierig, ohne Arbeit in Ostberlin eine Wohnung dort anzumelden.

Der Hilsberg-Kreis war quasi der Eintritt nach Berlin, von hier aus sollten sich die wichtigsten Kontakte für Böhmes politische Karriere entwickeln. Doch Ende 1984 war noch Geduld angesagt, Böhme pflegte den Kontakt zu Markus Meckel – wie es seine Art war – durch Briefe, Postkarten und Gedichte.

„Immer Dein Freund Manfred"

Die eher altmodische Attitüde, sich regelmäßig mit herzlichen Grüßen an die Familie zu melden, wirkte verbindlich und verlässlich. Das bestätigen viele Empfänger solcher Böhme-Karten. Ob völlige Berechnung dahinter stand oder doch zumindest der Wunsch nach Freundschaft, ist schwer zu beurteilen.

Markus Meckel hat besonders herzliche Briefe von Böhme bekommen, dabei war die Kontaktpflege für Böhme ein knallharter MfS-Auftrag. Schon im Februar 1984 war er beauftragt worden, mit Meckel während einer Bahnfahrt nach Ungarn ins Gespräch zu kommen. Das misslang jedoch, weil damals Meckels Bahnabteil bereits besetzt war und Böhme nicht unnötig auf sich aufmerksam machen wollte.[231]

---

228 Ebenda, Bl. 217.
229 Ebenda.
230 Siehe Eintragung im überlieferten Personalausweis, RHA, MaB 25.
231 Siehe OV „Wanderer": BStU, MfS Nbg. AOP 49/89, Bd. I, Bl. 306ff.

Im Jahre 1985 wird der Kontakt zu Meckel enger, Böhme wird zum Vipperower Friedensseminar eingeladen und bittet per Brief um eine Unterkunft in der Nähe von Familie Meckel. Falls dies nicht möglich sei, so Böhme, nehme er auch mit einem Schlafplatz in irgendeiner Scheune vorlieb. Unterschrift: *„Immer Dein Freund Manfred".*[232]

Der bescheidene Freund arbeitet in der Zwischenzeit heftig an seinem Umzug nach Berlin, und die Genossen der Hauptabteilung XX/7 unterstützen ihn nach Kräften. Ins sommerliche Vipperow wird er in den folgenden Jahren noch zweimal zurückkehren. Das achttägige Friedensseminar ist eine einmalige Gelegenheit, oppositionelle Köpfe aus der ganzen Republik zu treffen. Und genau das gehört zu Böhmes „Verhaltenslinie".

Inoffizielle Wege nach Berlin

Neben seinem eigenen Interesse an der wichtigsten Stadt der DDR dürfte auch ein Interesse der MfS-Zentrale an Böhme ausschlaggebend für seinen Weggang aus Mecklenburg gewesen sein.

Böhmes Informationen zu ausgewählten Fragen waren schon Ende der 70er Jahre bei der HA XX in der Lichtenberger Normannenstraße angekommen. Inzwischen hatten auch MfS-Genossen der Bezirksverwaltung Gera den Wechsel in die Berliner Zentrale geschafft.[233] Und die Zentrale machte sich Gedanken über ihre Kontakte in die Bezirke, das heißt, sie beobachtete die dortige IM-Szenerie und pflegte über spezielle Mitarbeiter die Verbindungen.

Obwohl es zu dem genauen Übergang von Manfred Böhme nach Berlin keine direkten Aktenfunde gibt, lassen sich einige Schritte sehr klar rekonstruieren.

In der Neustrelitzer Bibliothek erklärte der Angestellte Böhme im Frühjahr 1985, er ziehe demnächst nach Berlin und bemühe sich derzeit dort um Arbeit. Gelegentlich ließ er sich von der Arbeit freistellen, um Vorstellungsgespräche in Berlin zu absolvieren, so erinnert sich auch die damalige Bibliotheksleiterin Gerda Lemcke (Jg. 1930).[234]

Was Sie nicht wissen konnte: Die Einladungen zu jenen Bewerbungsterminen bestellte Manfred Böhme beim MfS. Major Reuter von der HA XX leitete beispielsweise einen Terminwunsch von Böhme an einen „Lutz" weiter. Der sollte für eine Einladung an Böhme sorgen.

---

232 Archiv der Stiftung Aufarbeitung, Vorlass Meckel, Nr. 305, Brief vom 1.8.85.
233 Das erklärt beispielsweise, warum in den Akten der HA XX/2 Böhme immer als Manfred (nicht wie in anderen Berliner Akten als Ibrahim) aufgelistet wird. Hier war ein MfS-Offizier tätig, der Böhme noch aus der Zeit in Greiz und Gera kannte.
234 Telefonat mit Gerda Lemcke am 3.4.09.

Hauptabtei   Berlin, 30. Sept. 1985
                    reu-m

B e r i c h
zum Treff mi   27. 9. 1985 in der Zeit von
15.00 bis 16   : "Bahnhof"

Der IM war pü   zum Treff erschienen, er übergab ein

- Gutachten zu we Grüning: Meditationen auf Goldgrund, Gedichte   Union-Verlag Berlin

sowie ein

- Exposè zur Lyrikanthologie "laß brennen zeppelin" (AT).

Auf Tonband sprach "Lorenz" Berichte zu

1. Grüning, Uwe

   Aufgrund des 3. Gutachtens, eingeholt von Prof. Annel:
   Löffler, ergeben sich Veränderungen zum vorliegenden Ro
   manuskript des G., wozu ein entsprechender Tonbandber
   gefertigt wurde.

   " orenz"   Tonbandbericht zu dem geführten Ka
                         ed Böhme, Neustrelitz.

                   wurden bei dem Treff Möglichkeite
                   kannte Leiter des DDR-Forschungs
                   ▬▬▬▬, durch ihn weiterhir
                   Möglichkeit an einen geeignete
                   ervermittelt werden kann.

              daß ▬▬▬▬▬ seine Besuchsabs
              noch nicht realisiert und sic
              der gemeldet hat.

              daß "Lorenz" seine langjährige
              des ▬., ▬▬▬▬▬, nutzen
      ▬▬ bei ▬▬▬▬ wieder in das Blick
   ▬▬ und sein Interesse an der Fortsetzung des er
   zu bekunden.

   Hinsichtlich der Zusammenführung von ▬▬▬▬
   eigneten Wissenschaftler der DDR wurde folgende
   gesprochen:

   1. Bei der nächsten Zusammenkunft mit ▬▬▬
      IME "Lorenz" vorgeschlagen, zu bestimmten
      Buches, dieder IM nicht umfassend und sac

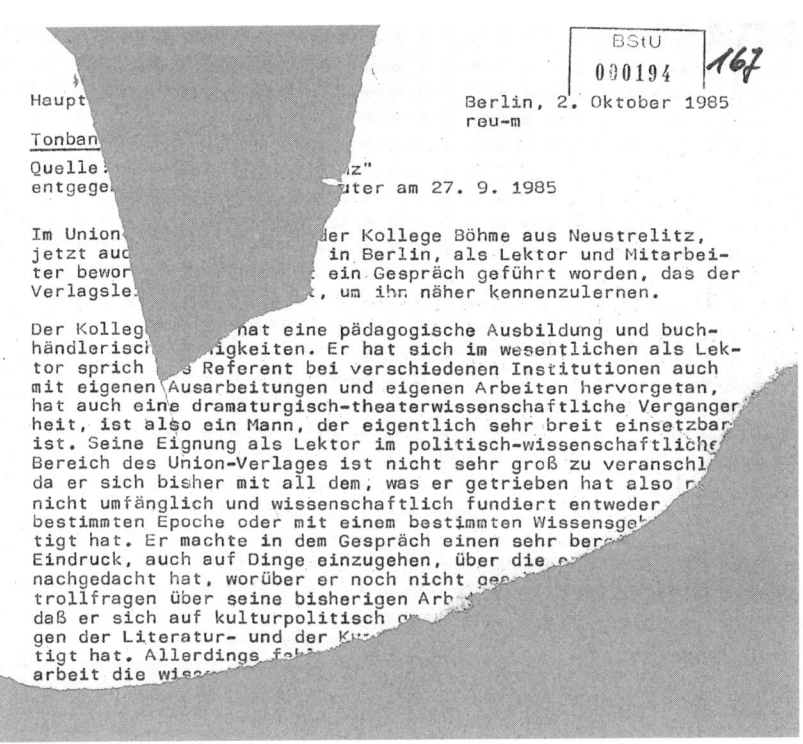

Haupt⬛   Berlin, 2. Oktober 1985
         reu-m
Tonban⬛

Quelle⬛   ⬛z"
entgege⬛   ⬛ter am 27. 9. 1985

Im Union⬛   ⬛er Kollege Böhme aus Neustrelitz,
jetzt auc⬛   ⬛in Berlin, als Lektor und Mitarbeiter bewor⬛   ⬛ein Gespräch geführt worden, das der
Verlagsle⬛   ⬛, um ihn näher kennenzulernen.

Der Kolleg⬛ ⬛hat eine pädagogische Ausbildung und buch-
händlerisc⬛ ⬛igkeiten. Er hat sich im wesentlichen als Lektor sprich⬛ ⬛ Referent bei verschiedenen Institutionen auch
mit eigenen Ausarbeitungen und eigenen Arbeiten hervorgetan,
hat auch eine dramaturgisch-theaterwissenschaftliche Verganger⬛
heit, ist also ein Mann, der eigentlich sehr breit einsetzbar⬛
ist. Seine Eignung als Lektor im politisch-wissenschaftliche⬛
Bereich des Union-Verlages ist nicht sehr groß zu veranschl⬛
da er sich bisher mit all dem, was er getrieben hat also n⬛
nicht umfänglich und wissenschaftlich fundiert entweder
bestimmten Epoche oder mit einem bestimmten Wissensge⬛
tigt hat. Er machte in dem Gespräch einen sehr ber⬛
Eindruck, auch auf Dinge einzugehen, über die e⬛
nachgedacht hat, worüber er noch nicht ge⬛
trollfragen über seine bisherigen Arb⬛
daß er sich auf kulturpolitisch g⬛
gen der Literatur- und der K⬛
tigt hat. Allerdings f⬛
arbeit die wis⬛

IM „Lorenz" berichtet über ein Bewerbungsgespräch mit Böhme (1985).

„Lutz" ist der zukünftige Berliner Führungsoffizier von Manfred Böhme. Er liefert wie gewünscht eine Einladung aus dem Hoch- und Fachschulministerium. In ungewöhnlich höflichem Ton bekommt Böhme tatsächlich von dort eine Anfrage und wird zu einem Vorstellungstermin eingeladen: *„Wie wir erfahren haben, möchten Sie sich beruflich verändern."*[235]

Ein weiterer Versuch, in Berlin eine Stelle zu bekommen, dürfte von MfS-Mitarbeiter Reuter befördert, wenn nicht eingefädelt worden sein. Major Reuter leitete nämlich als Führungsoffizier auch IM „Lorenz", den Leiter des Berliner Union-Verlages Klaus-Peter Gerhardt[236], an.

---

235 RHA, MaB 32, Brief aus dem Ministerium für Hoch-und Fachschulwesen vom 27.6.85.
236 Klaus-Peter Gerhardt (Jg. 1937) ist inzwischen zu unrühmlicher Bekanntheit gelangt als von der Stasi gesandter Nachbar Wolf Biermanns in der Ostberliner Chausseestraße im Jahr 1975/76 (AIM 25394/91).

Böhme bewarb sich, möglicherweise ermutigt durch seine Kontaktleute aus der Hauptabteilung XX in Berlin, beim CDU-eigenen Union-Verlag. Und besagter Verlagschef persönlich teilte Böhme postalisch einen Termin für ein Bewerbungsgespräch mit. Nachdem dieses Gespräch tatsächlich stattgefunden hatte und Böhme als nicht wirklich geeignet erschien, ließ sich auch Führungsoffizier Reuter genau von IM „Lorenz" über den Termin berichten. Die entsprechende Akte wurde zerrissen aufgefunden und ist deshalb nur noch in Teilen lesbar.[237]

Möglicherweise überschätzte Manfred Böhme – wie schon bei der Bewerbung an der Jenaer Uni – seine eigenen Chancen oder die Möglichkeiten des MfS. Seine Arbeitssuche in Berlin war, trotz Unterstützung, nicht ganz einfach, aber letztlich doch erfolgreich.

---

237 BStU, AIM 25394/91, Bd. 1, Bl. 187, 194.

V. **Ostberlin (1985 bis 1989)**

Böhme arbeitet in Berlin als Kulturhausleiter, Hilfskoch, Wirtschaftskraft, hält Vorträge und gelangt über seine kirchlichen Kontakte als „der Ibrahim" in die oppositionelle Szene. Er berichtet regelmäßig von dort als IM „Maximilian" und gründet schließlich die SDP mit.

Nach Berlin, in die DDR-Hauptstadt, hat Manfred Böhme schon immer gewollt. *„Das war für ihn überhaupt das Tollste"*, erinnert sich seine frühere Ehefrau. Der Sog der großen Stadt Berlin hatte auch Manfred „Ibrahim" Böhme erfasst.

Darin unterschied er sich nicht wesentlich von vielen jüngeren Ostdeutschen, die der Enge von Kleinstädten zu entkommen suchten. Auch die Osthälfte der geteilten Stadt hatte eine große Anziehungskraft, die zweifellos mit ihrem Status als Schaufenster des Sozialismus zu tun hatte: Hier gab es die größte Universität des Landes, künstlerische Hoch- und Fachschulen, viele Museen, mehrere Theater- und Opernhäuser, Verlage, Bibliotheken, Freizeiteinrichtungen und insgesamt eine bessere Versorgung. Hier waren einerseits durch Parteizentrale und Regierungssitz die Nomenklatura und damit auch die „Sicherheitsorgane" stark präsent, andererseits standen jedem, der sehen konnte, in Ostberlin die Brüche deutscher Geschichte deutlicher als andernorts vor Augen. In der halbierten Stadt lebte die Erinnerung an die Zeit vor dem Mauerbau natürlicherweise viel existenzieller fort als in Neustrelitz, Greiz oder Gera.

In den 80er Jahren entwickelte sich eine alternative Szenerie, deren Existenz zunehmend mit dem Stadtteil Prenzlauer Berg in Verbindung gebracht wurde. In diesem nordöstlichen Altbaubezirk sammelten sich jene zugereisten und zugezogenen jungen Leute aus allen Bezirken der DDR wie in einem „Durchgangszimmer".[238] Wegen des fast ungebremsten baulichen Zerfalls wanderten Familien aus diesem Stadtteil in die neuen Plattenbausiedlungen Marzahn und Hellersdorf ab, zurück blieben viele eigentlich unvermietbare Wohnungen in Hinterhöfen, oftmals ohne Innen-WC, die leicht zu besetzen waren. Der Zerfall bot Freiräume, da jede noch so bürokratische Verwaltung an ihre Grenzen stieß.

---

238 Siehe dazu Barbara Felsmann, Annett Gröschner: Durchgangszimmer Prenzlauer Berg. Eine Berliner Künstlersozialgeschichte in Selbstauskünften, Berlin 2000.

Manfred Böhme lebte nicht sofort im Stadtbezirk Prenzlauer Berg. Er meldete seine erste Berliner Wohnung im November 1984 in der Holteistraße im Stadtbezirk Friedrichshain an, als Nebenwohnung.[239] Zufälligerweise – oder auch nicht – erfolgte diese Anmeldung bei der polizeilichen Meldestelle an jenem Tag, als er zum ersten Mal im Theologisch-Philosophischen Kreis bei Pfarrer Peter Hilsberg zu Gast war.

In diesem Kreis hatte Böhme allererste Begegnungen, die ihn später direkt in die Oppositionskreise führten, zum Beispiel mit dem Philosophen Wolfgang Templin, der 1983 an der Akademie der Wissenschaften aus der SED ausgeschlossen worden war.

Wolfgang Templin erinnert sich an seine damalige Wahrnehmung von Ibrahim Böhme im Hilsberg-Kreis:

„Böhme bot in seiner unglaublichen Vielschichtigkeit schon Überraschungen. Er legte bei jeder neuen Gesprächssituation eine andere Facette frei. Das heißt, er konnte Episoden aus seiner Thüringer Zeit erzählen, als sei es gestern gewesen, flocht Geschichten aus Neustrelitz mit ein, kam auf das Vogtland zu sprechen, und im nächsten Satz war er dann förmlich bei irgendeiner DDR-offiziellen Geschichte, wo er den Hintergrund beleuchtete. Das konnte angelesen sein, das konnte aber auch durch irgendwelche Bekanntschaften sein, die er ja zuhauf hatte.
Dann auf einmal flocht er etwas ein, was zum theoretischen Thema des Treffens gehörte. Ich würde sagen, er war ein Professioneller der gekonnten Abschweifungen – die aber bei ihm irgendwie einluden, mitzugehen.“

Wolfgang Templin meint, dass damals im Kreis von Pfarrer Hilsberg auch die Geschichte vom Waisenkind Böhme kursierte, jedenfalls in Andeutungen. Als faszinierend hat er vor allem Böhmes Erzählstil in Erinnerung:

„Er war ein Mann des Theaters. Die eigenen Brüche so zu erzählen, dass das eine unglaublich anziehende Geschichte wird, war eine Leistung!“[240]

Der eigentliche Umzug von Neustrelitz nach Berlin passierte im Spätsommer 1985: Am 31. August endete Manfred Böhmes Arbeitsverhältnis mit der Neustrelitzer Bibliothek, am 17. September meldete er seine bisherige Berliner Nebenwohnung als Hauptwohnsitz an.[241]

---

239 Laut Vermerk im Personalausweis, RHA, MaB 25.
240 Gespräch mit Wolfgang Templin am 2.3.09 in Berlin.
241 Eintrag im Personalausweis, RHA, MaB 25.

Wenige Tage später, am 30. September, „übergab" die Neubrandenburger Stasi ihren IM „Bernd Rohloff" an die Hauptabteilung XX in Berlin. Und am 4. November 1985 begann Böhme eine Tätigkeit als Leiter des Kreiskulturhauses „Erich Weinert" in Berlin-Pankow mit der Vergütungsgruppe I A, was einem Bruttogehalt von 1.025 Mark entsprach. Der dazugehörige Arbeitsvertrag ist überliefert, ebenso einige wenige Arbeitsunterlagen.

In offiziellen Dokumenten des Landesarchivs Berlin zu diesem Kreiskulturhaus finden sich keinerlei Hinweise auf einen leitenden Mitarbeiter namens Böhme, wohl aber ein Beschwerdebrief eines Mitarbeiters an das ZK der SED, der eine hohe Fluktuation unter dortigen Leitungskadern erkennen lässt. So soll es von 1980 bis 1986 sieben Direktoren in der Einrichtung gegeben haben. Über die Zahl der ihnen unterstellten Leiter ist nichts zu erfahren.

In der Jahresanalyse des Kulturhauses für 1986 sind die kulturpolitischen Schwerpunkte im üblichen Berichtsjargon aufgezählt:

„Durch das KKH ‚Erich Weinert' wurden Höhepunktveranstaltungen anläßlich des XI. Parteitages der SED, des 100. Geburtstages Ernst Thälmanns, des 1. Mai, 7. Oktober, zum Fest an der Panke sowie zu den II. Tagen der Volkskunst durchgeführt." [242]

Kritisch ist eine *„zu niedrige Besucherzahl bei eintrittspflichtigen Veranstaltungen"* erwähnt, die *„zu nicht plangerechte(r) Einnahmeerfüllung"* führte. Inwieweit die monierte *„mangelnde Leitungstätigkeit"* [243] den Kulturhausleiter Böhme betraf, ist unklar. Schon nach einem halben Jahr gab Manfred Böhme seine Arbeit in Pankow wieder auf. Der Aufhebungsvertrag vom 31. Mai 1986 gibt als Grund *„Nichtübereinstimmung"* bzw. unterschiedliche Auffassungen von Zusammenarbeit an. [244]

Kurz vor Ende dieses Arbeitsverhältnisses ließ sich das Ehepaar Böhme scheiden – auf Initiative von Evelyn Böhme. Sie hatte die lang gehegte Hoffnung auf ein normaleres Familienleben aufgegeben und tat, was Manfred Böhme ihr unentwegt angeraten hatte: Sie trennte sich ganz offiziell von ihm. [245]

242 LHA Berlin, C Rep. 121, Nr. 698.
243 Ebenda.
244 RHA, MaB 32.
245 Scheidungsurkunde im Nachlass, RHA, MaB 25.

Berliner Namen

In den ersten Monaten seiner Berliner IM-Tätigkeit muss Manfred „Ibrahim" Böhme von seinem neuen Führungsoffizier, Hauptmann Lutz Edel, tatsächlich als IM „Ibrahim" geführt worden sein. Belegt ist diese konspirative Nachlässigkeit in einem Bericht vom 15. Oktober 1985, den IM „Ibrahim" (Böhme) zum Autor Lutz Rathenow abgab.[246]

An Rathenow versuchte Böhme über längere Zeit „dranzubleiben". Kontaktmittel waren Böhmes eigene literarische Versuche, die er Lutz Rathenow zur Begutachtung gab. Diese Variante hatte sich schon mehrfach bewährt: Böhme gab sich als Ratsuchender in puncto Literatur. Gleichzeitig dürfte er mit Blick auf seine Texte auch ernsthaft an Aufmerksamkeit interessiert gewesen sein. Denn diese Texte, wie immer man ihre Qualität bewerten mag, entstanden höchstwahrscheinlich nicht nur als Legendenmaterial. Die Arbeit an ihnen war vermutlich ein Bedürfnis für Manfred Böhme, der sich auch als Literat gesehen haben muss. Im Schreiben kreierte er eine Identität, die anderen Anknüpfungspunkte bot.

Lutz Rathenow erinnert sich, Böhme erstmals in Neustrelitz begegnet zu sein, anlässlich einer Lesung Rathenows in der dortigen Kirche:

„Er hatte ein fast zu gutes Verhalten, was durchaus eine ganz sanfte, im Innern wirkende Arroganz nicht gänzlich verbergen konnte. (...) Vor allem wusste er, dass ich Kontakt zu Jürgen Fuchs und anderen ehemaligen Freunden hatte, die in Westberlin lebten. (...) Jürgen Fuchs misstraute Ibrahim Böhme, ich misstraute ihm eher nicht. Wobei ich ihm nie vollkommen traute, dazu war er zu merkwürdig.
Ich kann mich erinnern, dass ich ihm den Auftrag gab, eine Rezension zu Jürgen Fuchs' Buch ‚Ende einer Feigheit' für die TAZ zu schreiben. Die gab ich an die TAZ weiter und die erschien dann unter dem Namen ‚Ibrahim'.
Gedichte habe ich nur ein einziges Mal von ihm bekommen und war damals bemüht, mich konstruktiv zu äußern. Ibrahim Böhmes Gedichte waren Versuche eines belesenen Menschen, der so manche Talente haben mochte, aber keines als Lyriker. Ich habe ihm das so hart nicht gesagt, er spürte wohl aber, dass ich seine Texte nicht akzeptierte, und zeigte

---

246 OV „Assistent", BStU, MfS AOP 1076/91, Bd. 12, Bl. 90.

mir nie wieder Arbeiten von sich. Er hat wohl auch darunter gelitten, als Dichter nicht akzeptiert zu werden." [247]

Im Sommer 1986 findet Manfred „Ibrahim" Böhme durch seine guten Kontakte zu Pfarrer Peter Hilsberg eine neue Arbeitsmöglichkeit als Beikoch im Christlichen Hospiz in der Auguststraße 82. Genau ein halbes Jahr lang gilt der Arbeitsvertrag, der ihm ein monatliches Gehalt von 545 Mark einbringt. [248]

Wenige Wochen nach Beginn dieser neuen Arbeit im kirchlichen Milieu reiste Böhme zum alljährlichen Vipperower Friedensseminar nach Mecklenburg, das von Meckel und Gutzeit organisiert worden war. Für Ibrahim Böhme war es eine Rückkehr ins Mecklenburgische unter neuem Decknamen. Seit April 1986 wurde er in Berlin als IM „Maximilian" geführt.

Vipperow 1986

Zwar hatte Böhme auch im Vorjahr für einige Tage am Friedensseminar teilgenommen, doch im Jahr 1986 war er erstmals von Beginn an, vom 2. bis zum 10. August, dabei. [249]

Das Motto des Vipperower Treffens lautete 1986: *Ich lebe und ihr sollt auch leben. (Joh. 14, 19) Verantwortung für Lebensrechte: Gerechtigkeit, Frieden und Bewahrung der Schöpfung.*

Unter den über eine Woche hier versammelten ca. 90 Teilnehmern des Seminars, die sich auf die Dörfer der Umgebung wie Vipperow, Schwarz, Ballwitz und andere verteilten, wurde praktisch jeder Sechste bereits vom MfS in einem OV oder einer OPK „bearbeitet". Da diesem Zusammentreffen auch seitens des MfS große Bedeutung zugeschrieben wurde, „*gelangten 25 IM zum Einsatz*". [250] Darunter war auch ein IM „Maximilian" alias Manfred Böhme. [251]

Den Initiatoren Meckel und Gutzeit galt Böhme mittlerweile als so vertrauenswürdig, dass sie ihm ein Referat in der Arbeitsgruppe zum Thema Menschenrechte und Volksbildung übertrugen. Als Teilnehmer dieser Arbeits-

---

247 Lutz Rathenow, Brief vom 26.8.09. Siehe auch Lutz Rathenows Beschreibung seiner Akteneinsicht im Sammelband *„Aktenkundig"*, hrsg. von Hans Joachim Schädlich, Reinbek 1992, S. 72f.

248 RHA, MaB 32.

249 Die Mecklenburgischen Friedensseminare waren ihrer ursprünglichen Idee nach mobile Seminare, bei denen Radwander- oder Rudergruppen auf einer bestimmten Strecke unterwegs waren und damit Genehmigungsverfahren umgehen konnten. Auch zum Vipperower Seminar gehörten derart mobile Gruppen.

250 Christoph Wunnicke: Die Mobilen Friedensseminare von 1982 bis 1989 im Osten Mecklenburgs, Diplomarbeit, Berlin 2000, S. 60.

251 Die Deckennamenänderung erfolgte laut Vermerk auf der F22-Karteikarte am 22.4.86.

gruppe erlebte ihn der Berliner Wolfgang Rüddenklau. Rüddenklau erinnert sich an Böhmes dortiges Auftreten „*als fähige(r) Referent*".[252]

Dieser Ruf eines guten Redners eilte Böhme daraufhin voraus. Neben Rüddenklau hatten auch andere Berliner Oppositionelle in Vipperow einen positiven Eindruck von jenem bislang in ihren Kreisen unbekannten Ibrahim Böhme gewonnen. Gerd und Ulrike Poppe beispielsweise begegneten ihm 1986 in Mecklenburg zum ersten Mal. Ulrike Poppe erinnert sich:

> „*Mit meinem Mann und meinen beiden Kindern war ich in diesem Sommer in Vipperow zu Gast im Pfarrhaus bei Markus Meckel. (...) Dort fand ein Friedensseminar statt. Es waren vielleicht 20 Leute da, unter anderen ein junger Mann, der Ibrahim Böhme hieß und der dadurch auffiel, dass er sehr höflich war und sich anders kleidete als wir, recht konventionell. Auch sonst sah er nicht so aus, als würde er zu uns gehören. Er trug keine längeren Haare wie wir alle, keine Jesuslatschen und selten Jeans. Er kleidete sich meistens sehr korrekt und förmlich. Er fiel auch dadurch auf, dass er immer den Tisch abräumte und gerne abwusch. Das machte ihn besonders bei den Frauen beliebt. Ja, und das Dritte war, dass er sehr gewählt und artikuliert sprach, manchmal auch etwas gestelzt. Bald erfuhren wir auch, dass er Gedichte schrieb. Er kannte sich hervorragend in der Literatur aus und auch in der Philosophie. Also er war recht belesen, oder er schien recht belesen zu sein, dozierte manchmal etwas, was wir aber nicht unangenehm fanden. Alles in allem erschien er uns als ein recht interessanter Mensch.*
> *Auch damit, dass er seine Herkunft und sein bisheriges Leben ein Stück weit mystifizierte, hat er sich in ein besonderes Licht gesetzt. Ich gehörte bestimmt zu denen, die es spannend fanden, wenn jemand so andeutungsweise vom Gefängnis erzählt, und er hat ja auch von seiner Zeit in der Kadettenanstalt*[253] *berichtet. Das war aber alles in Andeutungen gepackt, sodass jeder sich die Geschichten noch weiter ausmalen konnte.*"[254]

Markus Meckel erinnert sich, schon früh nach den ersten Begegnungen mit Böhme von Freunden gewarnt worden zu sein, Böhme könne vielleicht für die Stasi arbeiten. Die dadurch aufgekommene Skepsis legte sich wieder,

---

252 Wolfgang Rüddenklau: Störenfried. DDR-Opposition 1986-1989, Berlin 1992, S. 82.

253 Hier handelt es sich um eine „biographische Anleihe", nicht um eine Tatsache. Der Schriftsteller Thomas Brasch, mit dem Böhme sich angeblich befasste, hatte diese Kadettenanstalt besucht.

254 Gespräch mit Ulrike Poppe am 18.9.08 in Berlin.

Vipperow 1986: Böhme links stehend

auch deshalb, weil dieser Ibrahim Böhme, wie Meckel sich erinnert, *„sehr sozial"* gewesen sei, sich auch in Vipperow *„in der Küche unentbehrlich gemacht"* habe, sodass die Hausarbeit nicht allein an der Gastgeberin oder den weiblichen Seminarteilnehmerinnen hängen blieb. Das war ungewöhnlich.[255]

Auch in der Erinnerung von Gerd Poppe hat Ibrahim Böhme damals in Vipperow *„den Diener für alle gemacht"* und sich zunächst nicht in politische Debatten eingemischt. Dennoch kam man ausführlicher ins Gespräch, tauschte die Adressen aus und vereinbarte, weiter in Kontakt zu bleiben. Gerd Poppe wollte sich melden mit der neuesten Fassung einer Resolution zum Thema der KSZE-Nachfolgekonferenz von Wien.[256]

Dieses Treffen kam zustande. Böhme gab das besagte Papier sofort an das MfS weiter, zusammen mit einem ausführlichen Bericht über sein Zusammentreffen mit Poppes in Vipperow und den nachfolgenden Besuch bei ihnen in der Berliner Rykestraße.[257]

---

255 Gespräch mit Markus Meckel am 28.4.09 in Berlin.
256 Gespräch mit Gerd Poppe am 23.4.08 in Berlin. Besagtes Papier war das Faber-Esche-Papier.
257 Siehe OV „Zirkel", BStU, AOV 17375/91, Bd. 22, Bl. 269ff.

„Mit Poppes habe ich mich gut verstanden"

Das Ehepaar Gerd (Jg. 1941) und Ulrike Poppe (Jg. 1953) hatte seit 1980 seine Wohnung im Prenzlauer Berg für Lesungen und Diskussionen geöffnet. Gerd Poppe engagierte sich seit 1968 in oppositionellen Kreisen und konnte (ab 1976) nicht mehr in seinem Beruf als Physiker arbeiten. Seit 1984 war er im Berliner Baubüro des Diakonischen Werkes angestellt. Ulrike Poppe hatte nach einem Studium verschiedene Tätigkeiten ausgeübt, sie war von 1976 bis 1988 Mitarbeiterin am Museum für Deutsche Geschichte. 1983 wurde sie zusammen mit Bärbel Bohley als Mitglied des Kreises *Frauen für den Frieden* für sechs Wochen vom MfS inhaftiert – wegen angeblicher „landesverräterischer Nachrichtenübermittlung".

Poppes gehörten zum aktiven Kern der Ostberliner alternativen politischen Szene und waren deshalb verstärkt im Visier des MfS. In den mehr als 29 Aktenbänden zum OV „Zirkel", angelegt ab 1976 über Gerd und Ulrike Poppe, tauchen insgesamt über 90 IM als Zuträger auf, ungefähr 30 davon im näheren Umfeld des Paares.[258]

Einer von denen, die nahe dran sind, ist ab November 1986 „Maximilian" alias Ibrahim Böhme. Er liefert bis zum November 1989 insgesamt 55 Berichte, teils auf Band gesprochen, teils selbst getippt, die in die Akte einfließen. Trotz genauester Aufzählung von kritischen Positionen, die Gerd und Ulrike Poppe in Vipperow äußerten, schließt Böhme seinen ersten Spitzelbericht mit dem Satz: *„Mit Poppes habe ich mich sehr gut verstanden (...)."*[259]

Intensiv pflegt er diese Beziehung in den nächsten drei Jahren, die Situation der nahe beieinanderliegenden Wohnungen begünstigt dies. Böhme wohnt inzwischen in der Chodowieckistraße 41 im Stadtbezirk Prenzlauer Berg. Von dort bis zu Poppes in die Rykestraße 28 sind es knapp fünf Minuten Fußweg. Als Ulrike Poppe im Jahre 1988 ihre Arbeit am Museum aufgibt, trifft sie Ibrahim Böhme beinahe täglich, denn er ist inzwischen ein wichtiges Mitglied jenes oppositionellen Kreises geworden, der sich *Initiative Frieden und Menschenrechte*, kurz *IFM*, nennt.

1987: In der Initiative Frieden und Menschenrechte

Im Verlaufe des Jahres 1987 wird Manfred Böhme als Ibrahim in der Szene der Ostberliner Oppositionellen bekannt – und er wird aktiv. Zugang

---

258 Stand bei der Akteneinsicht von Poppes im Jahre 1992, nach Angaben von Gerd Poppe.
259 BStU, AOV 17375/91, Bd. 22, Bl. 269.

in den inneren Kreis der relativ kleinen politisch aktiven Zirkel bekommt Böhme über mehrere Wege. Neben Poppes kennt er mittlerweile seit gut zwei Jahren durch den Hilsberg-Kreis mit Wolfgang Templin eine andere wichtige Kernfigur der *IFM*.

Die *IFM*, von vielen auch einfach *Initiative* genannt, geht als Gründung auf das Jahr 1985 und verschiedene kirchlich angebundene Seminare zum Schwerpunkt Menschenrechte zurück. Der Historiker Ehrhardt Neubert beschreibt die *IFM* bereits für das Jahr 1986 als *„eine der wichtigsten Oppositionsgruppen"*.

> *„Sie verstand sich von Anfang an als von der Kirche unabhängige Gruppe. Trotzdem war sie in viele Zusammenhänge der kirchlich geprägten Opposition einbezogen, nutzte die kirchliche Öffentlichkeit und unterhielt unter sehr erschwerten Bedingungen (...) Kontakte nach Osteuropa."* [260]

Zum festen Kern der *Initiative* gehörten 1987 ungefähr 15 bis 20 Personen, man traf sich in den Wohnungen. Häufig bei Poppes, Templins, Böttgers oder auch bei Peter Grimm und seiner Frau Sabine, bei Ralf Hirsch, Reinhard Weißhuhn, bei Bärbel Bohley oder bei Werner Fischer, ihrem Lebensgefährten. Treffen mit westdeutschen Besuchern wurden meist in der großen Wohnung von Antje und Martin Böttger anberaumt, die günstigerweise sehr nahe am Grenzübergang Friedrichstraße lag.

Ibrahim Böhme ist im April 1987 erstmalig bei Wolfgang und Lotte Templin zu Besuch. Er wird von dem ausgebildeten Philosophen, der aus Partei und Akademie der Wissenschaften ausgeschlossen worden war, und seiner Frau Lotte[261], die damals eine Ausbildung zur Sozialkatechetin absolvierte, sehr freundlich aufgenommen. Da Böhme gerade wieder ohne Arbeit ist, hatte ihm Templin schon einen Monat zuvor eine Verdienstmöglichkeit angeboten. Er empfahl Böhme, sich deswegen über Bärbel Bohley an Werner Fischer zu wenden. Beide kannte Böhme bis dahin nicht persönlich. In seinem IM-Bericht über den nächsten Besuch bei Templins vermerkt „Maximilian" ausdrücklich die Freundlichkeit von Lotte Templin.[262] Er übergibt dem MfS einen Brief von Lotte Templin, den er erhalten hatte.

---

260 Ehrhart Neubert: Geschichte der Opposition in der DDR 1949 bis 1989, Berlin 2000, S. 599.
261 Eigentlich Regina Templin, genannt Lotte.
262 OV „Verräter", BStU, MfS, AOP 1057/91, Bd. 10, Bl. XV/5575/81, S. 33-34, 37-38.

Wolfgang Templin (Jg. 1948), der sich zehn Jahre zuvor aus einer inoffiziellen Verpflichtung gegenüber dem MfS gelöst hatte und seitdem im OV „Verräter" von der Stasi beobachtet wurde, hatte neben seinen eigenen Erfahrungen von Desillusionierung und abgebrochener Karriere auch beobachtet, wie andere um ihn herum derartige Brüche nicht verkrafteten. Er sagt rückblickend über die gewisse emotionale Nähe zu Böhme:

„Für mich war der Zugang zu Menschen wie ihm aus einem Grund besonders: Ich hatte in meiner Studienzeit Kommilitonen, die wirklich an ihren Widersprüchen derart litten und mit dem, was ihre ursprüngliche Aufgabe war im Studium, die sie nicht ausfüllen konnten, also mit dieser Desillusionierungssituation so extrem nicht klargekommen sind, dass sie Selbstmord gemacht haben. Dass jemand diese Widerspruchsschübe weder beiseitelegt noch verarbeiten kann, sondern in dem Dazwischen stecken bleibt und sich immer mehr verrennt, also zum schlimmen Trinker wird oder psychisch aus der Balance gerät, im Extremfall bis zum Selbstmord, das kannte ich also. Lotte kannte das durch ihre Sozialarbeitsbezüge noch stärker. Und das, was ich bei Ibrahim vor Augen hatte, kam mir als ziemlich hoher Grad von Gefährdung vor. Was dann vielleicht dieses Hilfe- oder Sorgepotenzial mobilisierte.
Er hatte auch so eine Fast-Zerbrechlichkeit, sodass man das Gefühl hatte: Hier muss man aufpassen, sonst trägt es ihn aus der nächsten Kurve." [263]

Es gab einen weiteren Punkt, der Vertrauen zu Ibrahim Böhme schuf. Wolfgang Templin bezeichnet dies als den generellen Unterschied zwischen kritisch denkenden DDR-Bürgern und den *IFM*-Mitgliedern: die konsequente Entscheidung zu aktiver oppositionell intendierter Arbeit.

„Wir waren ja offen. Wir versuchten nur jedem, der zur IFM kam, zu signalisieren: Wer die Veranstaltungen der IFM besucht, ist sehr schnell in einer anderen Beobachtungs- und auch Behandlungssituation. Und Böhme hat von Anfang an signalisiert: Ich habe nichts mehr zu verlieren. Also er hat kein forciertes politisches Interesse geäußert, das gehörte wahrscheinlich zu seiner Taktik. Er hat zu verstehen gegeben, er sei offen für jeden weiteren Schritt. Im Grunde genommen genau das, was wir suchten." [264]

---

263 Gespräch mit Wolfgang Templin am 2.3.09 in Berlin. Zu Templins eigener Geschichte siehe seine Darstellung: Der „Operative Vorgang Verräter", in: K. Dümmel, M. Piepenschneider (Hrsg.): Was war die Stasi?, Berlin 2009 (3. überarb. Aufl.).
264 Gespräch mit Wolfgang Templin am 2.3.09 in Berlin.

Treff der IFM mit Petra Kelly (von Böhme umarmt) bei Böttgers (1986)

Als der Neue in der *IFM*-Runde an einem Seminar zur Geschichte des Ungarn-Aufstandes von 1956 teilnimmt, hinterbringen andere ebenfalls anwesende Stasi-Zuträger, was sie von Böhme über sein Vorleben gehört hatten: Dass er früher Lehrer für Deutsch und Geschichte gewesen sei, auch Dramaturg in Dresden, jetzt auf Arbeitssuche ist, aus dem Jenaer Kreis kommt und *„schon einmal eingesessen haben soll“*.[265]

Mit dieser schillernden Vita voller Halbwahrheiten und Aufschneidereien begibt sich Böhme in die Berliner Oppositionszene. Er steht hier sofort in dem Ruf, ein Experte für sowjetische Geschichte zu sein. Das öffnet ihm gerade in jenen Zeiten von Glasnost und Perestroika viele Türen.

Seine erste Aktion innerhalb der *Initiative* ist ein Brief an Gorbatschow, an dem er mitwirkte.

Als Ende Mai 1987 in Ostberlin die Parteichefs sämtlicher Staaten des Warschauer Vertrages konferierten, wollte die *IFM* eine Nachricht an Gorbatschow in der sowjetischen Botschaft übergeben.

Gerd Poppe erinnert sich, dass Böhme dabei die Formulierungen verwässerte und ständig die russische Mentalität zu bedenken gab. Allerdings, so

---

265 Gemeint sind zwei Vorträge von Bernd-Rainer Barth zur ungarischen Geschichte bei der *IFM* im Frühjahr 1987. IM „Wolf“, 18.5.87, S. 242, MfS, AOP 1057/91, Bd. 10, Bl. 240ff.

Poppe, war der Wortlaut eigentlich nicht so wichtig wie der demonstrative Akt, die gegen Glasnost gerichtete Honecker-Politik dadurch zu attackieren, dass man Gorbatschow vergleichsweise vertrauensvoll ansprach.[266] Übrigens hatte das, was Gerd Poppe als Böhmes damaliges „Historiker-Gehabe" bezeichnet, seiner Meinung nach mit den entsprechenden Spielräumen in der *IFM* zu tun: *„Er hätte weniger fabulieren können, wenn tatsächliche Historiker unter uns gewesen wären."*[267]

Danach – der Brief wurde von Templin und Fischer an die Botschaft übergeben – war Ibrahim Böhme vielerorts in der oppositionellen Szene ein gefragter Mann: Beim Berlin-Brandenburgischen Kirchentag referierte er über DDR-Literatur, in Jena wurde er zu einer Kunstauktion für Nicaragua eingeladen, beim Olof-Palme-Friedensmarsch war er dabei, auf einem privat organisierten Stalinismus-Seminar in Naumburg trat er als Referent auf.

Ein Meisterstück der Doppelgesichtigkeit lieferte Böhme anlässlich seines letzten Besuches beim Vipperower Friedensseminars. Er hatte im Vorfeld berichtet, dass 1987 ein prominentes Mitglied der westdeutschen Grünen in Vipperow erwartet werde. Das dürfte kurz vor Honeckers Besuch in der Bundesrepublik (vom 7. bis zum 12. September 1987) besonderes Interesse beim MfS erregt haben. Der organisierte Überwachungsaufwand war enorm.

Vipperow 1987

Da „Maximilian" nun zur HA XX/9 gehörte, musste die Neubrandenburger Stasi, die ihn auch 1987 wieder in Vipperow einsetzen wollte, seine „Nutzung" auf dem Dienstwege in Berlin beantragen:

> *„Aufgrund des bisher langjährigen bewährten Einsatzes der Quelle bitten wir Sie, die Teilnahme (Einsatz mit Technik der BV Neubrandenburg) zu ermöglichen. Der Einsatz/die Steuerung sowie die notwendige Sicherheit werden durch den ehemaligen Führungsoffizier, Gen. OSL Freese, gewährleistet. (...) i. A. Müller, Major"*[268]

Der altbewährte IM mit dem neuen Namen „Maximilian" wurde zur Überwachung des Seminars mit einem mobilen Mikrophon[269] ausgestattet, einem Sender also. Neun Tonbänder voller Mitschnitte von „Maximilian" wurden an-

---

266 Nachtrag von Gerd Poppe am 15.8.08.
267 Gespräch mit Gerd Poppe am 23.4.08 in Berlin.
268 BStU, Nbg., Abt. XX, Nr. 172, Bl. 106.
269 OV „Wanderer": BStU, MfS Nbg. AOP 49/89.

schließend ausgewertet.[270] Das MfS hatte also Kenntnis von allen Gesprächen und Debatten, die im Beisein von Böhme geführt wurden.

Gleich nach dem Friedensseminar meldete sich „der Ibrahim" im kirchlichen Informationsblatt *Friedensnetz* auswertend zu Wort. Überschrift: *Gehen wir weiterhin so offen miteinander um?!*

Bemerkenswert sind nicht nur die beiden Satzzeichen am Ende der Überschrift, sondern auch die Ortsangabe des Absenders: Jena. Böhme setzte hier ganz gezielt seine Freundschaft zum Beutnitzer Pfarrer Rainer Hartmann ein – als Kennzeichen seiner Zugehörigkeit zu den Jenaer Kreisen.

Rainer Hartmann (Jg. 1953) war in den frühen 70ern einer jener Abiturienten in Greiz, die von Böhme stark beeinflusst wurden und ihm lange freundschaftlich verbunden blieben. Hartmann hatte zunächst Buchhändler gelernt, dann Theologie studiert und war nun Pfarrer. Böhme war oft bei ihm und seinem Freundeskreis in Beutnitz nahe Jena zu Gast.

Aus der Ostberliner Perspektive gehörte Ibrahim Böhme also zu den „Jenaern", jenen sehr aktiven kirchlich-oppositionellen Kreisen, die seit den Protesten gegen die Biermann-Ausbürgerung für klare Positionen bekannt waren. Nach Jena zog er sich, seinen Worten nach, auch für verschiedene ärztliche Behandlungen zurück.

Ulrike Poppe beschreibt eine dieser Jenaer Geschichten:

„Manchmal merkte ich, dass er log. Zum Beispiel erzählte er eines Tages, dass er sich in Jena einer Ohr-Operation unterziehen wolle. Seine Schwerhörigkeit auf einem Ohr sei übrigens die Folge einer Misshandlung im Gefängnis. Ich war zufällig in Jena und wollte ihn besuchen, aber er war in keinem der Krankenhäuser auffindbar. Schließlich vermutete ich, dass er sich vielleicht mit einem Freund trifft und nicht wollte, dass wir von seiner Homosexualität erführen. Diese, den privaten Bereich betreffende Lügen, hielt ich für verzeihlich. Andererseits fand ich es auch problematisch, denn gerade in der Situation, in der wir damals steckten, musste man sich ja hundertprozentig aufeinander verlassen können."[271]

Als es im Umfeld der Umweltbibliothek an der Zionskirchgemeinde 1987 zu Festnahmen und Inhaftierungen von oppositionellen Jugendlichen kam, aktivierte die nachfolgende Solidarisierungswelle die verschiedensten alternativ-oppositionellen Gruppierungen der gesamten DDR. Die Vernetzung

---

270 Ebenda, Bd. 8, Bl. 57-79.
271 Gespräch mit Ulrike Poppe am 18.9.08 in Berlin.

GEHEN WIR WEITER SO OFFEN MITEINANDER UM ?!

Es hat lange gedauert, daß ich es offen aussprechen konnte:
Meine Berührungsängste im offenen Dialog zu verlieren, machte
mich reifer und freier!
Der Zufall der Geburt, und das ist wohl der größte aber auch
wirkungsvollste soziale Zufall, der einem begegnet, sprich:
widerfahren, kann, ließ mir eine marxistische Erziehung und
Ausbildung zuteil werden. In den letzten 15 Jahren meines
Lebens erst wurde mir klar, daß sich bei weitem nicht alles aus
einer weltanschaulichen, philosophischen oder politischen
Sicht, auch nicht aus der marxistischen beurteilen läßt. Längst
ist das vielen Menschen, die eine der meinen ähnliche Welt-
sicht haben,als Erkenntnis deutlich geworden.
Wenn wir in den ersten und mittleren Jahren des vergangenen
Jahrzehntes, ausgehend vom Beispiel des Kulturbundes in Greiz,
weltanschauliche Gesprächskreise bildeten, um Christen und
Marxisten die Möglichkeiten des offenen Dialoges zu schaffen,
der in der Bezeugung von Standpunkten im Interesse eines gegenseitigen Verständnisses bestand, so meinten wir manchmal schon,
alles Notwendige getan zu haben. Heute müssen und können wir
erkennen: Das war erst der Anfang ! Ich bin froh darüber und
weiß doch, daß uns noch ein schwerer Weg bevorsteht, Mißver-
ständnisse, Irritationen, ja Verdächtigungen noch manchmal,
Anfechtungen aus den jeweils eigenen Reihen auszuräumen.
Vielleicht stehen wir schon in diesem Prozeß. Ist es so, so
war es ein gelungener Anfang eines gemeinsamen Weges, der
schon manche formatvolle Tradition hat!
Für diese meine Erkenntnis waren die Friedensseminare in
Mecklenburg wichtige punktuelle Ereignisse einer Innenschau,
die unmittelbare Praktizierung des Alltags, vor allem des un-
vorbelasteten Umgangs miteinander finden.
Erkennen wir doch gemeinsam: Die Strukturen sind in einem orga-
nischen Welt- und Identifikationsprozeß so aufgebrochen,daß
die Nachdenklichkeit aus zweierlei Gründen in die Durchsichtig-
keit schaffende Formulierung einmünden muß:
Einmal sind die Probleme der Welt in eine solch akute Phase
geraten, daß einmütiges Handeln angezeigt ist. Andererseits lösen
sich so viele weltanschauliche, politische und soziale Bindungen für viele Menschen momentan in solch rapider Weise,daß
neue Sichtmöglichkeiten durch gemeinsam vertretene erkennbare
und praktizierbare Wertvorstellungen unterlegt werden müssen,
um das Irren,die Resignation oder gar die Isolation von Menschen in unserer Gesellschaft möglichst auszuschließen .
Daß dabei niemand seine bereits angenommenen moral-ethischen
Positionen aufzugeben braucht, Angst vor Vereinnahmung haben
muß, zeigte das diesjährige VI. Mecklenburger Friedensseminar,
das unter der Motivierung stand:"Verantwortung für Lebensrechte".
Im Gegenteil, als Marxist und zum wiederholten Male ohne Vor-
behalte angenommener Teilnehmer eines solchen Seminars wurde
mir in vielen Gruppengesprächen und Plenardiskussionen erneut
meine philosophisch-weltanschauliche Herkunft deutlich, erkannte ich ohne die Nachdrücklichkeit positiver Vereinnahmung
erneut den Spielraum meiner Ideale und Wertvorstellungen in
der gesellschaftlichen Wirklichkeit.
Meine Teilnahme an den Gesprächen der Gruppe, die sich mit
den Strukturen und Problemen der sogenannten 'dritten Welt'
beschäftigte, machte mir wie vielleicht vielen anderen Teilnehmern unsere, also auch meine Verantwortung für die Menschen
in den Entwicklungsländern deutlich.

Wissen wir eigendlich, was sich da entwickelt? Reicht unsere
Information aus über Menschen, ihr geografisches und soziales
Milieu? Begegnen wir ihren Völkern mit der wirklich nötigen
Toleranz, indem wir ihre Kultur, ihre Religion, ihre Lebens-
weise achten als etwas den unsrigen durchaus Gleichwertiges?
Sind unsere Handelsgebahren frei von Eigennutz und Übervor-
teilung des anderen? Hilft unsere Entwicklungshilfe auch über
den Zeitraum der ärgsten Not hinaus? Ist die Solidarität des
Einzelnen in unserem Land wirklich so frei von Selbstdarstel-
lung? Und vor allem: Stiften wir mit unserer Hilfe immer
Frieden?
Viele Fragen, die sich in Vipperow auftaten und auf die Menschen unterschiedlichster Ausbildung und Beruf, Antwort zu
finden versuchten.
Immer wieder fanden wir noch vor der "bündigen" Antwort den
Schlüssel moralischer Erkenntnis: Wenn jemand in Not ist,
dann bedarf es nicht erst seines Signales, um ihm sofort mit
allen uns zur Verfügung stehenden Mitteln zu helfen, ohne zu
fragen: Na, wie lange können wir die denn vom Hungertod retten?
Lohnt sich das denn eigendlich? Mit der langfristigen Entwicklungshilfe und mit der Entfaltung der Handelsbeziehungen
muß die verantwortungsbewußte Kenntnis der spezifischen,
geografischen, sozial-ökonomischen, politischen und kulturel-
len Bedingungen und Strukturen angeeignet werden, um Lebens-
kreise nicht zu verletzen oder gar zu zerstören.
Hat nur der Staat eine Verantwortung als Entwicklungshelfer?
Sind seine Praktiken auf diesem Gebiet frei von vordergrün-
digem Ideologietransfer und durchschaubar?
Was können wir tun, außerhalb eines staatlichen Obliegenheits-
prozesses stehend? Stehen wir wirklich immer so nachgewiesen
außerhalb?
Wie begegnen wir beispielsweise den Gaststudenten, Gastprakti-
kanten und Gastlehrlingen aus Ländern der "dritten Welt"?
Wie oft verletzen wir, ohne es selbst wahrzunehmen, mit einer
ablehnenden, penetrant mitleidigen oder belehrenden Haltung
die innersten Gefühle, verhindern damit gleichberechtigte gegen-
seitige Annahme?
Wir wissen doch immer gleich alles und meinen, wenn wir den
Landesnamen Nicaragua oder Vietnam oder Somalia aussprechen
können, wir wüßten auch schon alles über die das Land.
Und die Massenmedien, egal auf welcher Wellenlänge oder
welchemKanal erreicht, machen es uns oft auch nicht deutlicher,
wie unwissend oder arrogant wir noch sind!
Die Gruppe, die auf dem Friedensseminar sich mit den Problemen
der "Dritten Welt" beschäftigte, wird in einem Empfehlungs-
katalog bis zum Herbst Momente unseres Umgangs mit Menschen
aus Entwicklungsländern aufgreifen und Verhaltenshinweise
erarbeiten, um sie allen Interessenten zugänglich zu machen.

(I.M.Böhme   I b r a h i m
Chdowiecki-Str.41
Berlin - 1055   )   Jena, am 11.8.1987

Befreiende Liebe

Und wenn ich die Ehrfurcht vor dem Leben predigte
und sähe tatenlos an das Elend meines Volkes,
so wäre ich ein Heuchler.
        Canaan Banana   ⑨

wuchs. Nun kam es auch zu regelmäßigen Treffen zwischen der Berlin-Brandenburgischen Kirchenleitung mit Vertretern der *IFM*.

Schon beim ersten derartigen Treffen am 21. Dezember 1987 war Ibrahim Böhme dabei. Dokumentiert ist seine Teilnahme unter anderem in einem Bericht des IM „Torsten" alias Wolfgang Schnur, der als Vertrauensanwalt der Kirche ebenfalls anwesend war. Da Schnur Ibrahim Böhme damals noch nicht allzu gut kannte, nannte er ihn „Ephraim Böhme".[272]

Solidaritätsfonds, Operativgeld, Gelegenheitsarbeiten

Wovon der vermeintliche Oppositionelle Böhme, der vorgab, Historiker zu sein, lebte, wussten seine politischen Freunde nicht genau. Er galt als arbeitslos und deutete an, Unterricht an der Volkshochschule Prenzlauer Berg zu erteilen. Für Notsituationen hatte die *IFM* einen Solidaritätsfonds eingerichtet, aus dem Bedürftige gelegentlich unterstützt wurden. Im November 1987 teilte ein informeller Mitarbeiter dem MfS mit, Böhme habe 100 Mark aus diesem Fonds bekommen.[273]

Über Gelder, die vom MfS an den IM „Maximilian" flossen, sind nur wenige Unterlagen überliefert. So beispielsweise eine handschriftliche Notiz mit dem Vermerk: *„Maximilian 150 M"*[274]. Da aber erwiesen ist, dass vergleichbare IM wie Monika Haeger oder Sascha Anderson monatliche Zahlungen erhielten (für Anderson sind 1986 monatlich je 500 Mark bilanziert, Monika Haeger bekam 700, später 900 Mark)[275], kann man mit hoher Wahrscheinlichkeit auch bei Böhme von regelmäßigen Geldzahlungen ausgehen.

Für alle sichtbar, lebte Manfred „Ibrahim" Böhme eher spartanisch, und gerade das machte ihn für viele Bekannte sympathisch und glaubhaft. Angelika Barbe, die ihn 1987 kennenlernte, sagt dazu: *„Ich habe damals seine Wohnung gesehen, er lebte bescheiden. Er hat sich als Kommunist bezeichnet und hat das überzeugend gelebt. Er lebte so, wie er redete."*[276]

Besonders solidarisch bemühte sich Ulrike Poppe im Museum für Deutsche Geschichte um eine Arbeit für Böhme. Ihr Vorgesetzter lehnte es ab, Böhme einzustellen. (Es gelang ihr aber, Lothar Pawliczak, einem weiteren *IFM*-Mitglied, zu helfen. Pawliczak bekam so eine gut dotierte Stelle am Mu-

---

272 IM „Torsten" bekam wenig später den neuen Decknamen „Dr. Ralf Schirmer".
273 BStU, OV „Zirkel", AOV 17375/91, Bd. 25, Bl. 180 ff.
274 MfS HA XX/9, 1629, Bl. 334.
275 Ebenda, Bl. 329, und Irena Kukutz, Katja Havemann: Geschützte Quelle. Gespräche mit Monika H. alias Karin Lenz, Berlin 1990, S. 67.
276 Gespräch mit Angelika Barbe am 2.9.08 in Berlin.

seum. Wovon Ulrike Poppe nichts wusste, das war Pawliczaks konspirative Nebentätigkeit als IM „Wolf".)

Böhme, der bei zu langer Zeit ohne nachgewiesene Beschäftigung fürchten musste, wegen sogenannter Asozialität belangt zu werden, besprach derlei Sorgen mit seinem Führungsoffizier. Er wollte Ärger mit der „Abteilung Inneres", also der Polizei vermeiden.[277]

Zu Beginn des Jahres 1988 löst sich dieses Problem. Ibrahim Böhme bekam eine neue Halbtagsstelle als Wirtschaftskraft im Kindergarten der Evangelischen Auferstehungsgemeinde in Berlin-Friedrichshain.[278]

Christa Sengespeick-Roos, damals Pastorin in dieser Gemeinde, erinnert sich, wie sie Böhme kennenlernte und ihm zu der Arbeit verhalf:

„Als im November 1987 für einen Vortrag über russische Literatur der Referent ausfiel und wir in der Gemeinde nach einem Ersatz suchten, wurde mir der Name von Böhme genannt. Es war nicht so einfach, ihn ausfindig zu machen, jedenfalls hielt er den Vortrag und war ab dann präsent. Ich hatte damals einen interessanten Gesprächskreis, der nannte sich ‚Hälfte des Lebens', an dem hat er sich auch beteiligt.

An eine Situation im Gesprächskreis erinnere ich mich: Böhme bat mich, aus Rücksicht auf ihn kein Gebet zu sprechen, da er jüdischer Herkunft sei. Und ich habe das damals ernst genommen und kein Gebet gesprochen. (...) Ibrahim Böhme, das ist für mich heute noch ein Ekel-Thema. Bei all seiner anbiedernden Art gab es jedoch ein gewisses Misstrauen, das er bei mir auslöste. Er hatte mir erzählt, dass er Arbeit sucht, und fragte, ob er auf unserem Friedhof arbeiten könne. Nun muss man wissen, dass es ein sehr großer Friedhof ist, in Weißensee gelegen, auf dem damals jährlich an die 1.000 Beerdigungen stattfanden. Wir hatten dort ungefähr 20 Friedhofsarbeiter angestellt, darunter viele mit Ausreiseanträgen – aus allen sozialen Schichten kommend. Auch Ralf Hirsch hat zu der Zeit auf diesem Friedhof gearbeitet. Und über das Telefon des Friedhofsbüros wickelte er seine sämtlichen Kontakte ab. Das war sozusagen eine ‚heiße Kiste', ein Raum, der geschützt werden musste. Da konnte man nicht so einfach jeden arbeiten lassen. Böhme wollte dort unbedingt hin. Ich bin darauf aber nicht eingegangen und vermittelte ihm eine Stelle in unserem Kindergarten als Abwaschhilfe. Er ist in der Zeit allerdings sehr viel krank gewesen, hat auch nie ir-

---

277 BStU, AOV 17375/ 91, Bd. 23, Bl. 311.
278 RHA, MaB 32.

gendwelche Krankschreibungen geschickt, hatte wahrscheinlich einfach keine Lust." [279]

Auch dieses Arbeitsverhältnis beendet er nach einem knappen halben Jahr. Zwar ist davon auszugehen, dass Böhme häufig krank war oder sich krankschreiben ließ, dennoch scheint sein Grund, „gesundheitsbedingt" zu kündigen, vorgeschoben. Es ist vielmehr ein Rhythmus aus Monaten mit Arbeit und jenen ohne erkennbar. So unstet lebten gerade in Berlin-Prenzlauer Berg nicht wenige, die sich von den „normalen" Karrieren verabschiedet hatten oder aus ihnen verabschiedet wurden: mit sehr geringem Einkommen aus einer sozialversicherten Teilzeitarbeit, die genügend Raum ließ für eine gewisse eigene politische oder künstlerische Arbeit.

„Die Freiheit der Andersdenkenden"

17. Januar 1988: Mit einem Zitat von Rosa Luxemburg auf eigenem Transparent wollten sich einige Oppositionelle und Ausreisewillige in die alljährliche Kundgebung zu Ehren von Liebknecht und Luxemburg in Ostberlin einreihen. Viele wurden verhaftet, darunter einige, die gar nicht auf der Demonstration waren. Insgesamt 120 Personen. Damit begann eine Auseinandersetzung, an deren Anfang noch nicht abzusehen war, welche Dynamik sich daraus entwickeln würde, ja dass – in der Rückschau betrachtet – hier das Ende des ostdeutschen Systems eingeläutet wurde.

Ibrahim Böhme hatte zwar weder zu den Demonstranten noch zu den Verhafteten gehört, doch seine Rolle als Zuträger wurde nun wichtiger. Besonders als die *IFM*, von Verhaftungen geschwächt, fast zu zerbrechen drohte, war IM „Maximilian" zur Stelle und handelte genau nach Plan.

Mehrere *IFM*-Mitglieder hatten beschlossen, keinen Vorwand für eine Verhaftung zu liefern. Tage später, am 25. Januar, gab es dennoch zum zweiten Male Verhaftungen: Freya Klier, Templins, Bärbel Bohley, Werner Fischer, Ralf Hirsch.

Wieder setzte eine Welle der Solidarisierung ein, die gleichzeitig von vielen Antragstellern genutzt wurde, um ihre Forderung nach Ausreise zu bekräftigen. Wieder gab es Fürbittgottesdienste und Andachten, von denen die DDR-Medien natürlich nicht berichteten. Die Anwälte der Inhaftierten ließen ihre Mandaten offenbar auch im Unklaren darüber, welche Sympathiebekundungen es gab. Immerhin kamen bei verschiedenen Fürbittandachten mehrere Hundert Menschen zusammen.

---

279 Telefonat mit Christa Sengespeick-Roos am 30.7.09.

Offizielle DDR-Medien berichteten darüber nicht, sondern setzten auf die bewährte kampagnenartige Propaganda. Im *ND* vom 2. Februar 1988 hieß es:

> *„Empört und voller Entschiedenheit verurteilen Werktätige aller Klassen und Schichten der Bevölkerung der DDR den Versuch einer kleinen Gruppe bestellter Provokateure, das revolutionäre Vermächtnis von Karl Liebknecht und Rosa Luxemburg zu besudeln und es gegen Sozialismus und Frieden zu mißbrauchen. Große Entrüstung ruft hervor, daß sich solche Personen von westlichen Geheimdiensten sowie bestimmten politischen Kräften in der Bundesrepublik Deutschland und Berlin (West) aushalten lassen und für Zwecke zur Verfügung stellen, die den Interessen aller Bürger der DDR und auch aller friedliebenden Menschen in der BRD zuwiderlaufen."*

Während die verhafteten Oppositionellen „landesverräterischer Beziehungen" bezichtigt wurden, präsentierte sich ihr vermeintlicher Mitstreiter Böhme kurz zuvor ebenfalls als Verfolgter der Staatsmacht: Mit blauem Auge erschien er am 20. Januar 1988 zu einer Versammlung im Elias-Gemeindehaus. Sein Aussehen sei Folge einer Schlägerei, so Böhme damals. Er betonte gegenüber seinen *IFM*-Bekannten, kein Aufsehen erregen zu wollen und auch keine Anzeige zu erstatten. Ein IM gibt weiter, Böhme denke, es habe sich um eine gezielte Provokation gehandelt.[280]

Dennoch lässt er sich von der Kamera des ARD-Korrespondenten Hans-Jürgen Börner kurz filmen, ohne einen Kommentar abzugeben. Die unausgesprochene Vermutung, er sei vielleicht von MfS-Schlägern malträtiert worden, lässt Böhme ganz bewusst im Vagen.[281]

Da es derlei Prügel-Mythen mehrfach in den Erzählungen von Manfred „Ibrahim" Böhme gab, ist größte Vorsicht angebracht, was den Wahrheitsgehalt solch einer Version betrifft. Auch bei einem seiner häufigen Krankenhausaufenthalte in der Greizer Zeit, die jeweils einen Zusammenbruch als Grund hatten, erzählte Böhme Freunden, er sei zusammengeschlagen worden. Die behandelnden Ärzte hielten aber damals schon *„Alkohol- und Koffeinmissbrauch"* für eine mögliche Ursache.[282]

---

280 BStU, AOV 17375/91, Bd. 25, Bl. 338.
281 Hans-Jürgen Börner kommentiert die Situation heute folgendermaßen: „Die Bilder vom zusammengeschlagenen Böhme gehören zu den meistgesendeten Bildern der Vor- und Wendezeit. Jeder Journalist hat angenommen, dass die Stasi Böhme als aufrechten Bürgerrechtler zusammengeschlagen hat. Ich erinnere mich, dass mich am Abend des Drehs Freya Klier angerufen hat und mir vom ‚Überfall' der Stasi auf Böhme berichtete." Nachricht vom 17.9.09.
282 BStU, AU-Akte 14783/78, Bd. I, Bl. 178.

Nur wenige Tage nach dem angeblichen Überfall berichtet Böhme als Quelle schon wieder an Major Edel vom MfS über die Atmosphäre innerhalb der *IFM*. Er suggeriert, Poppes könnten sich nun zurückziehen aus der Gruppe, und schlussfolgert, dass die Initiative dann *„radikaler werden würde und die Führungsansprüche von Bohley und Fischer zum Tragen kommen"*.[283] Kurz darauf werden in der zweiten Verhaftungswelle auch Bärbel Bohley und Werner Fischer verhaftet.

Bärbel Bohley konnte sich im Gefängnis nur aus der DKP-Zeitung *Unsere Zeit* und aus dem *Neuen Deutschland* über das informieren, was an Reaktionen auf die Verhaftungen erfolgte. Was sie dort las, waren die üblichen Kampagnen von Meinungsmache mit angeblichen Stimmen aus der Bevölkerung, die unverhohlenen Hass und Ablehnung signalisierten – Produkte aus derselben ideologischen Suppenküche. Zwar wusste sie um den mageren Wahrheitsgehalt derartiger Wortmeldungen, sagt Bärbel Bohley heute rückblickend, doch erinnert sie sich auch, damals zum ersten Mal Angst im Gefängnis gehabt zu haben:

„Ohne Prozess kann es nicht abgehen, dachte ich damals. Andererseits konnte sich die DDR auch keinen Schauprozess leisten. Ich wurde zu Verhören zwischen Hohenschönhausen und der Magdalenenstraße hin- und hergefahren und stand unter großer Spannung, was mit mir passieren würde."[284]

Sehr geschickt wird seitens des Staates der Konflikt zwischen denen, die unbedingt ausreisen wollen, und denjenigen, die trotz Haft zurück in die DDR wollen, ausgenutzt. Besonders Anwalt Schnur rät immer wieder von Mahnwachen ab, da diese kontraproduktiv seien für diejenigen, die via Gefängnis schnell in die Bundesrepublik wollten. Nicht nur Schnur vertritt hier mehrere Parteien. (Was niemand auch nur ahnen konnte: Im Jahr zuvor hatte er bei der Stasi um eine Geheimmitgliedschaft in der Partei nachgesucht. Und seit wenigen Monaten war er tatsächlich Mitglied, angeschlossen der SED-Kreisleitung des Berliner MfS.[285]) Als fast alle Verhafteten nach vielerlei Desinformation schließlich einwilligten, für bestimmte Zeit in den Westen zu gehen, meldet das *ND* dies in lapidaren zehn Zeilen.

---

283 Siehe AOV 17375/91, Bd. 25, Bl. 358f.
284 Gespräch mit Bärbel Bohley am 1.4.08 in Berlin.
285 Die Quittungen für gezahlte Mitgliedsbeiträge von November 1987 bis November 1988 finden sich in Schnurs IM-Akte. Siehe BStU, Rostock AIM 3275/90, Bd. I, Bl. 16ff.

Nach diesem gezielten Schlag gegen einige Hauptpersonen der Ostberliner Oppositionsszene kommt die massive Durchsetzung der verschiedenen Gruppen mit MfS-Zuträgern und Spitzeln besonders zum Tragen.

Wie die anderen IM innerhalb der *IFM* – es waren neben Böhme weitere acht – beobachtet „Maximilian" den Zustand der geschwächten Oppositionsgruppe und gibt Analysen ab.[286]

Gleichzeitig beteiligt er sich an den Aktionen, stellt Pläne auf für die weitere Arbeit, schlägt vor, Sprecher zu wählen und eine Selbstverständigung in Gang zu bringen. Im März 1988 verteilt er ein Papier *Die IFM in der nächsten Zeit*. Höchstwahrscheinlich im Auftrag des MfS verlangt er eine intensivere theoretische Arbeit. Die Absicht ist klar: Durch endlose Grundsatzdebatten soll Energie gebunden und die Handlungsfähigkeit eingeschränkt werden.

Frappierend ist die Zusammensetzung der *Initiative* zu jenem Zeitpunkt: Um einen Kern langjährig vertrauter Freunde (Poppes, Böttgers, Weißhuhn, Grimms, Katja Havemann) rotieren genauso viele IM, die diszipliniert und bereitwillig Aufträge der Gruppe ausführen, dabei zu bremsen versuchen, aber die Arbeit nicht völlig blockieren können – es auch nicht dürfen, weil sie sich so selbst verraten würden.

Gerd Poppe skizziert den damaligen Umgang mit der Gefahr einer Unterwanderung durch Spitzel folgendermaßen:

> *„Wir mussten damals das Risiko der IM in Kauf nehmen, denn wir wollten bewusst offen sein und uns nicht auf konspirative Zirkel beschränken. Unsere Absicht war ja, Öffentlichkeit zu schaffen. Ein kleiner Kern kannte sich aus wesentlich älteren Zusammenhängen und konnte einander vertrauen."*[287]

Tiere vor übertragbaren Krankheiten, Parasitosen und anderen Gefahren für die Tierbestände.

In die BRD ausgereist

Berlin (ADN). Die wegen landesverräterischer Beziehungen inhaftierten Ralf Hirsch, Wolfgang und Regina Templin, Bärbel Bohley und Werner Fischer sind entsprechend ihrem Ersuchen und in Übereinstimmung mit den gesetzlichen Bestimmungen der DDR in die BRD ausgereist.

Aus „Neues Deutschland" (5.2.1988)

---

286 IM in der *IFM* waren Lothar Pawliczak/„Wolf", Monika Haeger/„Karin Lenz", Frank Hartz/„Dietmar Lorenz", Mario Wetzky/„Martin", Sinico Schönfeld/„Rudolf Ritter", Roland Ketel/„Felix Anders", Rainer Dietrich/„Sinti" und Lutz Nagorski/„Christian".
287 Gespräch mit Gerd Poppe am 23.4.08 in Berlin.

Von heute aus gesehen, zeigt die hohe Zahl der Spitzel einerseits den grenzenlosen staatlichen Kontrollwahn, andererseits aber auch das Ausmaß der Isoliertheit von oppositionellen Gruppen in der DDR: Es waren sehr wenige, die zu selbstbestimmter politischer Arbeit bereit waren. Diejenigen, die dazukamen und diese Bereitschaft tatsächlich oder scheinbar mitbrachten, konnten nicht permanent verdächtigt werden, ohne jegliche Arbeit völlig zu blockieren. Martin Gutzeit, der zeitweise selbst heftige Zweifel gegenüber Böhme hegte, verweist auf die griechische Philosophie, um die vergiftende Wirkung des Misstrauens zu beschreiben:

„Das kann man schon bei Aristoteles lesen: Gegenseitiges Misstrauen zu nähren ist eines der drei Kennzeichen von tyrannischer Politik. Wir durften uns davon nicht dominieren lassen." [288]

Die Rückkehr von Bohley und Fischer

Im Sommer des Jahres 1988 nimmt Ibrahim Böhme an der Sommerakademie der *Solidarischen Kirche* in Samswegen bei Magdeburg teil. Dort lernt er die Leipziger Schriftstellerin Heidemarie Härtl (1943-1993) kennen, beide kommen in einen engeren Kontakt. Für Heidemarie Härtl beginnt hier vermutlich eine tragische Liebesbeziehung.[289] Böhme schickt Heidemarie Härtl zwar später Gedichte und berät sie, aber wie fast alle Freunde verrät er auch sie, ihre Kontakte und Intentionen an die Stasi.

Wenn auch seine Ausstrahlung im jeweiligen Moment das Gegenteil signalisierte, Böhme hatte andere Prioritäten. Und er hatte Weisungen. Seinen Aufenthalt in Samswegen sollte er am 29.7.1988 unterbrechen, so die vorherige Absprache mit dem Chef des Führungsoffiziers, Oberst Reuter.[290] Weshalb wurde Böhme zurückbeordert?

Die Rückkehr von Bärbel Bohley und Werner Fischer aus England sollte nun entgegen allen ursprünglichen MfS-Plänen tatsächlich stattfinden. Anwalt Schnur (IM „Dr. Ralf Schirmer") hatte seine Vorgabe, die Rückkehr unbedingt zu verhindern, nicht umsetzen können. „Maximilian" musste instruiert werden, denn ihm sollte in der Mannschaft der auf Bohley und Fischer angesetzten Spitzel eine nicht unwichtige Rolle zukommen.

---

288 Gespräch mit Martin Gutzeit am 10.1.07 in Berlin.
289 Ines Geipel irrt sich in ihrem Nachwort zu Heidemarie Härtls Text *Puppe im Sommer* über den Zeitpunkt des Kennenlernens.
290 OV „Zirkel", AOV 17375/91, Bd. 28, Bl. 41f.

„Es ist vorgesehen, am 29.7.88 mit dem IM beim Treff die genaue Verhal-
tenslinie im Zusammenhang mit der Wiedereinreise von Bohley und
Fischer abzusprechen.“ [291]

Zum unmittelbaren Kreis derer, die sofort nach der Rückkehr Kontakt
mit Bärbel Bohley und Werner Fischer hatten, gehörte Böhme nicht. An den
Absprachen für die Rückkehr im Berliner Konsistorium waren seitens der *IFM*
zwei andere Stasi-Spitzel beteiligt, die vom Konsistorialpräsidenten Stolpe
über Termin und Ort der Einreise informiert wurden. [292]

Bärbel Bohley wurde ab dem Tag ihrer Wiedereinreise rund um die Uhr
vom Staatssicherheitsdienst überwacht – bis in den Oktober 1989 hinein.

Die Quelle „Maximilian“ berichtet dann Ende August von einem Vier-
Augen-Gespräch mit Bärbel Bohley und am 18.9.1988 ausführlich von einer
Wiedersehensfeier in ihrer Berliner Wohnung, akribisch genau listet er die
ihm bekannten unter den ungefähr 100 Gästen auf. [293]

Im November 1988 plante die *IFM* eine Informationsveranstaltung zu
Rumänien. Böhme übernahm einen Part, wollte den Text eines rumänisch-

Böhme vor dem Haus von Bärbel Bohley (MfS-Foto, aufgenommen aus einem Bauwagen)

291 Ebenda.
292 Dabei waren Rainer Dietrich und Monika Haeger. OV „Bohle“, Bd. 26, Beifügung, Bl. 6ff.
293 OV „Bohle“: BStU, AOP 1055/91, Beifügung Bd. 15, Bl. 20ff.

M a ß n a h m e p l a n
zur Realisierung der operativen Kontrolle und Bearbeitung
der **B o h l e y ,** Bärbel (OV "Bohle") während und
nach ihrer beabsichtigten Rückkehr in die DDR

Die Bohley beabsichtigt, gemeinsam mit Fischer, Werner voraussichtlich am 3. 8. 1988 in die DDR zurückzukehren.
Es muß davon ausgegangen werden, daß sie als Mitglied der
sogenannten Initiative für Frieden und Menschenrechte und
inspiriert durch die geheimdienstlich gesteuerten ehemaligen DDR-Bürger Roland Jahn und Ralf Hirsch ihre feindlich-
negativen Aktivitäten fortsetzt.

Nachstehende Maßnahmen sollen mit dem Ziel der rechtzeitigen
und vorbeugenden Verhinderung von öffentlichkeitswirksamen
und spektakulären Handlungen der B. und ihrer Verbindungsper-
sonen vor, während und nach ihrer Rückkehr in die DDR reali-
siert werden.

Dabei kommt es insbesondere darauf an, daß die B. durch
eine geeignete politisch-operative Beeinflussung und Kontrolle an der Verwirklichung negativ-feindlicher Absichten gehindert wird, ihre Rückkehr nicht durch feindliche Gruppen
und Einzelpersonen für negativ-feindliche Handlungen miß-
braucht werden kann und dem Gegner keine Möglichkeiten gegeben werden, eine gegen die DDR gerichtete Hetzkampagne zu
inszenieren.

1. Die IM

"Maximilian"	HA XX/9
"Maria"	HA XX/9
"Felix Anders"	HA XX/9
"Martin"	HA XX/2
"Wolf"	HA XX/2
"Karin Lenz"	HA XX/2
"Dietmar Lorenz"	HA XX/2
"Christian"	BV Berlin, Abt. XX
"Rudolf Ritter"	BV Berlin, Abt. XX
"Donald"	BV Berlin, Abt. XX
"Clement"	BV Berlin, Abt. XXII
"Thias"	BV Frankfurt, Abt. XX
"Raffelt"	BV Dresden, Abt. XX
"Sinti"	HA XX/4

Ausschnitt aus dem MfS-Maßnahmeplan gegen Bärbel Bohley (1988)

deutschen Autors vorstellen. Bei der Veranstaltung fehlte er allerdings. Heute weiß man, dies war eine häufige Taktik der IM in den Gruppen: Übernommene Aufträge wurden nicht ausgeführt und die Arbeit auf diese Weise blockiert. Im Falle des Rumänienabends waren allerdings, so Gerd Poppe, alle Funktionen doppelt vergeben, denn es musste damit gerechnet werden, dass durch Zuführungen oder ähnliche Manöver der Stasi Gruppenmitglieder am Erscheinen gehindert würden.[294]

Als Bärbel Bohley am 15. Dezember 1988 im kleinen Kreis Petra Kelly und Gert Bastian in ihrer Wohnung zu einem Abendessen empfängt, ist Böhme auch dabei. Fast scheint es so, als hätte Bärbel Bohley damals die ursprüngliche Distanz zu ihm teilweise aufgegeben.

Ihr erster Eindruck von ihm war nicht sonderlich begeistert:

„Für mich hätte er auch FDJ-Sekretär sein können. Er hatte etwas Unfreies eigentlich, etwas irgendwie Beleidigtes, dass er nicht auf dieser anderen Ebene, Partei- und Funktionärsebene, Karriere gemacht hat. Irgendwie hatte ich immer so dies Gefühl. Da gabs aber mehrere Leute bei uns, die genauso gut Karriere in der Partei hätten machen wollen oder können, und durch irgendetwas nicht dazu gekommen sind und wie eine beleidigte Leberwurst reagiert haben und dann Oppositionsgruppe gemacht haben. (...)
Ich habe nicht gesehen, dass er irgendeine Wirkung auf mich hatte. Er war da, und ich habe gesehen, dass es doch ein isolierter Mensch ist und dass er viele Geschichten erzählt, von denen ich intuitiv glaubte, dass es Lügen waren. Und wo ich keine Lust hatte, sie nachzuprüfen.“[295]

So hatte er zum Beispiel erzählt, an Krebs erkrankt zu sein – eine dieser Böhmeschen Mitteilungen, die andere Bekannte später als „scheinintim" bezeichnet haben.

Böhme blieb im Umfeld der zurückgekehrten staatsfeindlichen Malerin präsent. Vor allem aber näherte er sich im Herbst 1988 stärker an Werner Fischer an.

Werner Fischer beschreibt ihre damalige Beziehung als eine freundschaftliche. Er erinnert sich besonders an eine gewisse Verlässlichkeit und Verbindlichkeit. *„Das war nicht unbedingt typisch im Freundeskreis"*, sagt er.[296]

---

294 Nachtrag von Gerd Poppe am 15.8.08.
295 Gespräch mit Bärbel Bohley am 1.4.08 in Berlin.
296 Gespräch mit Werner Fischer am 3.6.08 in Berlin.

Karte von Böhme an Werner Fischer (1988)

Ibrahim schickt viele Postkarten mit herzlichen Grüßen, auch Gedichte und Ausarbeitungen. Gleichzeitig erfährt das MfS von ihm, in welcher Verfassung Fischer sich befindet, welche Pläne er hat.

Zum Jahreswechsel meldet sich Ibrahim mit guten Wünschen aus Leipzig. Der treue Freund hat höchstwahrscheinlich dort gerade Heidemarie Härtl besucht und erfährt, dass sich bei ihr demnächst der Redaktionskreis für eine neue Samisdat-Zeitschrift treffen soll.[297] Die Berliner Stasi informiert umgehend die Leipziger Kollegen.

Werner Fischer fasst das Phänomen Ibrahim Böhme für sich so zusammen: *„Er wollte schon zur Familie gehören. In seinem Fall zu zwei Familien."*[298]

---

297 OV „Zirkel", BStU, AOP 17375/91, Bd. 28, Bl. 319.
298 Gespräch mit Werner Fischer am 3.6.08.

Hauptabteilung XX/9

Berlin, 9. Dezember 1988
ed-p

Tonbandbericht

Quelle: IMB "Maximilian"
entgegengenommen: Major Edel, 9. 12. 1988

1. Zusammenkunft zwischen Werner Fischer und Ibrahim Böhme

Am 8. 12. 1988 trafen o. g. Personen in der Wohnung von Fischer in der Zeit von 17.30 - 19.00 Uhr zusammen.
Gegen 19.00 Uhr erschienen 2 männliche Besucher von der ESG
aus Ilmenau und das Gespräch wurde abgebrochen.

Fischers Aktivitäten zum 10. 12. 1988 sind nicht eindeutig
zu benennen. Fakt war jedoch, daß Fischer an diesem Tag nicht
in Berlin bleiben wollte. Von Poppe war bekannt, daß Fischer
mit der Bohley nach Halle reisen wollte.
Fischer beabsichtigt nun, in Berlin zu bleiben, da er es
"satt hat, sich zu verkleiden, um wegfahren zu können".
Nach Fischers Äußerungen habe er an der Vorbereitung der Veranstaltung in der Bekenntnisgemeinde zum 10. 12. 1988 mitge-
wirkt. Eine Beteiligung von Fischer an dieser Veranstaltung
war nicht konkret zu entnehmen.

Gegenwärtig leidet Fischer ▓▓▓▓▓▓▓▓▓▓▓▓▓▓▓▓▓▓▓▓ .

Fischer beabsichtigt, sich am 13. 12. 1988 an dem Gespräch
mit der Kirchenleitung zu beteiligen. An diesem Gespräch nehmen teil:

          Weißhuhn, Reinhard
          Pawliczak, Lothar
          Fischer, Werner
          Böhme, Ibrahim
          Grimm, Peter.

Treffpunkt zur Vorbereitung ist 18.00 Uhr an diesem Tag im
Café am Fernsehturm. Das Gespräch findet um 20.00 Uhr in der
Wohnung von Schröter (Nähe Erlöserkirche) statt.

Fischer befindet sich zur Zeit in einer ▓▓▓▓▓▓▓▓ Phase,
einerseits imponiere ihm ein angebliches Massenaufgebot des
MfS nicht, andererseits machen ihn die ständigen Beobachtungen regelrecht fertig.

Böhme ("Maximilian") berichtet über Werner Fischer (1988)

1989: Auf mehreren Hochzeiten

Für 1989 plante der Theologisch-Philosophische Kreis um Peter Hilsberg eine Tagung zum Thema *200 Jahre Französische Revolution*. Böhme sollte dort einen Vortrag halten. Im Friedrichsfelder Friedenskreis hielt er ein derartiges Referat schon im Februar.[299]

Langfristig prägend war für die *Initiative* ein Ereignis im Februar, in dessen Folge es zu Polarisierungen innerhalb der Gruppe kam, die sich später auswirken sollten. Gemeint ist die Debatte um den Stasi-Verdacht, der gegen Monika Haeger wegen eines Fotos aufkam.

Wie kam es zu diesem Verdacht? Haeger fotografierte viel – auch für die *Initiative*. Irena Kukutz, eine enge Freundin von Bärbel Bohley, die sich aber nicht zur *IFM* zählte, erinnert sich an folgenden Hergang: Das besagte Foto übergab ihr Monika Haeger versehentlich (zwei identische Fotos klebten aneinander) zusammen mit anderen Abzügen. Auf der Rückseite standen die Namen der Abgebildeten. Dies war, so folgerten Bohley, Kukutz und Katja Havemann, als Dienstleistung für die Stasi geschehen. Monika Haeger bestritt dies vehement und thematisierte die angeblich falsche Anschuldigung beim Treffen der *IFM* am 15. Februar 1989.[300] Die Reaktionen waren gespalten: Während die meisten *IFM*-Mitglieder Haeger Glauben schenkten, blieben Bohley, Havemann und Kukutz bei ihrer Meinung.

Ibrahim Böhme setzte sich für Haeger ein, ermunterte sie auch, offensiv damit umzugehen und eine Art Erfahrungsbericht dazu in den *Umweltblättern* zu veröffentlichen.

Nach dieser Fast-Enttarnung bekam Haeger von ihrem Führungsoffizier Jäger die Anweisung, sich von der *Initiative* fernzuhalten und sich stärker in dem Kreis um Meckel und Gutzeit zu engagieren, in dem auch Böhme („Maximilian") agierte. Ibrahim Böhme lädt Haeger nun ein, sich an der Tagung zur Französischen Revolution zu beteiligen. Das tut sie allerdings nicht. Um besonders gute Tarnung bemüht, geht sie noch einige Wochen weiter zu den Treffen der *Initiative*, macht ihrem Führungsoffizier sogar ausführliche Verbesserungsvorschläge, um das Missgeschick mit dem verwechselten Foto auszubügeln.

Ende Mai jedoch bricht ihre Fassade zusammen, Monika Haeger offenbart ihre IM-Tätigkeit einzeln gegenüber Bärbel Bohley und Gerd Poppe.[301]

---

299 Siehe Thomas Klein: „Frieden und Gerechtigkeit!". Die Politisierung der unabhängigen Friedensbewegung in Ost-Berlin während der 80er Jahre, Köln 2007, S. 467.
300 Ergänzung von Irena Kukutz am 7.7.09.
301 Irena Kukutz, Katja Havemann: Geschützte Quelle. Gespräche mit Monika H. alias Karin Lenz, Berlin 1990, S. 83 u. 171.

„Anders lernen"

Wie Ibrahim Böhme reagierte auf Monika Haegers Offenbarung, die sich natürlich schnell herumsprach, ist unklar.[302] Im Frühjahr 1989 war Ibrahim Böhme zusammen mit Werner Fischer und Marianne Birthler in ein neues Projekt eingebunden: eine Art experimenteller Abendschule unterm Dach der Kirche, bei der es um neue Formen und Inhalte des Lernens für junge Erwachsene gehen sollte. An einem Abend in der Woche trafen sich ca. 20 junge Leute im Alter von 18 bis 30 Jahren zur Seminarrunde. Ibrahim Böhme bot wie immer historische Themen als Vortragsstoffe an, wie zum Beispiel *Exkurs durch die Geschichte der DDR* oder *Schuld, Verantwortung, nationale Identität* und engagierte sich bei der methodischen Auswertung erster Erfahrungen. Er schlug für zukünftige Veranstaltungen Referenten aus dem Hilsberg-Kreis vor und erbot sich, zweimal im Monat für je zehn Teilnehmer in seiner Wohnung Seminare zum Themenkreis Philosophie/Geschichte/Literatur zu halten.[303]

Marianne Birthler, die als Jugendreferentin beim Stadtjugendpfarramt Prenzlauer Berg dafür die Verantwortung hatte, lernte Ibrahim Böhme allerdings schon ein paar Jahre eher bei Treffen des *Arbeitskreises Solidarische Kirche* kennen:

> *„Er fiel kulturell aus dem Rahmen, war old fashioned, von ausgesuchter Höflichkeit. Zwar neigte er ein bisschen zum Dozieren, doch es war interessant, was er alles wusste. Wir haben öfter miteinander zu tun gehabt bei Solidaritätsaktionen im Umfeld der Umwelt-Bibliothek, und 1989 bei diesem Pilotprojekt für eine alternative Abendschule trafen wir uns mehrmals bei ihm zu Hause."* [304]

Marianne Birthler benutzte den Begriff „scheinintim" für die Atmosphäre einiger Gespräche mit Böhme. Im September 1989 bat er sie, mit ihm die Wohnung zu verlassen, und fragte sie dann, in ihrem Auto sitzend, ob sie Interesse hätte, zur Gründungsversammlung einer Sozialdemokratischen Partei der DDR zu kommen.[305]

---

302 Uwe Dähn erinnert sich, dass von Haegers Selbstenttarnung bald alle in der oppositionellen Szene Berlins wussten. Gespräch am 30.6.09.
303 Vorlass Marianne Birthler, RHA.
304 Gespräch mit Marianne Birthler am 10.11.08.
305 Ebenda.

„Gegenstimmen"

Im selben Frühjahr 1989 ist Ibrahim Böhme auch im Umfeld eines anderen oppositionellen Kreises anzutreffen, der sich *Gegenstimmen* nannte und aus dem sich im Herbst 1989 unter anderem die Vereinigte Linke bildete.[306]

Der Mathematiker und Historiker Thomas Klein (Jg. 1948) erinnert sich an Böhmes Besuche in jener Zeit. Klein hatte den eloquenten Redner 1986 bei einem Vortrag zum Thema Sowjetunion in der Gemeinde von Marianne Birthler kennengelernt und ihn für einen sachkundigen und interessanten Menschen gehalten. *„Er war mir sympathisch, weil er Politik zu ironisieren imstande war. Seine doppelbödige Ironie hat mich für ihn eingenommen."*[307]

Besonders aufgefallen war Klein an Ibrahim Böhme dessen *„Elefantengedächtnis": „Er konnte sich äußerliche Daten von Ereignissen sehr gut merken, obwohl er viel trank."*

Als Böhme, der einige Monate Kontakte zum *Gegenstimmen-Kreis* hatte, sich dann den SDP-Gründern anschloss, fand Klein dies prinzipienlos. Er erinnert sich, dass er im Sommer 1989 zu der Auffassung kam, man könne Böhme politisch nicht trauen. Das war jedoch kein generelles Misstrauen. Klein sagt deutlich: *„Ich habe nie für möglich gehalten, dass er IM war."* Das Wissen um Böhmes Haftzeit schuf auch bei Thomas Klein, der selbst 15 Monate aus politischen Gründen inhaftiert war und danach Berufsverbot hatte, ein grundlegendes Vertrauen.[308]

„Maximilian" berichtete mehrfach über seine Kenntnisse aus dem Freundeskreis von Thomas Klein, beginnend im Jahre 1988, als er die Weitergabe eines Briefes über Erhard Eppler an die SPD-Zeitschrift *Vorwärts* verhinderte und den Brief ans MfS lieferte. Von März bis August 1989 gab er den jeweiligen Stand der Debatten an das „Organ" weiter, beispielsweise auch über den Appell *Für eine vereinigte Linke in der DDR.*[309]

Bevor Thomas Klein diese Berichte in seinen Stasi-Akten finden konnte, saßen beide 1989/90 mehrfach Seite an Seite am Zentralen Runden Tisch zusammen, Klein für die Vereinigte Linke (VL) und Böhme für die neu gegründete SDP.

Bevor es jedoch zur Gründung der SDP kam, versuchte sich am 1. Oktober 1989 in Berlin der Demokratische Aufbruch zu konstituieren. Wie Zeitzeugen

---

306 Zu der Gruppe gehörten damals u.a. Reinhard Schult, auch Vera Wollenberger und Thomas Klein.
307 Gespräch mit Thomas Klein am 13.2.09 in Berlin.
308 Ebenda.
309 Siehe OV „Korn", BStU, AOP 17792/91, Bd. 8, Bl. 376ff., Bd. 5, Bl. 237ff.

berichten, gab es zwei Trefforte, die Wohnung von Ehrhart Neubert und das Evangelische Gemeindehaus in Alt-Pankow. Am zweiten Treffpunkt war auch Ibrahim Böhme zugegen.[310] Dies war nicht nur einem inoffiziellen Beobachtungsauftrag geschuldet.

Ganz offiziell waren einige der zukünftigen SDP-Gründer von Pfarrer Rainer Eppelmann zum Treffen geladen worden, darunter auch Böhme.[311] Der Termin, an dem der Initiatorenkreis um Meckel und Gutzeit selbst eine Partei gründen wollte, stand jedoch schon fest.

Die Gründung der SDP in Schwante

Die Gründung der SDP in der DDR am 7. Oktober war aus dem engeren Kreis um Martin Gutzeit und Markus Meckel heraus über einen längeren Zeitraum vorbereitet worden. Böhme stand durch den Hilsberg-Kreis in lockerem Kontakt und beteiligte sich kurzfristig, als eine achtköpfige Initiativgruppe zur Parteigründung sich im Sommer 1989 zusammenfand. Gleichzeitig berichtet er am 2. August von seinem Versuch, das Ganze zu bremsen.

SDP-Gründer in Schwante, Böhme rechts

---

310 Albrecht Schröter: Wende in Jena. Tagebuchnotizen, Dokumente, Fotos, Jena 2000.
311 BStU, HA XX/9, Nr. 1535, Bl. 38.

„Maximilian" berichtet, dass *Böhme vor voreiligen Schritten warnte und behauptete, daß jetzt dafür nicht die Zeit sei"*.[312]

Paradoxerweise dürfte ihm später die in der SDP zugewachsene Rolle so sehr gefallen haben – und umgekehrt gefiel auch Böhme in der Rolle des SDP-Politikers so sehr –, dass er sie zeitweise mit großer Energie ausfüllte.

Warum die Stasi die SDP-Gründung nicht ebenso zu verhindern suchte, wie sie die Gründung des Demokratischen Aufbruchs am 1. Oktober verhindert hatte, bleibt bislang unklar. Die Akten geben deutlich zu erkennen, dass spätestens am 3. Oktober 1989 der bis dahin geheim gehaltene Gründungsort Schwante auch dem MfS bekannt geworden war.[313]

In das Pfarrhaus des Ortes Schwante, nördlich von Berlin bei Oranienburg gelegen, kamen an die 40 Gründer und Gründerinnnen, letztere in deutlicher Minderzahl. Später behauptete Böhme, fast drei Viertel der Anwesenden seien auf seine Einladung hin erschienen.[314] Dies ist nicht der Fall gewesen, dennoch gab es einen gewissen Kreis, der auf Böhmes Information hin gekommen war: Rainer Hartmann aus Jena, Harald Seidel aus Greiz und einige andere. Harald Seidel erinnert sich, *„dass Manfred in Schwante als Gag ein Bündel von falschen 50-Mark-Scheinen dabei hatte, auf denen Stalin abgebildet war"*.[315]

Zwar findet man ihn auf dem offiziellen Gruppenbild der Gründer fast nicht, doch spielte Böhme eine nicht unwichtige Rolle. Er begrüßte alle Anwesenden in einem großen Raum des Pfarrhauses. Das Video der Gründung zeigt ihn dabei frei und relativ souverän sprechend. Wenn der Eindruck nicht täuscht, dann war er einem großen Teil der dort Anwesenden bereits bekannt. Nach der Abstimmung über Geschäftsordnung und Tagesordnung trat Markus Meckel mit einer programmatischen Rede auf.[316] Als es um die Wahl der Sprecher ging, wollte Ibrahim Böhme, der als einer der wenigen Nicht-Theologen des Kreises geeignet schien, zur allgemeinen Verwunderung nicht kandidieren. Daran erinnert sich Konrad Elmer, der frühere Berliner Studentenpfarrer, der die Gründungsversammlung leitete: *„Ibrahim sagte damals, da er nicht berufstätig sei, könne er besser die Geschäftsführung übernehmen und die Büroarbeit erledigen."*[317]

Bei der anschließenden Wahl wurde dann Stephan Hilsberg zum 1. Sprecher der SDP bestimmt und Böhme zu ihrem Geschäftsführer.

---

312 BStU, HA XX/9, Nr. 1879, Bl. 1.
313 BStU, HA XX/9, Nr. 1535, Bl. 94.
314 Autobiographisches Manuskript, RHA, MaB 08.
315 Gespräch mit Harald Seidel am 6.10.08 in Greiz.
316 Video der SDP-Gründung, aufgenommen von Aram Radomski, Domaschk-Archiv.
317 Telefonat mit Konrad Elmer-Herzig am 9.9.09.

Böhmes Führungsoffizier Edel erhält prompt am 11. Oktober die Rede von Meckel nebst Termin für die geplante SDP-Vorstandssitzung, die zwei Tage später stattfinden soll. Auch von dieser Vorstandssitzung wird eine Liste der Anwesenden nebst besprochener Themen in den MfS-Akten abgeheftet. Noch ist Ibrahim Böhme im Doppeldienst. Er gibt auch weiter, dass demnächst eine SDP-Ortsgruppe in Ostberlin gegründet werden soll. Das wird am 5. November mit knapp 300 Anwesenden in der Sophienkirche geschehen, doch vorher ist Böhme viel unterwegs.

Zunächst am 15. Oktober in Jena, wo er laut Albrecht Schröters Tagebuchnotizen auftritt.[318] Der 28. Oktober beispielsweise ist ein Tag mit vollem Terminkalender für Böhme: Er trifft erstmals Egon Bahr im *Palasthotel*.[319] Vormittags beginnt das republikweite Vernetzungstreffen der *IFM*. Ibrahim Böhme ist dort, geht aber vor dem Ende, wie ein IM meldet. Am Abend desselben Tages treffen sich einige Bürgerrechtler – unter ihnen Böhme – in der Wohnung von Bärbel Bohley mit dem Westberliner SPD-Bürgermeister Walter Momper. Die Stasi ist akustisch mit dabei, man hatte für derlei Zwecke vom benachbarten Kindergarten aus eine sehr dicke Wand angebohrt und mit einem Mikrofon versehen.[320] Für den 29. Oktober bereitete Böhme eine Tagesordnung der SDP-Vorstandssitzung vor, die erhalten ist[321]

Für die große Berliner Demonstration am 4. November bemühte sich SDP-Mitbegründer Konrad Elmer um einen Platz auf der Rednerliste für die neue Sozialdemokratische Partei. Als ihm das unter Mühen gelungen war, bot er Ibrahim Böhme diese Redezeit an. Seltsamerweise lehnte Böhme ab und empfahl Elmer, selbst dort zu sprechen. Konrad Elmer konnte ganz kurz das Wort nehmen für die SDP und auf die Mitverantwortung der DDR an der Niederschlagung des Prager Frühlings verweisen. Anwesend war Ibrahim Böhme auf dem Alexanderplatz in jedem Fall, denn er bezog sich auf die einzigartige Stimmung dieser Demonstration, als er am nächsten Tag in der Sophienkirche die SDP-Gründungsversammlung von Ostberlin eröffnete:

„Wir haben gestern mindestens 25 Jahre 1. Mai nachgefeiert, und es war gleichzeitig ein erhebendes Ereignis an Kreativität, was da auf Plakaten plötzlich alles entstand und was an Denksubstanz in den Menschen alles noch drin ist.“[322]

---

318 Albrecht Schröter: Wende in Jena. Tagebuchnotizen, Dokumente, Fotos, Jena 2000.
319 Daniel F. Sturm: Uneinig in die Einheit. Die Sozialdemokratie und die Vereinigung Deutschlands 1989/90, Bonn 2006, S. 161f.
320 OV „Bohle", BStU, AOP 1055/91, Bd. 15, Beifügung, Bl. 7ff. und ebenda, Bd. 11, Bl. 55ff.
321 Archiv der Stiftung Aufarbeitung, Vorlass Meckel, Nr. 63.
322 Siehe Wortprotokoll vom 5.11.89, http://archiv.spd-berlin.de.

Zwar war dieses Bild vom 1. Mai nicht stimmig, doch brachte Böhme es mit so viel Überzeugung und Souveränität vor, dass er dennoch auf Zustimmung stieß. In der Rede, von der ein Videofilm überliefert ist, wandte er sich auch an die alten Sozialdemokraten der Nachkriegsjahre.

„Ich begrüße unter uns vor allem jene älteren Freunde, die gern als Genossen angesprochen werden, die bis 1961 die Fahne der Sozialdemokratie im geteilten Berlin hochgehalten haben. Ich bitte jeden von uns, die Freunde, die das rote Tuch zusammengefaltet haben 1961 und zum Teil 1945, um es in die Herztasche zu stecken und warm zu halten, ans Herz zu nehmen dort, wo sie sich melden." [323]

Er bat sie also, ihr gefaltetes rotes Tuch wieder aus der Tasche am Herzen zu ziehen. Interessanterweise ein Bild, das in einem mehrfach von ihm weitergegebenen eigenen Gedicht auftaucht. Zum Beispiel schrieb er es zehn Jahre zuvor seinem Vernehmer in Hohenschönhausen auf. [324] Es war also doch ein und dieselbe Person, die in sehr unterschiedlichen Haltungen agierte – an solch winzigen Details ist es erkennbar.

Wie Ibrahim Böhme den 9. November 1989 verbrachte, ob er am Grenzübergang Bornholmer Straße unter den dort Wartenden in den Westteil Berlins drängte, ist nicht bekannt. Auch für ihn beschleunigte der Mauerfall jedoch alles, was sich seit dem Herbst in Bewegung gesetzt hatte, enorm.

---

323 Ebenda.
324 Siehe Kap III, S. 89.

VI. In aller Öffentlichkeit (1989 bis 1990)

Ibrahim Böhme macht Karriere in der SDP, vertritt sie am Runden Tisch, konferiert mit der bundesdeutschen SPD, gilt als voraussichtlicher Sieger der ersten freien Volkskammerwahlen und als zukünftiger Ministerpräsident. Er verliert die Wahl, wird mit Stasi-Verdächtigungen konfrontiert, bestreitet alles, nimmt Akteneinsicht und lässt sich von der Partei beurlauben. Zurückgekehrt, erklärt er belastendes Material für gefälscht und wird Polizeibeauftragter des Ostberliner Magistrats. Im Dezember 1990 überführt ihn der Schriftsteller Reiner Kunze, der seine Stasi-Akte vorzeitig einsehen konnte, des doppelten Spiels.

Nach dem 9. November 1989 war Berlin eine andere Stadt. Auch wenn viele Berliner in Ost und West befürchteten, die Maueröffnung sei von einer trügerischen Vorläufigkeit, ein kurzzeitig geöffnetes Ventil, um den Druck zu reduzieren. Die Maueröffnung war nicht rückgängig zu machen, eine ungekannte Dynamik bestimmte nun das vormals eingemauerte Land.

Der SDP-Aktivist Ibrahim Böhme ist in jener Zeit von Veranstaltung zu Veranstaltung gefahren, denn es wurden landesweit Ortsgruppen und Kreisverbände der neuen Sozialdemokratischen Partei gegründet.[325] Die bundesdeutsche SPD meldete Kontaktwünsche an und gab Unterstützung. SED-Politbüro und Regierung dankten ab, die Regierung Modrow kam ins Amt, und ein Runder Tisch sollte nach polnischem Vorbild alte Parteien und neue Gruppierungen zu Beratungen versammeln. Die DDR in alter Form gab es plötzlich nicht mehr – fast alles schien in Bewegung oder ließ sich nach jahrzehntelangem Stillstand bewegen und verändern.

Was in jenem Herbst und Winter 1989 im kleinen Land DDR passierte, wurde von einem ungekannten internationalen Medieninteresse begleitet. Aus den Unterlagen zum SDP-Vorstand ist ersichtlich, wie viele Presseanfragen, Interviewwünsche und Einladungen zu Tagungen in jenen Tagen an den Geschäftsführer Ibrahim Böhme gingen. Botschafter luden ihn zum Essen ein, Korrespondenten baten um Gesprächstermine, daneben war eine Partei völlig neu aufzubauen.

---

325 Angaben, die Böhme telefonisch bei SDP-Mitstreitern hinterließ über angeblich von ihm gegründete SDP-Ortsvereine, z. B. in Greiz und Bitterfeld, sind nachweislich falsch. An beiden Orten wurden ohne ihn SDP-Verbände gegründet. BStU, AOP 1474/91, Bd. 5, Bl. 63ff.

Nicht allein Böhme erlebte jene Tage wie im Rausch, doch dürfte sein Rausch eine zusätzliche Dimension gehabt haben: Seine Rolle als Oppositioneller im MfS-Auftrag verschaffte ihm nun Aufmerksamkeit und Anerkennung, wie er sie nie zuvor hatte und sich auch nie zuvor ausmalen konnte. Außerdem sah es so aus, als könne er die Stasi-Anbindung wie eine Art Schlangenhaut hinter sich lassen.

Die SED war dabei, die Stasi zu opfern, um selbst zu überleben. Welche schriftlichen Spuren ihre Zuträgerarbeit hinterlassen hatte, konnten die inoffiziellen Mitarbeiter schlecht wissen. (Dass im Land der unzugänglichen historischen Archive gerade die Aktensammlungen der Geheimpolizei zugänglich werden würden, war damals absolut nicht vorstellbar.) Die wichtigsten Akten sind vernichtet, meldeten viele Führungsoffiziere ihren inoffiziellen Mitarbeitern im November 1989.

Major Edel verplombt Ende November die Akten zur konspirativen Wohnung (KW) „Bärbel", in der er sich mit „Maximilian" getroffen hatte.[326] Danach gehen sie höchstwahrscheinlich durch den Reißwolf. Nur die Aktendeckel sind zu stabil, sie bleiben zurück. Beweise gibt es also nicht mehr, nahm Böhme vielleicht an. Dem Drang auf die politische Bühne, ins mediale Rampenlicht, wo quasi seine Traumrolle auf ihn wartete, konnte er schwerlich widerstehen. Wie selbst noch das schon aufgelöste Sicherheitsorgan mit „Überläufern" umgehen sollte, ahnte Ibrahim Böhme nicht. Vielleicht hatte er gar nicht die Zeit, darüber nachzudenken.

„Der Manfred ist im Fernsehen"

Ruth Dillner, Böhmes frühere Buchhalterin beim Kulturbund in Greiz, bekam irgendwann Ende 1989, Anfang 1990 einen Anruf von ihrer aufgeregten Tochter. *„Mutti, Mutti, stell nur schnell den Fernseher an. Der Manfred ist im Fernsehen!"* Sie fügte noch hinzu: *„Und er trägt den Anzug vom Vati."*[327]

Die Anzüge, in denen Ibrahim Böhme, der SDP-Mann ohne Vollbart, damals solch gute Figur machte, hatte ihm einst Frau Dillner aus dem Kleiderschrank ihres verstorbenen Gatten vermacht. Glencheck, beste Qualität und mit Einstecktuch. So, im guten Zwirn, den einst Herr Dillner trug, zeigte sich nun der neue Politstern am ostdeutschen Himmel.

---

326 Eintrag auf dem Deckel der Akte zur KW „Bärbel".
327 Telefonat mit Ruth Dillner am 14.10.08.

Zwischen Bahr und Brandt auf dem Gothaer Parteitag (27.1.1990)

Genauso wie Frau Dillner verfolgten von nun an viele Greizer die Nachrichten über ihren Bekannten Böhme mit einem gewissen Stolz: Einer von uns, einer aus Greiz, ein einfacher Bibliothekar! Dass er sich inzwischen als Historiker bezeichnete, wusste in Greiz zu der Zeit niemand. Und warum er sich „Ibrahim" nannte, verstand keiner. Was zählte, war sein Auftreten – und das beeindruckte.

Nicht nur der wohlwollende Blick der alten Bekannten ließ diesen Ibrahim Böhme sympathisch und kompetent erscheinen. Auch bundesdeutsche Politiker und Journalisten waren angetan. *„Nach dem Mauerfall kam es zu immer mehr Begegnungen zwischen SPD und SDP"*, schreibt Daniel Friedrich Sturm.

„Im Anschluß an die spontan veranstaltete Kundgebung vor dem Rathaus Schöneberg fuhren die drei ehemaligen Regierenden Bürgermeister Brandt, Stobbe und Vogel am Abend des 10. November über den Grenzübergang Invalidenstraße nach Ost-Berlin. In einem Hinterzimmer des Evangelischen Hospizes an der Albrechtstraße beriet die SDP das weitere Vorgehen." [328]

---

328 Daniel Friedrich Sturm: Uneinig in die Einheit. Die Sozialdemokratie und die Vereinigung Deutschlands 1989/90, Bonn 2006, S. 163.

Hier traf Ibrahim Böhme nun das erste Mal auf Willy Brandt. Wie Sturm schreibt, siezte man sich noch während der Beratung, zu der sich die drei Besucher später allein mit Böhme zurückzogen.

Willy Brandts Unterstützung und Wohlwollen waren von diesem Tag an für Ibrahim Böhme eine wichtige Größe, die er nicht nur optisch gut ins Bild zu setzen wusste.

Im Dezember richtete die SPD ein Kontaktbüro unter Leitung von Gerhard Hirschfeld, vormals Chefredakteur der Parteizeitung *Vorwärts*, ein. Hirschfeld war bis zum Mai 1990 und auch darüber hinaus ein wichtiger Berater und Begleiter von Böhme.

Der mehrköpfige Stab der Helfer für die junge ostdeutsche Schwesterpartei quartiert sich im Hotel *Seehof* am Lietzensee in Berlin-Charlottenburg ein. Kurze Zeit später wird auch Ibrahim Böhme dort hinziehen. Als Grund werden Gerüchte über eine Bombendrohung in seiner Wohnung genannt, die nie untersucht werden. Einem westdeutschen Journalisten erzählt Böhme ein paar Wochen später, er schlafe jede Nacht an einem anderen Ort, da westdeutsche Neonazis ihn bedrohten.[329] Jedenfalls ist Böhme ungefähr ab Januar 1990 nur noch gelegentlich in seiner kleinen Wohnung Chodowieckistraße 41.

Böhme in seiner Wohnung (3.2.1990)

---

329 Siehe Maxim Biller: Prinzip Böhme, in: Tempo, März 1990.

Kurz vor Weihnachten 1989 verlegte die Bundes-SPD ihren Programm-Parteitag nach Westberlin. Ibrahim Böhme trat hier mit einem Grußwort quasi als Vertreter „der oppositionellen Kräfte aus der DDR" auf und gab zu verstehen, dass er Erfahrungen mit illegaler Arbeit im Untergrund habe.[330] Natürlich stellte niemand die Echtheit dieser Lebensgeschichte infrage. Und durch freundlich-verbindliche Auftritte mit anerkannten bundesdeutschen Politgrößen wie Brandt, Bahr und Vogel wuchs das positive Image des SDP-Geschäftsführers Böhme automatisch.

Am Runden Tisch: Böhme und die Stasi-Auflösung

Beim ersten Treffen des Runden Tisches, am 7. Dezember 1989, war es Rechtsanwalt Wolfgang Schnur vom Demokratischen Aufbruch, der als Erster eine Sicherheitspartnerschaft von Volkspolizei und Bürgerkomitees im Umfeld von Stasi-Gebäuden forderte. Wolfgang Berghofer (SED) bat in selbiger Sitzung, zu prüfen, ob nicht die gerade aufgelösten Betriebskampfgruppen in irgendeiner Weise mit den Bürgerkomitees zur Stasi-Auflösung zusammenarbeiten könnten.

Als der Runde Tisch nach anderen Arbeitsgruppen am 27. Dezember 1989 auch eine AG Sicherheit bildete, in der es um die Auflösung von Polizei und MfS (bzw. AFNS) gehen sollte, meldete Ibrahim Böhme sein Interesse zur Mitarbeit an und übernahm den Vorsitz.[331]

Wie Dokumente des Nachlasses belegen, war Böhme zwei Wochen vorher vom Stellvertretenden Ostberliner Polizeipräsidenten Dietze zu einer Art Besprechung in puncto Stasi-Auflösung gebeten worden. Mit ihm nahmen Wolfgang Ullmann und Vertreter anderer Parteien am 17. Dezember daran teil. Sehr kurzfristig wurde damals eine Begehung der Berliner Bezirksverwaltung der Staatssicherheit beschlossen, die sich am Tierpark Friedrichsfelde befand. In Böhmes Notizen sind der vereinbarte Ort und die Zeit für diese Begehung vermerkt: *„A.-Kowalke-Str., 10.00 Uhr"*.[332]

Ob Ibrahim Böhme in der Tat an dieser geordneten Besetzung teilgenommen hat, muss bezweifelt werden. Zumindest mangelt es an Beweisen dafür. Zudem war er an dem Tag als Gast auf dem erwähnten SPD-Parteitag im ICC, wo er mit einem Grußwort auftreten sollte.

---

330 Rede Böhme, RHA, MJ 18 (Vorlass Martin Jander).
331 Uwe Thaysen (Hrsg.): Der Zentrale Runde Tisch der DDR. Wortprotokoll und Dokumente, Wiesbaden 2000, Bd. I., S. 240ff.
332 Einladung und Gesprächsnotizen in RHA, MaB 54.

Zum Jahreswechsel 1989/90 mehrten sich angeblich Hinweise auf neo-nazistische Schmierereien, die PDS rief zur Demonstration zum sowjetischen Ehrenmal nach Berlin-Treptow auf, und auch die umbenannte Staatssicherheit, das Amt für Nationale Sicherheit (AfNS), suchte in der Bekämpfung des scheinbar stärker aufkommenden braunen Geistes eine neue Legitimierung zu finden.

Am 8. Januar gaben sowohl Böhme als auch Schnur am Runden Tisch Erklärungen gegen den Rechtsradikalismus ab, und schon in der Woche darauf wurde die immer noch offene Frage: Was wird mit der Stasi-Zentrale in Berlin-Lichtenberg?, auf der Straße gelöst.

Das Neue Forum hatte für den 15. Januar, 17 Uhr zu einer Demonstration in die Normannenstraße aufgerufen, denn alle MfS-Bezirksverwaltungen waren mittlerweile besetzt von Bürgerkomitees und staatlichen Bevollmächtigten, nur in Ostberlin rührte sich nichts.[333]

An jenem 15. Januar 1990 ist Ministerpräsident Modrow erstmalig am Runden Tisch erschienen. Ein Beauftragter der Modrow-Regierung, Staatssekretär Sauer, referiert ausführlich den Stand der AfNS-Auflösung, gegen 16 Uhr beantragt Ingrid Köppe, wegen der geplanten Demonstration, die Beratungen des Runden Tisches zu beenden. Ibrahim Böhme kommentiert diesen Antrag mit der Bemerkung: *„Also ich bin der Meinung, eine Demonstration müsste auch laufen können ohne uns."*[334]

Ingrid Köppe und Reinhart Schult (Neues Forum) verlassen die Sitzung in Richtung Normannenstraße. Der Runde Tisch setzt seine Beratungen bis 17 Uhr fort, und wird dann gebeten, Abgesandte zur Demonstration in die Normannenstraße zu entsenden. Es wird von 100.000 Demonstranten gesprochen.[335]

In der Normannenstraße waren einige Stunden zuvor auch Mitglieder von Bürgerkomitees aus anderen Bezirken eingetroffen und gegen 13.45 Uhr in die Zentrale zu einer Begehung in Anwesenheit von Volkspolizei, Regierungskommission und Vertretern des Runden Tisches eingelassen worden.[336] (Im Hauptquartier des früheren MfS hatte man sich schon seit einigen Tagen

---

333 Zwar hatte es in der MfS-Zentrale bereits eine erste Begehung in Anwesenheit von Bürgerrechtlern und Pressevertretern gegeben, die das DDR-Fernsehmagazin *Elf 99* am 7.12.89 ausstrahlte, doch gab es kein Bürgerkomitee und keine kontrollierte Auflösung.

334 Uwe Thaysen: Der Zentrale Runde Tisch der DDR. Wortprotokoll und Dokumente, Wiesbaden 2000, Bd. II, S. 359f.

335 Ebenda.

336 Siehe dazu Jens Schöne: Die Erosion der Macht. Die Auflösung des Ministeriums für Staatssicherheit in Berlin, Berlin 2004, S. 101f.

auf die angekündigte Demonstration vorbereitet. Wichtige Räume waren versiegelt, die meisten Mitarbeiter waren aus ihren Büros beordert worden.) Ab 16.30 Uhr, so ein später angefertigtes Protokoll des Berliner Bürgerkomitees, sammelte sich wegen der anberaumten Demonstration eine Menschenmenge vor den Toren des Gebäudekomplexes, die unruhig wurde.[337]

Zu einem gewissen Zeitpunkt, das zeigen Fernsehbilder, wurden die Tore von innen geöffnet, und eine aufgebrachte Menge von zumeist sehr jungen Demonstranten begann, in einige Gebäude einzudringen und dabei Verwüstungen anzurichten.[338] Im Protokoll des Bürgerkomitees ist als Zeitraum der Öffnung 17 bis 18 Uhr angegeben. Ordner des Neuen Forums bemühten sich, diese Verwüstungen einzudämmen und – so suggerieren die Fernsehbilder – die Demonstranten zum Verlassen der Gebäude zu bewegen. Anscheinend mussten die Tore in der Zwischenzeit wieder geschlossen worden sein.

Angeführt von einem Polizeiwagen mit Blaulicht, hatte sich zeitgleich eine Kolonne von Privatautos, in denen auch Konrad Weiß, Markus Meckel und Ibrahim Böhme saßen, direkt vom Runden Tisch auf den Weg zur Menschenansammlung gemacht. Vor den Toren der früheren Stasi-Zentrale sprachen einige Bürgerrechtler von der Ladefläche eines kleinen Lastwagens zur versammelten Menge von 50.000 Menschen,[339] als etwas später auch die schwarze Limousine von Modrow vorfuhr.[340]

Konrad Weiß erinnert sich, dass die Menge aufgebrachter wurde und begann, auf das Auto des Ministerpräsidenten zu trommeln. Um deeskalierend zu wirken, gingen Konrad Weiß und Ibrahim Böhme zu Modrows Wagen, nahmen den Regierungschef in die Mitte und geleiteten ihn durch die Menschenmenge in Richtung der improvisierten Bühne. Hans Modrow sprach dann und bat die Anwesenden, das Volkseigentum zu schonen, egal, was an dem Ort früher geschehen sei. Es gibt Filmaufnahmen dieser Situation und viele Fotos.

Eine Fotoeinstellung verdeutlicht die ganz besondere Spannung, die jene Stunden für Ibrahim Böhme gehabt haben müssen: Bei Modrows Ansprache steht er hinter dem Ministerpräsidenten, sein Gesicht ist halb verdeckt. Böhme schaut ein wenig zur Seite. Dort halten Demonstranten ein Schild in Richtung Redner. *„Nennt die Namen der Spitzel!"*, ist deutlich zu lesen.

---

337 Ebenda.
338 Aufnahmen der Produktionsgesellschaft Cinetec vom 15.1.90, Archiv der DEFA Spektrum GmbH.
339 Ebenda.
340 Auskunft von Konrad Weiß, 8.6.09.

Normannenstraße, 15.1.1990: Modrow spricht, Böhme steht hinter ihm.

In der Nacht dieses 15. Januars tagte der geschäftsführende Ausschuss der Ost-SPD (Die Partei hatte sich soeben umbenannt). Im Protokoll dieser Sitzung ist vermerkt, Ibrahim Böhme werde den Vorsitz der AG Sicherheit des Runden Tisches abgeben.[341]

Manfred „Ibrahim" Böhme hat sein doppeltes Spiel nicht gänzlich durchgehalten. Er hatte sehr wohl Momente völliger Hilflosigkeit und vielleicht auch Verzweiflung – nur wurden sie von den Anwesenden anders gedeutet.

Am 23. Januar 1990 lud Hans Modrow drei Bürgerrechtler und zwei Stasi-Generäle zu einer Besprechung in den *Johannishof*, das Gästehaus der Regierung neben dem Friedrichstadtpalast. Hier wohnte der DDR-Regierungschef damals. Es war abends um 22 Uhr. Modrow wollte in diesem Kreis die Frage beraten, welche Konsequenzen die Besetzung der Normannenstraße haben würde für die HVA-Agenten im Ausland. Die „Kundschafter für den Frieden" seien unter Umständen nun in Lebensgefahr, so der Tenor des Gastgebers. Aus der AG Sicherheit des Runden Tisches waren Wolfgang Ullmann und Ibrahim Böhme dabei, auch Konrad Weiß war eingeladen, dazu der letzte HVA-Chef Großmann und ein Oberst Schramm. Konrad Weiß bestätigt die Beschreibung, die Daniel Friedrich Sturm wiedergibt: In

341 Archiv der Stiftung Aufarbeitung, Vorlass Meckel, Nr. 56.

dieser Runde begann Ibrahim Böhme ganz plötzlich zu weinen. Er selbst sei leicht peinlich berührt gewesen, erklärte sich diesen Zusammenbruch aber mit dem ungeheuren Stress, dem alle politischen Akteure damals ausgesetzt waren, erinnert sich Konrad Weiß.

„Es machte ihn auch irgendwie menschlich, wir kamen alle damals an die Grenze unserer Belastbarkeit. An einen Stasi-Hintergrund habe ich bei Böhme überhaupt nicht gedacht." [342]

Die Hektik jener Tage und Ereignisse überdeckt vieles. Beim Bonner Staatsakt für den verstorbenen Herbert Wehner – zwei Tage nach dem nervlichen Zusammenbruch – zeigen Pressefotos Ibrahim Böhme wieder souverän auf diplomatischem Parkett: im schwarzen Anzug neben dem Ehepaar Vogel.

Später wird der Runde Tisch für die Vernichtung der HVA-Akten votieren und für die Zerstörung der elektronischen Datenträger des MfS, da sitzt Böhme aber schon nicht mehr für seine Partei in diesem Gremium, sondern macht Wahlkampf.

Rückkehr nach Greiz als Prominenter

Anfang Februar 1990 soll Jürgen Fuchs in Greiz lesen, das Neue Forum hat eingeladen. Wolfgang Templin ist ebenfalls dabei. Als alle schon sitzen, kommt von hinten durch den Saal des Greizer Kinos Ibrahim Böhme dazu, den sie hier als Manfred kennen, und setzt sich später mit ins Podium. [343]

„Ich war völlig überrascht und habe nicht gewusst, dass er eingeladen war", so Wolfgang Templin. Günter Ullmann erklärte, er habe den nunmehr prominenten Politiker und alten Freund eingeladen. Jürgen Fuchs habe lesen und keine Wahlkampfveranstaltung machen wollen, merkte Ullmann an: *„Der Jürgen Fuchs war nicht so begeistert."* [344]

Viele waren gekommen, die sich freuten, Böhme zu sehen. Man begrüßte sich freudig, Fotos entstanden. Ein Bild zeigt Ibrahim Böhme und Günter Ullmann dicht nebeneinanderstehend.

„Geredet haben wir aber nicht", kommentiert Günter Ullmann dieses Foto im Jahr 2008, *„dazu ist es nicht gekommen."* [345] Böhme, der vielleicht bald

---

342 Telefonat mit Konrad Weiß am 2.6.09, siehe auch Daniel F. Sturm: Uneinig in die Einheit, Bonn 2006, S. 325.
343 Gespräch mit Wolfgang Templin am 22.4.08 in Berlin.
344 Gespräch mit Günter Ullmann am 7.10.08 in Greiz.
345 Ebenda.

In Greiz: Jürgen Fuchs, Böhme und Wolfgang Templin (1990)

Ministerpräsident werden könnte, ist im Wahlkampf. Mehrere Termine pro Tag, Kundgebungen, Auftritte, Interviews, Autofahrten – immer unterwegs.

Auch als der Wahlkampf zu Ende ist und die Gerüchte um Beziehungen zur Stasi handfester werden, wird Böhme keine Zeit für die Fragen seines Freundes Ullmann finden. Er schickt Telegramme, schreibt von Reisen und Terminen und täuscht Beschäftigung vor.

Günter Ullmann hielt ihm dennoch die Treue. Und später, als sein alter Freund gar nicht mehr reagierte, hat er sich an Böhmes Gedichte gehalten und darin dessen gute Absichten gesucht. Im Jahre 1996 gab Ullmann ein kleines Heft mit 25 Gedichten von Böhme heraus.[346]

Mit falschem Lebenslauf in die Parteispitze

In Leipzig-Markkleeberg fand vom 22. bis 25. Februar der erste Parteitag der jungen ostdeutschen SPD statt. Das selbstbewusste Motto hieß: *Zukunft hat wieder einen Namen – SPD.*

Ibrahim Böhme stellte sich wie andere Kandidaten für den Parteivorstand zur Wahl und legte dabei einen selbstverfassten Lebenslauf vor. Dieser

---

346 Erschienen unter dem Titel: Ibrahim Manfred Böhme: Gedichte, Reihe „Literatur zum Angewöhnen", Nr. 76/77, M.+N. Boesche Verlag, Berlin und Haifa.

Lebenslauf ist überliefert – einer der wenigen schriftlichen Beweise für die kunstvoll gefälschte Geschichte seines Lebens.[347]

In der distanzierten dritten Person, ohne „ich" zu sagen, schreibt Böhme hier seinen fabrizierten Lebenslauf mit unbekanntem Geburtsort, unbekannten Eltern, mit falschen Angaben zu Ausbildungen und Studienabschlüssen und vor allem einem angeblichen Parteiaustritt 1976 nach der Biermann-Ausbürgerung. So entsteht der Eindruck eines redlichen und kompetenten Dissidenten, gut ausgebildet und mit Rückgrat. In diesem Lebenslauf – und auch sonst – steht Böhme zu seiner früheren SED-Mitgliedschaft, bezeichnet sich als Marxisten mit guten Beziehungen zur *„Ökologie-, Friedens- und Menschenrechtsbewegung, der er fast von Anfang an angehörte"*. Gerade dieses scheinbare „Stehen zu seiner Vergangenheit" verschafft Ibrahim Böhme bei vielen, die nur diese Version seines Lebens kennen, Respekt. Dadurch werden Übertreibungen an anderer Stelle glaubhafter.

Als Naturtalent der geschickten Selbstvermarktung verzichtet er auf chronologische Aufzählungen von Arbeitsorten, betont vielmehr Zusammenhänge und Namen, die einen Wohlklang unter kritisch denkenden DDR-Bürgern haben: Robert Havemann, Jürgen Fuchs, Bettina Wegner, Gerulf Pannach, Wolf Biermann. Es fallen die Namen weiterer Bürgerrechtler, mit denen Böhme ja in der Tat Kontakt hatte. Der erweckte Eindruck jedoch, er selbst sei gleichsam Zentrum und Ausgangspunkt vieler Aktionen und Gruppen gewesen, ist definitiv ein völlig falscher. Da aber so gut wie niemand mit allen genannten Personen und Initiativen derart vernetzt war, wie Böhme es von sich behauptete, war dieser Schwindel schwer zu durchschauen.

Hinzu kommt Böhmes offensichtliche Popularität in der jungen Partei und auch außerhalb. Nicht nur Böhme selbst, auch die Partei genießt das Medieninteresse am SPD-Spitzenkandidaten für die baldige Volkskammerwahl. Jenes leichthändige Kokettieren mit Medien und Politgrößen, wie es Böhme praktiziert, gilt als authentisch und als Ausdruck eines noch unverbrauchten Politikstils.[348]

Gerade sein „erfrischend anderer" Habitus dient als willkommene Projektionsfläche für Wünsche und Erwartungen. Viele bundesdeutsche Journalisten verbreiten begeistert – und häufig in Unkenntnis des ostdeutschen

---

347 Archiv der Stiftung Aufarbeitung, Vorlass Meckel, Nr. 30. Der Lebenslauf taucht in identischem Wortlaut auch beim Berliner Vereinigungsparteitag (26.-28.9.90) auf, unterzeichnet mit Böhmes Kürzel.

348 Böhmes Popularität basierte sicherlich auch auf Äußerungen, wie er sie beispielsweise auf der SPD-Delegiertenkonferenz vom 12.-14. Januar 1990 abgegeben hatte: Hier forderte B. Freiheit für alle, Demokratie für alle, Gerechtigkeit für alle und Wohlstand für alle. Siehe Redemanuskript, S. 1, RHA, Vorlass Rüdiger Rosenthal, RR 14.

LEBENSLAUF

Ibrahim Manfred Böhme

Ibrahim Manfred Böhme wurde im November 1944 geboren. Das
genaue Geburtsdatum und der Geburtsort sind aufgrund der
Kriegswirren nicht bekannt. Er wuchs bei Pflegeeltern, in
Kinderheimen und Internaten auf, beendete im Jahre 1961 die 10.
Klasse mit dem Prädikat 'ausgezeichnet', begann dann eine Lehre
als Maurer und absolvierte nebenbei in der Abendschule das
Abitur.

Im Jahre 1963 fing er als Lehramtsanwärter im Lehrlingswohnheim
Leuna-Werke als Heimerzieher und als Lehrer für Russisch,
Geschichte und Deutsch an. Bereits 1966/67 mußte er sein
Fernstudium für die Fächerkombination Geschichte-Deutsch
unterbrechen und auch seine Lehrtätigkeit an der
Betriebsberufsschule Leuna-Werke aufgeben, weil er öffentlich
für die Thesen Robert Havemanns eingetreten war. Freunde
vermittelten ihm eine Anstellung als Bibliothekar in dem
thüringischen Ort Greiz.

Aber bereits im Jahre 1968 wurde seine Arbeit in Greiz durch
eine kurze Haft unterbrochen, weil er sich noch nach dem
Einmarsch der Militärverbände des Warschauer Vertrages in die
CSSR in einer öffentlichen Veranstaltung für Alexander Dubcek
und den Prager Frühling ausgesprochen hatte.

Bereits mit 17 1/2 Jahren trat Ibrahim Böhme in die
Sozialistische Einheitspartei Deutschlands ein. Er war durch
Erziehung und durch das Weltbild, das er sich bis dahin
angeeignet hatte, davon überzeugt, daß die SED als
Einheitspartei die einzige Kraft sein könnte, um eine "heile
Gesellschaft" zu errichten. Diese Überzeugung wurde jedoch
durch die Maßregelungen im Zusammenhang mit Robert Havemann und
durch den Einmarsch in die CSSR tief erschüttert.

Obwohl er 1968 arbeitslos wurde und erst nach langen Anläufen
eine untergeordnete Anstellung beim Post- und Fernmeldewesen
bekam, blieb er Mitglied der SED, weil er glaubte, man müsse
die SED von innen her reformieren, um die Zustände zu ändern.

Durch ein zusätzliches Ökonomie-Fernstudium und den Abschluß
eines Fernstudiums als Lehrer und Historiker, war es ihm
möglich, als Kreissekretär des Kulturbundes der DDR in Greiz zu
arbeiten. Kurz nach seiner Einsetzung als Kreissekretär des
Kulturbundes wurde er erneut gemaßregelt, weil er in Thüringen
die ersten 'Weltanschaulichen Gesprächskreise' gegründet hatte,
die spätere Basis für die 'Offenen Friedenskreise'. Außerdem
wurde seine kulturpolitische Linie, die sich damals bereits an
der Pluralität orientierte und 1975 in eine sogenannte
"Alternative politische Plattform" einmündete, mehrfach durch
Parteistrafen geahndet.

Nachdem er im Zusammenhang mit einem Auftritt von Jürgen Fuchs,
Bettina Wegener und Gerulf Pannach gemaßregelt und als
Kreissekretär des Kulturbundes entlassen worden war, trat er
1976 im Zusammenhang mit dem Biermann-Eklat aus der SED aus. In
dieser Zeit entfernte er sich auch von den neo-trotzkistischen
Theoremen.

Böhmes Lebenslauf für die Wahl zum SPD-Vorstand (1990)

156

Spätestens seit seinem Parteiaustritt, während seiner längeren Untersuchungshaftzeiten und danach auch in seiner Funktion als Dramaturg am Friedrich-Wolf-Theater in Neustrelitz wurde ihm immer bewußter, daß nur ein sozialdemokratischer Weg den Menschen ein menschenwürdiges Leben garantieren kann. Nachdem er unter anderem wegen seiner öffentlichen Sympathieerklärungen für die Solidarnosc-Bewegung sein Dramaturgenamt aufgeben mußte, arbeitete er aushilfsweise als Sägewerker, Bibliothekar, Dolmetscher und Übersetzer für Vietnamesisch, als Küchenhilfe, Reinigungskraft und Friedhofsgärtner.

Nebenbei war es ihm möglich, in der Ökologie-, Friedens- und Menschenrechtsbewegung, der er fast von Anfang an angehörte, Vorträge zu halten oder Seminare mitzuorganisieren. Besonders gut war sein Kontakt zum AKSK (Arbeitskreis Solidarische Kirche), mit dessen führenden Vertretern er illegale Sommer- und Winterseminare mitorganisieren und durchführen half. Martin Gutzeit und Markus Meckel lernte er bei "Mobilen Friedenssemi- naren" in Mecklenburg kennen.

Böhme gehörte der Initiative Frieden und Menschenrechte an, der einzigen in Berlin ansässigen Initiative, die zwar Christen und Nicht-Christen vereinte, aber nicht im kirchengeschützten Raum agierte. Für deren illegale Zeitung "Grenzfall", die ständig vom Ministerium für Staatssicherheit verfolgt wurde, schrieb er viele Artikel. Böhme ist mit Marianne Biertler, Pastor Hans-Peter Schneider und Werner Fischer Mitbegründer der ersten freien Abendschule.

Parallel zu den Diskussionen um die Gründung einer sozialdemokratischen Initiative oder Partei unterhielt Böhme mit anderen Freunden, vor allem aus der Initiative Frieden und Menschenrechte eine illegale Diskussionsbewegung für eine soziale Demokratie. Ende Juli 1989 vereinbarte er mit Markus Meckel am Rande einer illegalen Sommerakademie, die der Arbeitskreis Solidarische Kirche organisiert hatte, die Verbindung dieser beiden Initiativen.

Am 26. August 1989 machten Markus Meckel, Martin Gutzeit, Arndt Noack und Ibrahim Böhme anläßlich eines Menschenrechtsseminares in der Golgatha-Kirchgemeinde in Berlin die Initiative zur Gründung einer Sozialdemokratischen Partei öffentlich. In einem Pfarrhaus in Schwante (Kreis Oranienburg) kam es dann am 7. Oktober 1989 zur illegalen Gründung der Sozialdemokratischen Partei in der DDR - damals noch SDP.

Alltags – die Böhmesche Version seines Lebens und erfahren später eine arge Enttäuschung.

Vertreter ostdeutscher Medien hingegen haben im Spätwinter 1990 sichtbare Berührungsängste gegenüber bisher tabuisierten Themen wie Geschichte, Opposition oder auch Staatssicherheitsdienst. Von ihnen, zu großen Teilen durch die SED-Kaderpolitik gleichgeschaltet, war erst recht keine kritisch-unbefangene Betrachtung des vermeintlichen Oppositionellen Böhme zu erwarten. Alternative Zeitungen und Verlage waren teilweise in Gründung, jedoch noch nicht etabliert genug, um Einfluss zu nehmen.

Teil der Szenerie ist ebenso der mediale Sog mit seiner Eigendynamik. Selbst eine Journalistin, die entgegen der landläufigen Meinung fand, Böhme habe *kein* Charisma, porträtierte ihn unter peppiger Schlagzeile: *„Ibrahim Böhme for President?"* [349]

Gerüchte, Gespräche, Recherchen

Schon auf dem Leipziger Parteitag kursiert ein so massiver Stasi-Verdacht gegen Böhme, dass die Frage von seinen Parteifreunden thematisiert wird. Thomas Krüger (Jg. 1959), damals stellvertretender SPD-Vorsitzender in Ostberlin, erinnert sich, wie er und andere Ibrahim Böhme befragten, ob etwas an diesen Gerüchten dran sei. Böhme habe ihnen versichert, da sei nichts. [350]

Trotz aller Gerüchte gibt es für den Parteivorsitz keinen Gegenkandidaten, Böhme wird in Leipzig zum SPD-Vorsitzenden gewählt.

Befragt, woher damals die Stasi-Gerüchte kamen, sagt Markus Meckel heute, sie stammten in der Hauptsache aus dem Kreis der anwesenden Journalisten. [351] Zu dieser Zeit gingen viele „Hinweise" und „Tips" in Redaktionen von Nachrichtenmagazinen ein, die man auf dem offiziellen Recherscheweg jedoch schwer verifizieren konnte, da die Stasi-Archive noch nicht öffentlich zugänglich waren. Dennoch hatten Bürgerkomitees in den ehemaligen Bezirksdienststellen schon mit der Sichtung der Unterlagen begonnen.

In Neubrandenburg beauftragte der dortige Runde Tisch am 6. Dezember 1989 eine Arbeitsgruppe mit der Untersuchung der regionalen Inlandsarbeit des MfS. Schon zu Beginn des Jahres 1990 fand die Arbeitsgruppe, nach Aussage ihres Leiters Ulrich von Saß, eindeutige Hinweise auf eine IM-

---

349 Siehe Petra Bornhöft in der taz vom 19. 2.1990.
350 Gespräch mit Thomas Krüger am 18.3.09 in Berlin.
351 Gespräch mit Markus Meckel am 28.4.09 in Berlin.

Treffen in Moskau mit Schewardnadse (2.3.1990)

Tätigkeit Böhmes im Rahmen der mecklenburgischen Friedensseminare.[352] Die Mitglieder der Neubrandenburger Untersuchungsgruppe Ulrich von Saß und Harriet von Suchodoletz fassten die Ergebnisse ihrer Arbeit in einer Beschreibung *„der nach innen gerichteten Arbeit des MfS im Bezirk Neubrandenburg"* zusammen. Diese Analyse wurde dem Runden Tisch des Bezirkes am 29. März 1990 vorgelegt.[353]

Zeitgleich zur Erarbeitung dieser ersten Neubrandenburger Analyse recherchierten Reporter des *Spiegels*, die aus Stasi-Kreisen einen Hinweis zu Böhme erhalten hatten, der sie unter anderem nach Neubrandenburg führte.[354]

Ibrahim Böhme selbst war Anfang März gerade mit vielen Journalisten im Gefolge nach Moskau gefahren. Dort traf er den sowjetischen Außenminister Schewardnadse, angeblich auch den früheren HVA-Chef Markus Wolf, der laut Recherche von Daniel F. Sturm Jahre später Notate zu ihrer Begegnung anfertigte.[355]

---

352 Telefonat mit Ulrich von Saß am 21.4.09.
353 Eine kürzere Fassung erschien in Buchform unter dem Titel *Feindlich-negativ* im September 1990 in der Evangelischen Verlagsanstalt Berlin.
354 So ist es auch im *Spiegel*-Artikel vom 26.3.90 beschrieben.
355 Siehe Daniel F. Sturm: Uneinig in die Einheit, Bonn 2006, S. 327.

Am 17.3.1990 in Greifswald: Brandt, Böhme, Kuessner (2.v.r.)

Bei seiner Rückkehr konnte Böhme eine postalische Warnung in seinem Briefkasten finden: Der Verwandte eines Freundes aus Greizer und Neustrelitzer Tagen schrieb ihm besorgt, dass demnächst *„mit unlauteren Mitteln persönliche Angriffe gegen Ihre Person erhoben werden könnten"*.[356]
Wenige Tage später wird Rechtsanwalt und DA-Vorsitzender Wolfgang Schnur als Stasi-IM enttarnt. Trotz eines Zusammenbruchs, der ihn in die Klinik bringt, leugnet er zunächst alles. Bei einer ersten Akteneinsicht in der Berliner Stasi-Zentrale wird sein Freund Rainer Eppelmann fündig, und schließlich „verkauft" ihn am 14. März sogar ein ehemaliger Führungsoffizier, der sein Gesicht nicht zeigt, im DDR-Fernsehmagazin *Prisma*.[357]
Am 8. März war von der Modrow-Regierung die Schweigepflicht für IM und frühere hauptamtliche Mitarbeiter aufgehoben worden.

Neben offensichtlich gezielt gestreuten Informationen, die als letzte Stasi-Manöver zur Destabilisierung gewertet werden können, gab es damals im Fall Böhme auch Quellen mit weniger vordergründigen Motiven.

So warnte ein früherer MfS-Offizier den mecklenburgischen SPD-Landesvorsitzenden Gottfried Timm deutlich vor Böhmes IM-Vergangenheit.[358]

---

356 RHA, MaB 013, Brief vom 4.3.1990.
357 Deutsches Rundfunkarchiv Potsdam-Babelsberg, „Prisma"-Sendung vom 14.3.90.
358 Gespräch mit Gottfried Timm am 19.3.09 in Schwerin.

Timm und seine von ihm ins Vertrauen gezogenen Parteifreunde waren sich danach unsicher, wie unmittelbar vor der Volkskammerwahl mit dieser Infragestellung des eigenen Spitzenkandidaten umzugehen wäre. Alle zögerten. Am letzten Tag des Wahlkampfes, am 17. März, kurz bevor Böhme zusammen mit Willy Brandt in Greifswald auftrat, konfrontierte Timm seinen Parteivorsitzenden mit der Stasi-Frage. *„Er hat es abgewimmelt, aber er war sichtlich getroffen"*, skizziert Gottfried Timm die damalige Situation.[359]

Am nächsten Tag erlebten die SPD und die Gruppierungen der Bürgerbewegung eine herbe Enttäuschung: Das Gros der Wähler in der DDR stimmte bei der ersten freien Wahl für die CDU. Ibrahim Böhme war in sichtlich gedrückter Stimmung. Die darauffolgende Woche sollte weitere Herausforderungen für ihn bereithalten.

Ein Artikel macht den Verdacht öffentlich

Unmittelbar nach der Volkskammerwahl meldeten sich beim SPD-Vorsitzenden Böhme *Spiegel*-Reporter zum Gespräch. Das Hamburger Nachrichtenmagazin hatte schon mehrfach über Böhme geschrieben, diesmal jedoch ging es um Recherchen zu seiner im Raum stehenden IM-Vergangenheit. Böhme erfuhr, dass in der Ausgabe vom 26.3.1990 ein Artikel zu dieser Frage geplant sei. Am Donnerstag davor (22.3.) solle er Gelegenheit erhalten, seine Sicht der Dinge darzustellen.[360]

Zuvor konstituiert sich die SPD-Volkskammerfraktion, auch hier steht das Thema Stasi an. Die Abgeordneten plädieren für eine Überprüfung des Parlaments und wählen danach mit großer Mehrheit Ibrahim Böhme, den Parteivorsitzenden, auch zum Fraktionsvorsitzenden.[361]

Als die Volkskammer zu ihrer ersten Plenarsitzung am 5. April zusammentrat, hatte die SPD jedoch schon einen neuen Fraktionsvorsitzenden: Richard Schröder. Einzelne Journalisten kolportierten das Gerücht, Böhme habe sich das Leben genommen.[362] Seine Partei wusste nicht, wo sie ihn erreichen konnte. Was war in der Zwischenzeit geschehen?

Der *Spiegel* hatte am 26.3.90, wie angekündigt, den Stasi-Verdacht gegen Böhme und andere Abgeordnete veröffentlicht. Zitiert wird in dem Artikel (unter verändertem Namen) auch der Führungsoffizier aus Neustrelitzer Tagen, den die Journalisten des *Spiegels* ausfindig gemacht hatten. Am Tag

---

359 Ebenda.
360 Der Spiegel, 13/1990, 26.3.90.
361 Protokoll der Fraktionssitzung vom 22.3.90, Privatarchiv Martin Gutzeit.
362 Gespräch mit Konrad Weiß am 2.6.09.

des Erscheinens legte Böhme sämtliche Parteiämter nieder und nahm Urlaub. Daniel F. Sturm schreibt, Böhme habe sich damals bei Bonn aufgehalten. Ein Bonn-Aufenthalt ist ebenfalls durch Hans-Jochen Vogel in seinen Memoiren beschrieben worden.[363] Auch seine frühere Ehefrau und deren Familie bat Böhme, umgehend nach Bonn zu kommen – vermutlich, um Interviews der Presse zu verhindern.[364]

Die Bonn-Reise ist jedoch recht kurz. Schon am Vormittag des 30. März 1990 trifft Ibrahim Böhme mit Anwälten und Vertrauenspersonen zur Akteneinsicht im Stasi-Archiv Berlin in der Lichtenberger Normannenstraße ein.

Die Überprüfung des Abgeordneten Böhme am 30.3.1990

Zu Ablauf und Beteiligten dieser Akteneinsicht gibt es mehrere unterschiedliche Versionen, deren Schnittmenge, soweit sie bezeugt ist, hier dargestellt werden soll.

Ibrahim Böhme erschien unter den Augen der versammelten Presse am Vormittag des 30. März 1990 zusammen mit mehreren Vertrauenspersonen seiner Wahl, darunter zwei Anwälte und mindestens ein SPD-Vertreter. Anwesend waren bei der Überprüfung auch die Regierungsbeauftragten Werner Fischer und Ulrich Schröter. Über die Anzahl der Anwesenden gibt es unterschiedliche Angaben. Als Vertreter des Bürgerkomitees wird Klaus Peter Schwalm erwähnt.[365]

Damals wurde überprüft, ob sich in der Zentralen Personendatei Hinweise auf eine Registrierung der jeweiligen Person beim MfS finden ließen. Das bedeutete, es wurden die Klarnamenkartei (F16) und gegebenenfalls die Vorgangskartei (F22) auf den jeweiligen Namen hin gesichtet. (Nicht jede Verzeichnung in der Klarnamenkartei bedeutete automatisch eine Registrierung als IM, sondern konnte auch bedeuten, der oder die Betreffende war Ziel von Observation und Kontrolle.)

Werner Fischer erinnert sich daran, wie froh Ibrahim Böhme war, als keine Karteikarte zu ihm in den F16- und F22-Verzeichnissen gefunden wurde.[366]

Laut anschließender Pressemeldungen wurde nach der Karteiüberprüfung auch noch Einblick in vorhandene Akten genommen. Hierbei handelte es

363 Hans-Jochen Vogel: Nachsichten. Meine Bonner und Berliner Jahre, München 1996, S. 325f.
364 Gespräch mit T. Mehner. Böhme traf allerdings Tochter und Ex-Frau damals nicht in Bonn.
365 Siehe Matthias Wagner: Das Stasi-Syndrom, Berlin 2001, S. 108. Klaus Peter Schwalm bestätigte seine Anwesenheit selbst in einem Leserbrief an die taz (TAZ-OST vom 10.4.90).
366 Gespräch mit Werner Fischer am 3.6.08 in Berlin.

30.3.1990: Böhme fährt zur Akteneinsicht vor.

sich um die in Böhmes Untersuchungshaft angelegten Dossiers. Zwar erklärten die Anwälte anschließend, ihr Mandant sei kein inoffizieller Mitarbeiter gewesen, gleichzeitig mussten sie aber eingestehen, zu keinem eindeutigen Ergebnis gekommen zu sein. Denn es seien auch genau jene Decknamen aufgetaucht, die der *Spiegel* veröffentlicht habe.[367]

Der damals anwesende Oberkonsistorialrat der Evangelischen Kirche von Berlin-Brandenburg, Ulrich Schröter, hat folgende Erinnerungen an den Ablauf: Es seien zunächst gar keine Karteikarten zu Böhme in der F16-Kartei aufgefunden worden. Bei der Auswertung dieses Faktums jedoch wurde plötzlich eine F22-Karteikarte mit mehreren Decknamen in den Sitzungsraum hereingereicht, die – nach Schröter – Böhme sehr klar belastete.

Ulrich Schröter merkte an, dass er vereinbarungsgemäß nach Ablauf aller Überprüfungen sämtliche Aufzeichnungen dazu vernichtet habe.[368]

Monsignore Dr. Karl-Heinz Ducke, einer der drei Moderatoren des Zentralen Runden Tisches, wurde von Ibrahim Böhme ebenfalls gebeten, ihn als Vertrauensperson zur Akteneinsicht zu begleiten. Er erinnert sich folgendermaßen:

„Es sind am 30. März 1990 Karteikarten zu Böhme gefunden worden, eindeutig. In Etappen ging die Überprüfung in mehreren Karteiräumen

---

367 Siehe Berliner Zeitung: Böhme schaute in seine Stasi-Akte, 31.3.90.
368 Gespräch mit Ulrich Schröter am 23.1.09.

vonstatten. Ich erinnere mich noch an den Paternoster-Aufzug, den wir auf dem Weg in einen der Räume benutzten. Die letzte Station war ein kleinerer Raum, in den nur vier Personen hineindurften. Böhme wurde gefragt, wen er dabeihaben wollte, und nannte auch mich. Hier sahen wir dann Akten zur Flugblattaktion, in denen wurden Klarnamen genannt."

Dr. Ducke resümiert die damalige Akteneinsicht: *„Es war sofort klar, dass er belastet war. Wir konnten allerdings nicht beurteilen, ob das Material echt war oder nicht."*

Da es sich möglicherweise auch um „untergeschobenes Material" handeln konnte, drang der katholische Geistliche darauf, nicht sofort ein Urteil zu fällen.

Dr. Karl-Heinz Ducke begleitete Ibrahim Böhme übrigens noch ein zweites Mal im Juni oder Juli 1990 zu einer Akteneinsicht ins frühere MfS-Archiv Normannenstraße, an deren Einzelheiten er keine präzisen Erinnerungen mehr hat.

Insgesamt lag jedoch für Dr. Ducke auf der Hand: *„Dass er involviert war, das war klar. Und es war enttäuschend."*[369]

Nach der damaligen Vollmacht der Regierungsbeauftragten waren sie bei diesen Volkskammer-Überprüfungen nicht zu Bewertungen befugt. Die anwesenden Parteivertreter, in Böhmes Fall Gerhard Hirschfeld, hatten die Aufgabe, die Sachlage an ihre jeweilige Partei weiterzuleiten. In den Parteien musste dann gehandelt werden.

Bedacht werden muss:

- Manipulationen am Karteikartenbestand waren natürlich möglich, besonders vor dem 1.3.90.
- Die Vernichtung der IM-Akte von Böhme ist vermutlich schon vor dem März 1990 geschehen.
- Eine Kenntnis des Ablagesystems existierte für Außenstehende nicht. Hier handelte es sich immerhin erst um die zweite offizielle Überprüfung (nach der von Wolfgang Schnur).
- Die Aufgabenbereiche der Regierungsvertreter waren nicht auf Informationsweitergabe an die Öffentlichkeit orientiert.
- Diejenigen, die sich gegen eine Offenlegung der Akten stellten, argumentierten damals mit einer fehlenden gesetzlichen Grundlage. Das Stasi-Unterlagen-Gesetz (StuG) existierte noch nicht.

---

369 Telefonat mit Dr. Karl-Heinz Ducke am 2.7.09.

Die Konfusion war groß, Böhme war ein beliebter Politiker, mehrere der Anwesenden waren mit ihm persönlich bekannt, ihm sogar freundschaftlich verbunden oder arbeiteten für ihn.

Allem Anschein nach führten all diese Faktoren dazu, dass man sich in der Bewertung nicht festlegte. Zumal es durchaus möglich ist, dass die zum Teil belastenden Untersuchungsakten nur im Kreis von Mandant, Vertrauenspersonen und Anwälten gesichtet wurden, das vermutlich kritischere Bürgerkomitee also nicht mehr präsent war.

Obwohl jeder, der heute Böhmes Haftakte liest, auch die Zusammenfassungen zu seiner IM-Tätigkeit von 1969 bis 1978 darin lesen kann, dürften dieselben Informationen zur damaligen Zeit schwieriger einzuordnen gewesen sein. Zumal für Personen, die aufgrund ihrer persönlichen Beziehungen zu Böhme eher nach entlastenden Momenten gesucht haben, zum Beispiel nach Anhaltspunkten dafür, ob die Akten gefälscht sein könnten.

Festzuhalten ist, dass bei der SPD kein völlig eindeutiges Signal darüber ankam, ob Böhme IM gewesen ist. Daran kann sich Markus Meckel erinnern, der zusammen mit Richard Schröder von Gerhard Hirschfeld über die Akteneinsicht informiert wurde.[370] Die Partei hatte keine Gewissheit in dieser Frage. Und das hatte einen weiteren Grund:

Am darauffolgenden Montag, dem 2. April 1990, begann die SPD-Fraktion unter Federführung des damit beauftragten Fraktionsmitgliedes Dr. Harald Ringstorff mit der Überprüfung sämtlicher SPD-Abgeordneter auf eine eventuelle Stasi-Belastung. Diese Überprüfung fand wiederum anhand der F16- und nötigenfalls F22-Kartei statt.[371]

Harald Ringstorff, der keine Unterlagen davon mehr in seinem persönlichen Besitz hat, erinnert sich bezüglich Böhmes Überprüfung am 2. April 1990 folgendermaßen:

„Wenn ich mich richtig entsinne, wusste ich damals zum Zeitpunkt der Überprüfung gar nicht, dass Böhme mit bürgerlichem Namen Manfred heißt. Ich gehe also davon aus, dass bei der Überprüfung der Fraktion Ibrahim Böhme überprüft worden ist, aber ich kann mich für das Ganze nicht verbürgen."[372]

---

370 Gespräch mit Markus Meckel am 28.4.09 in Berlin.
371 So erläutert es auch der damals gerade eingesetzte Archivleiter, Matthias Wagner, in seinem Buch *Stasi-Syndrom*. Seine Darstellung kann allerdings nicht durchgängig als sachlich-unparteiisch gelten. Wagner, zuvor im Staatlichen Archiv der DDR beschäftigt, wurde 1997 selbst als früherer IM enttarnt.
372 Nachricht von Dr. Harald Ringstorff am 9.6.09.

In den Protokollen des SPD-Parteivorstandes wurden keine Details zu den Überprüfungen festgehalten, es ist lediglich die Tatsache erwähnt, dass sie unter Leitung von Ringstorff durchgeführt wurden und dass dieser dem Parteivorstand darüber berichtete.[373] Als die Ostberliner SPD-Spitze diese Fragen debattierte, war der Kontakt zu Ibrahim Böhme schon unterbrochen.

Zusammenbruch, Rückzug und Wiederkehr

Nach der Überprüfung in der Normannenstraße erlitt Manfred Böhme einen Zusammenbruch. Als er in seinem Charlottenburger Hotelzimmer aufgefunden wurde, war dies demoliert, er selbst – verletzt und in schockartigem Zustand – kam in ein Krankenhaus.[374]

Aus dem Krankenhaus brachte ihn eine Freundin nach Baden-Württemberg, wo er sich einige Tage erholte. Danach lud sein Berater Gerhard Hirschfeld – wie in mehreren Quellen erwähnt – ihn ein, die Ostertage gemeinsam in seinem italienischen Ferienhaus zu verbringen. Dort ist Ibrahim Böhme vermutlich eine knappe Woche gewesen, bevor er am 18.4.1990 nach Berlin zurückkehrte und sich erstaunlicherweise auch in der Volkskammer zurückmeldete, wiewohl er sein Mandat drei Wochen vorher bis zur Klärung hatte ruhen lassen wollen. Eine Klärung gab es zwar noch nicht, Böhme aber war wieder anwesend.

Der Parteivorstand der SPD beauftragte Hinrich Kuessner, ein Gespräch mit Böhme über dessen aktuellen Zustand zu führen.

Der Greifswalder Theologe Kuessner, durch seine frühere Arbeit im diakonischen Bereich vertraut mit psychischen Problemfällen, konstatierte nach einem Treffen mit Böhme, dass dieser längerfristig therapeutische Hilfe benötige und den psychischen Belastungen gegenwärtig nicht gewachsen sei.[375] Der Vorstand empfahl daraufhin, dass Böhme nicht öffentlich auftreten solle.[376]

Nach dem 12. April 1990 übernahm das neue Innenministerium unter Peter-Michael Diestel (DSU) die Hoheit über die Stasi-Archive. Im Juni wandte Ibrahim Böhme sich schriftlich an den SPD-Parteivorstand und teilte mit, vom Innenministerium die Auskunft erhalten zu haben, über ihn lägen nur Opferakten vor, keine Täterakten. Böhme verkündete, die aufgefundene „vierte Karteikarte" aus dem Stasi-Zentralarchiv müsse deshalb eine

---

373 Protokoll der Fraktionssitzung vom 3.4.90, Archiv der Stiftung Aufarbeitung, Vorlass Meckel, Nr. 622.
374 Birgit Lahann: Genosse Judas, Berlin 1992, S. 235f.
375 Protokoll des Parteivorstandes vom 23.4.90, Archiv der Stiftung Aufarbeitung, Vorlass Meckel, Nr. 56, und Gespräch mit Hinrich Kuessner am 19.5.09 in Greifswald.
376 Ebenda.

Fälschung sein. Er sehe sich damit, so Ibrahim Böhme, in seiner Unschulds-erklärung bestätigt.[377]

Wie sehr sich diese Haltung auch in Teilen der Öffentlichkeit durchsetzte, ist an einer Einladung für eine Talkshow im SFB-Fernsehen zu erkennen, die sich im Nachlass befindet. Böhme wird zum 27.7.1990 in die Talk-Sendung *Berlin Mitte* eingeladen zum Thema *Rache oder Vergebung? Horrorthema Stasi.* Abschließend teilt die zuständige Redakteurin ihm mit, man sei noch auf der Suche nach einem Stasi-Täter, der auch in die Runde eingeladen werden solle.[378]

Das hieß eindeutig, dass die SFB-Journalisten Ibrahim Böhme nicht für einen Stasi-Täter hielten. Dies ist insofern verständlich, als für die öffent-lichen Verdächtigungen bislang keine handfesten Beweise vorlagen, nur Er-zählungen von Führungsoffizieren. Außerdem existierte keine Gesetzgebung, die eine gezielte Recherche von außen, beispielsweise von Journalisten, zuge-lassen hätte. Böhme galt also damals offiziell nicht als IM. Andernfalls hätte er nicht jenes Angebot für ein öffentliches Amt bekommen, in dem er bis zum Dezember 1990 tätig sein sollte.

Polizeibeauftragter des Ostberliner Magistrats

Als der Sozialdemokrat Thomas Krüger im Ostberliner Magistrat das Res-sort Inneres als Stadtrat übernahm, begab er sich auf die Suche nach einem Polizeibeauftragten. Der oder die Beauftragte sollte Ansprechperson für alle Übergangsfragen sowohl für die Ostberliner Polizisten als auch für die Bürger sein. Es ging um die Transformation der Volkspolizei in eine Polizei, die nicht mehr den Interessen und Leitlinien des SED-Staates, sondern einer demokra-tischen Verfassung verpflichtet sein sollte.

Krüger suchte nach geeigneten Kandidaten unter den Bürgerrechtlern, denn er wollte unbedingt jemand aus ihrem Kreis für die Aufgabe. Nach zwei Absagen kam er auf Ibrahim Böhme, der interessiert war.[379]

Kennengelernt hatte Thomas Krüger Ibrahim Böhme 1987 bei einer Ver-anstaltung im *Friedrichsfelder Friedenskreis*. Krüger war damals nach seinem Theologiestudium in Berlin als Vikar tätig. Er erinnert sich, dass er Böhme damals für einen *„inspirierten Typ"* gehalten habe. Im Gründerkreis der SDP des Jahres 1989 hatte Krüger zwar vor allem die *„charismatische und offene Art"* von Böhme geschätzt, fügt aber rückblickend an: *„Ein bisschen war er ja auch ein Blender, der mit Halbwissen jonglierte."*

---

377 Ebenda, Erklärung vom 15.6.90.
378 RHA, MaB 65.
379 Gespräch mit Thomas Krüger am 18.3.09 in Berlin.

Presse- Information

20.7.90

MAGISTRAT VON BERLIN · PRESSEABTEILUNG

Die Magistratsverwaltung für Inneres teilt mit:

Erste gemeinsame Pressekonferenz von Stadtrat Thomas Krüger und dem Polizeibeauftragten Ibrahim Böhme.

In der ersten gemeinsamen Pressekonferenz von Stadtrat Thomas Krüger und den seit einer Woche berufenen Polizeibeauftragten wurde die Konzeption und politische Intention der neuen Aufgabe Böhmes näher erläutert.

Thomas Krüger unterstrich, daß die Demokratisierung der Polizei zentrale Aufgabe bleibt. Dies muß verbunden werden mit einem umfassenden Dialog zwischen Polizei und Bürger. Ibrahim Böhme ist in diesem Zusammenhang ein Vermittler zwischen unterschiedlichen Interessen. Er hat dabei das Vertrauen von beiden Seiten.

Böhme und Krüger hoben hervor, daß ein umfassender Dialog der einzig gangbare Weg ist ein Vertrauensverhältnis zwischen Polizei und Bürger herzustellen. In ihrem politischen Kern heißt die Arbeit: Mehr Demokratie im Inneren der Polizei bedeutet gleichzeitig mehr Demokratie für den Bürger.

Die Funktion des Polizeibeauftragten soll dazu beitragen die Arbeit der Polizei für den Bürger transparenter zu machen. Die demokratische Erneuerung verlangt ein neues Selbstverständnis, ein neues Rollenverständnis für den Bürger genauso wie für die Polizei.

Damit werden Grundwerte von Staat und Gesellschaft produktiv in Frage gestellt und historisch mit den vierzig Jahren DDR konfrontiert. Böhme erklärte, daß er sich dabei als eine produktive Widerspruchgröße betrachtet, als ein advocatus diaboli generale und ein Transmissionsriemen, der den strukturellen Widerspruch zwischen der Arbeit der Polizei und den Interessen der Bürger als die dynamische Größe seiner Arbeit begreift.

Berliner Rathaus, Jüdenstraße, Berlin, DDR, 1020 · Telefon: 242.30 04 · Telex: (11) 450147 ·

204 B 1244 89 10 0021

Aus dem Böhme-Nachlass (1990)

In der damaligen SDP bildete Böhme mit seiner Popularität ein Gegengewicht zur Fraktion der *„protestantischen Hegelianer"*, sagt Krüger. Wegen der Stasi-Gerüchte hatte er Böhme schon im Februar 1990 direkt befragt und war von ihm beruhigt worden.[380] Auch für große Teile der Öffentlichkeit war der Stasi-Verdacht offenbar nicht mehr relevant.

Böhme bewarb sich Anfang Juli 1990 für das Amt des Polizeibeauftragten im Magistrat und wurde am 9. Juli 1990 bestätigt sowie in seine Funktion eingeführt.[381] Er erhielt zwei Berater an die Seite, den Westberliner Anwalt Klaus Eschen und den ehemaligen Ostberliner Polizeiausbilder Dr. Jörg Zähler. In Bezug auf Böhmes Arbeit erinnert sich sein früherer Chef Krüger, dass er *„unstet"* gewesen sei und beispielsweise zu den frühmorgendlichen Lagebesprechungen trotz Dienstautos mit Fahrer nicht pünktlich erschien:

„Die Arbeitstage im Magistrat gingen damals von 7 Uhr morgens bis 2 Uhr nachts. Zu den täglichen Lagebesprechungen schaffte er es nicht immer. Wir strebten an, ihn wenigstens zweimal die Woche dabeizuhaben. Manchmal brachte er dazu Kuchen mit. Er war ja ein narrativer Typ, brauchte Publikum."[382]

Böhmes *„schwärmerischer Politikstil"*, so Krüger, wurde zunehmend kontraproduktiv, am Ende seiner Tätigkeit ging es bei ihm eher um Krisenmanagement als um inhaltliche Arbeit. *„Meistens hat er gar nichts gemacht."*

In kritischen Momenten stand der Polizeibeauftragte Böhme nicht zur Verfügung, beispielsweise als in Berlin-Friedrichshain am 14. November 1990 mit einem Großaufgebot an Polizei zwölf besetzte Häuser in der Mainzer Straße geräumt wurden. *„Damals hatte sich Böhme schon gänzlich zurückgezogen und erschien gar nicht mehr"*, sagt Thomas Krüger. Er vermutet, dass Böhme ein Signal in Sachen Stasi-Akten erhalten hatte.[383]

In der Tat hatte Andreas Schmidt, Leiter des damaligen Geraer Außenarchivs, inzwischen Stasi-Akten zu Greizer Operativen Vorgängen gefunden, in denen immer wieder jene Decknamen („August Drempker" und „Paul Bonkarz") auftauchten, die auch schon der *Spiegel* im März genannt hatte. Langsam sickerten diese Informationen in die Thüringer Oppositionsszene durch. Da Böhme besonders nach Greiz gute Kontakte hatte, dürfte ihm klargeworden sein, was unausweichlich auf ihn zukam.[384]

---

380 Ebenda.
381 Siehe Pressemitteilung vom 9.7.90, RHA, MaB 65.
382 Gespräch mit Thomas Krüger am 18.3.09 in Berlin.
383 Ebenda.
384 Auskunft von Andreas Schmidt am 12.6.09.

Exkurs: Volkskammer

Zwar blieb der frischgekürte Polizeibeauftragte von Ostberlin noch mehrere Wochen nach Amtseinführung Mitglied der Volkskammerfraktion der SPD, trat dort jedoch nicht sonderlich in Erscheinung. Letztmalig beteiligte sich Ibrahim Böhme laut Protokoll am 8.8.1990 an einer Abstimmung in der Volkskammer. Auch am 22. August 1990 ist sein Name in der Abstimmungsliste aufgeführt, aber kein Votum belegt, das heißt, er war anwesend, hat aber offensichtlich nicht mit abgestimmt.[385]

Wenige Tage danach, am 31. August 1990, erklärte er schriftlich die sofortige Niederlegung seines Abgeordnetenmandates.[386] Rückblickend muss dieser Termin in Verbindung mit der damals nahenden Stasi-Überprüfung gesehen werden. Nach langen Verzögerungen gelangte ein Untersuchungsausschuss der Volkskammer kurz vor der Auflösung des Parlaments noch zu Ergebnissen. Indem Böhme sein Mandat niederlegte, verschwand natürlich auch sein Name von der Liste der zu überprüfenden Abgeordneten. Als am 28. September über die Zahl der IM unter den Volkskammerabgeordneten gesprochen wurde, musste Ibrahim Böhme nicht mitgezählt werden, denn er war kein Parlamentarier mehr.

Als der Polizeibeauftragte des Magistrats am 2. Dezember 1990 ganz planmäßig seine Arbeit beendete, weil Wahlen zu einem Gesamtberliner Parlament stattgefunden hatten, verabschiedete er sich mit einer Pressekonferenz aus dem Amt.[387]

Schon eine Woche darauf machten neue Informationen zu seiner Vergangenheit diesen Abschied aus einem öffentlichen Amt zum unwiderruflichen Ende von Böhmes Politkarriere.

Beweise für den Verrat: Reiner Kunzes Buch *Deckname „Lyrik"*

Im Oktober 1990 bekam der Schriftsteller Reiner Kunze in seinem Wohnort bei Passau Besuch. Ihm wurde der jüngste Fund aus dem früheren Geraer Stasi-Archiv vom dortigen Archivleiter Andreas Schmidt gezeigt: die zu Kunze angelegte 12-bändige Stasi-Akte unter dem Decknamen OV „Lyrik".

Innerhalb weniger Wochen erstellte Reiner Kunze aus diesem monströsen Konglomerat von Akten einen schmalen, aber eindrücklichen Band, der im

---

385 Protokolle der Volkskammer. 10. Wahlperiode (5. April bis 2. Oktober 1990). Nachdruck, Leske + Budrich, Opladen 2000.
386 Brief an Dr. Sabine Bergmann-Pohl vom 31.8.90, RHA, MaB 021.
387 RHA, MaB 73.

Dezember 1990 im S. Fischer Verlag als Taschenbuch erschien. Sein Titel: *Deckname „Lyrik".* Aktenzitate in chronologischer Abfolge geben einen dokumentarischen Überblick über Kunzes Bespitzelung im Zeitraum von 1968 bis 1977. Immer wieder tauchen die MfS-Quellen „D." und „B." auf, „Drempker" und „Bonkarz" – hinter beiden steckte seinerzeit Manfred Böhme.

Zeitgleich zum Erscheinen des Buches veröffentlicht der *Spiegel* die Geschichte. Unter dem Titel *Von Reiner für Manfred* erscheint sie in der Ausgabe vom 10. Dezember 1990. Darin sind nunmehr viele Gerüchte und Verdachtsmomente bestätigt, die im Frühjahr an gleicher Stelle erstmals publiziert worden waren. Mit der Kunze-Akte und den darin enthaltenen Spitzelberichten von Manfred Böhme liegen jetzt eindeutige und unwiderlegbare Beweise vor. Böhmes schier grenzenloser Verrat ist nicht mehr zu bezweifeln. Doch gerade weil er so unvorstellbar weit ging, haben einige der alten Freunde aus Thüringen Mühe, diesen unglaublichen Vertrauensbruch zu begreifen. Die Folge sind vereinzelte Beschimpfungen gegen Kunze, dem seine Veröffentlichung verübelt wird.

Telegramm
von Böhme
an G. Ullmann
(1991)

Überregional ist es aber gerade Kunzes Integrität als Autor, die viele Mitstreiter und Bekannte Böhmes nun zu einer nüchternen Sicht der Dinge veranlasst. Etliche Gesprächspartner erwähnen die Publikation *Deckname „Lyrik"* als deutlichen Wendepunkt in ihrer Wahrnehmung von Böhme: Wenn man möglicherweise dem *Spiegel* noch im März 1990 nicht recht glaubte, weil viele Sensationsgeschichten damals die Runde machten, war Reiner Kunze über jeden Zweifel erhaben. Seine Stimme hatte Gewicht.

So endet das Jahr, das Manfred „Ibrahim" Böhme auf der öffentlichen Bühne verbrachte. Danach bleibt ihm nur der Rückzug, quasi ins Hinterzimmer der Geschichte, das ist seine kleine Wohnung im Stadtbezirk Prenzlauer Berg. Im Januar 1991 teilt er seinem Anwalt per Brief mit, er bewege sich wegen der *„Angelegenheit Kunze"* auf der Straße *„nur sehr verdeckt und behindert"*, denn es seien viel mehr Akten von ihm *„herausgegangen"*, als zu vermuten war.[388]

Zu diesem Zeitpunkt gesteht er aber nichts öffentlich ein, auch im privaten Rahmen beantwortet er keinen der vielen Kontaktversuche seiner früheren Freunde und Bekannten. Nur einige Journalisten und Fotografen, die über ihn berichten wollen, bekommen über Umwege Zutritt, ansonsten ist Manfred „Ibrahim" Böhme nicht mehr zu erreichen. Er arbeite seine Vergangenheit auf, teilt er Anfragenden mit.

---

388 RHA, MaB 35.

VII. **Ausflüchte und Alkohol (1991 bis 1999)**

Zunehmend von Alkohol gezeichnet, führt der einstige Prominente nun ein zurückgezogenes Leben. Zunächst besteht weiterhin Interesse an ihm. Böhme ist Gegenstand mehrerer journalistischer Porträts, wird bald aus der SPD ausgeschlossen, hat heftige gesundheitliche Probleme und verfasst eine Autobiographie, die aber niemand verlegt. Er kommt anlässlich einer Verfilmung seiner Lebensgeschichte nochmals ins Fernsehen, ist nach mehreren Krankenhausaufenthalten auf Pflege angewiesen und an die Wohnung gebunden. Eine Bekannte betreut ihn in Mecklenburg in den letzten Monaten bis zu seinem Tod.

Manfred „Ibrahim" Böhme hat auch nach 1990 nicht mehr die Wahrheit gesagt. Das Interesse an seiner Person begleitet ihn noch einige Jahre, etliche Journalisten melden sich in der Chodowieckistraße. Manche lässt er ein. So entstehen einige Porträts über ihn als prominenten Zeitgenossen und Akteur des Herbstes 1989. Doch niemandem öffnet er sich, um den Verrat und sein Doppelleben zu erklären. Allerdings ist es vermutlich auch gerade diese Undurchsichtigkeit, das uneindeutige Bild von ihm, das ihn immer wieder zum Thema werden lässt.

Sehr ausführlich und atmosphärisch dicht gibt die *Stern*-Autorin Birgit Lahann ihre Begegnungen und Gespräche mit Böhme wieder, zunächst 1991 in einem *Stern*-Artikel, später in einem Buch mit dem Titel *Genosse Judas. Die zwei Leben des Ibrahim Böhme*, das 1992 erscheint. Dieses Buch ist, obwohl die Autorin dafür nicht Einsicht in Böhmes Untersuchungsakte nehmen konnte, den Tatsachen weitestgehend sehr nahe.[389] Der Norddeutsche Rundfunk und der Ostdeutsche Rundfunk produzierten eine Spielfilmfassung unter dem Titel *Der Mann im schwarzen Mantel*, deren Szenarium auf dem Buch von Birgit Lahann basiert.

Als dieser Film im November 1994 im Ostdeutschen Rundfunk Brandenburg (ORB) zu sehen war, wurde im Anschluss daran ein Live-Gespräch mit Böhme und Birgit Lahann gesendet. Es trug den beschwichtigenden

---

389 Eine Ausnahme bildet ein Foto auf Seite 31, es zeigt nicht Manfred Böhme am Tag seiner Jugendweihe, sondern den Sohn von Böhmes zeitweiligen Pflegeeltern, Wolfgang Zeltner.

Titel *Hinterher sind wir klüger.*[390] Selbst jetzt noch blieb Böhme bei seinem Abstreiten, unterstellte gar der Journalistin Lahann schlechte Recherchen und Ähnliches. Ein vom Thema nicht gänzlich überzeugter Moderator versuchte, im Sinne vermeintlicher Ausgewogenheit die Berechtigung solcher Recherchen zu hinterfragen.

Mit zeitlichem Abstand wird an dieser Debatte beispielhaft deutlich, welche Befangenheit im Sender und im Land Brandenburg insgesamt damals herrschte, wo zweieinhalb Jahre zuvor der Verdacht gegen den Ministerpräsidenten Stolpe, er habe dem MfS zugearbeitet, zur Einrichtung eines parlamentarischen Untersuchungsausschusses geführt hatte.

Die Akteneinsicht der Bespitzelten

Nach der Verabschiedung des Stasi-Unterlagen-Gesetzes konnten im Januar 1992 die ersten Bürgerrechtler ihre Stasi-Akten sehen. Einige unter ihnen fanden auch Böhmes ausführliche Berichte in den über sie angelegten Dossiers: Gerd und Ulrike Poppe, Wolfgang Templin, Reinhard Weißhuhn, Peter Grimm, Werner Fischer.

Über ihre Gedanken beim Lesen der IM-Berichte von Ibrahim Böhme sagt Ulrike Poppe:

„Vor allen Dingen hat mich der Charakter seiner Berichte schockiert. Ich finde ja in meiner Akte Berichte, die sehr sachlich sind und denen man anmerkt, dass nur das Notwendigste, möglicherweise auch unter Druck, ausgesagt wird. Aber bei Ibrahim Böhmes Berichten habe ich das Gefühl, dass er Spaß daran hatte, dass er mit denunziatorischem Eifer darangegangen ist und so viel wie möglich berichtet hat. Und auch manches dazudichtete, um einen Bericht noch interessanter zu machen. Die Berichte sind auch zum Teil emotional aufgeladen, also man merkt genau, gegen wen er eine Abneigung hat und wo er übertreibt. Das ist sehr unangenehm zu lesen. Und mir wurde klar, dass er nicht – wie manche anderen – in einer Zwickmühle gesteckt hat und eigentlich unser Freund war, sondern dass er tatsächlich mit seinem ganzen Inneren auf der Seite der Staatssicherheit gestanden hat. Dass er also nicht schlechthin gespalten war, sondern dass ganz bewusst seine Hauptidentität Spitzel war."[391]

---

390 Sendung vom 16.11.94 im ORB-Fernsehen.
391 Gespräch mit Ulrike Poppe am 18.9.08 in Berlin.

Marianne Birthler, über die sich ein kurzer Bericht von Böhme findet, erklärt sich sein Verhalten auch damit, dass er etwas Unerlöstes hatte, ein zerrissener Mensch war. *„Und seine Zerrissenheit"*, sagt sie, *„ging nicht auf das Konto der Stasi."* Rückblickend meint sie trotz all der negativen Beweise, dass nicht alles seinerseits nur Trick gewesen ist: *„Ich glaube, dass er auch identifiziert mit uns war."*[392]

Ähnlich resümiert Martin Böttger die Bekanntschaft mit Böhme. Böttger hatte ihn nach dem Januar 1990 nicht mehr getroffen und war schockiert von der IM-Enthüllung. Eine Gelegenheit, über alles zu sprechen, gab es nicht mehr: *„Ich hätte ihn fragen wollen, wie es ihm gelungen ist, uns zu faszinieren. Ich denke, er hat von uns auch etwas genommen, obwohl wir ja die Feinde waren, verehrte Feinde vielleicht."*[393]

„Bei einigen anderen – Haeger, Schnur, Wetzky –, da konnte ich es viel schneller glauben. Bei Ibrahim Böhme habe ich gezögert", erinnert sich Wolfgang Templin. *„Weil er emotional etwas angesprochen und erreicht hatte, was mir bei den anderen nicht so ging."* Böhme verstellte sich nicht derart wie die anderen, wollte in den Begegnungen schon herzlich und verbindlich sein, meint Templin: *„Ich würde sogar so weit gehen, zu sagen, er hat unsere Freundlichkeit auch zurückgeben wollen. Dadurch wurde er ja noch gefährlicher als die anderen."*[394]

Für Wolfgang Templin passte der IM Ibrahim Böhme in keines der bekannten Schemata von informellen Mitarbeitern, deren Legende oftmals eine völlig entgegengesetzte Identität für sie vorsah. *„Wenn man so will, hat er sich selbst legendiert. Natürlich hatte auch er Leute, die ihn begleiteten und steuerten, aber in ganz anderer Weise."* Die eigene Legendierung wäre allerdings ohnehin an eine Grenze gestoßen, mutmaßt Templin: *„Ohne Enttarnung wäre Böhme wie ein Schauspieler auf der Bühne zusammengebrochen. In relativ kurzer Zeit."*[395]

Günter Ullmann beschrieb seine vergebliche Suche nach einer Antwort auf das rätselhafte Verhalten des einstigen Freundes: *„Ich konnte viele Nächte nicht schlafen. Ich konnte nicht verstehen, wie einer, der uns erst zum Widerstand anspornte und uns förderte und half, uns gleichzeitig verraten hat. Ich habe ihm geschrieben, aber er wich Gesprächen immer aus."*[396]

392 Gespräch mit Marianne Birthler am 10. 11.08 in Berlin.
393 Gespräch mit Martin Böttger am 28.7.08 in Cainsdorf.
394 Gespräch mit Wolfgang Templin am 2.3.08 in Berlin.
395 Ebenda.
396 Gespräch mit Günter Ullmann am 28.5.08 in Greiz.

Harald Seidel, befragt nach einer Erklärung für Böhmes Handeln, empfiehlt, Dostojewski zu lesen: *„Böhme ist kein Mensch aus Fleisch und Blut, er ist eine Romangestalt!"* [397]

„Böhme lebte seine Legenden, bis zum Schluss", so drückt Martin Gutzeit seine Sicht auf den einstigen Mitstreiter und Parteifreund aus. Und er spielt damit an auf dessen Weigerung, irgendetwas einzugestehen. Das machte auch auf seine Partei einigermaßen Eindruck.

Erst 1992 wird Ibrahim Böhme, der erste Geschäftsführer und vormalige Parteivorsitzende der SDP/SPD, aus jener Partei ausgeschlossen, die er in der DDR mitbegründete. Nachdem Martin Gutzeit Akteneinsicht nehmen konnte, war die Sachlage auch mit Blick auf die Partei klar: Am 2. Juli 1992 erfolgte nach einem Spruch der Berliner SPD-Schiedskommission der Ausschluss wegen parteischädigenden Verhaltens. [398]

Die unveröffentlichte Autobiographie des I. M. Böhme

Er selbst hatte zwar häufig erklärt, im Ruhestand gern Lyrik schreiben zu wollen, begann dann aber um 1991/92, vermutlich aus Geldnot, an einem autobiographischen Manuskript zu arbeiten.

Der so entstandene Text mit einem Umfang von 70 Seiten ist im Nachlass erhalten. Es gibt Hinweise dafür, dass er von fremder Hand, vermutlich nach Böhmes Diktat, getippt worden ist. Falsch geschriebene Namen und Begriffe legen dies nahe. [399] Insgesamt ist dieses Manuskript mit dem Titel *Aus dem Leben eines Unbequemen* ein typisches Gewebe aus Halbwahrheiten, deutlicher Fälschung und Phantasie, aus dem uns jener Mensch entgegentritt, der sein Verfasser vielleicht gern gewesen wäre. In einem Exposé erläutert Böhme den zentralen Konflikt seines abgebildeten Lebens:

„Der zentrale Konflikt ist der Spielraum eines Daseins zwischen moral-ethischen Maximalitäten und einer Wirklichkeit, in der die Ideologie der Gerechtigkeit immer wieder neuen Aufbau erfordert."

Mit der ihm eigenen seltsamen Art des Fremdwortgebrauchs erklärt der Autor Böhme über sich selbst:

---

397 Gespräch mit Harald Seidel am 6.10.08 in Greiz.
398 Zitiert nach Daniel F. Sturm: Uneinig in die Einheit, Bonn 2006, S. 325.
399 RHA, MaB 08.

„Auch er versteckt wie so viele seine Anthropologie vor den anderen und wird damit, ohne es zu wollen, Mitmenschen in faszinativer Form eher unheimlich als liebenswert."

Böhme stilisiert sich hier zum Opfer von Intrigen, die er, der immer zu viel Distanz gehalten habe, angeblich nicht durchschauen konnte. Eine recht unverschämte Erläuterung von einem, der selbst an vielerlei Intrigen beteiligt war. Böhme über „B.":

„Als sich in der DDR die Wende zu einem neuen System anbahnt, gehört er zu den Protagonisten des Umsturzes, ist vorbereitet und findet menschlichen Zugang zu vielen europäischen und vor allem deutschen Spitzenpolitikern. Sein Freundes- und Gesinnungskreis traut ihm den großen Schritt in die politische Öffentlichkeit im Interesse der DDR-Bürger zu. Er hat die allzu große Nähe der Menschen bisher gemieden und ist jetzt nicht in der Lage, die einfachsten Intrigen zu durchschauen."

Unterzeichnet ist das Expose mit „I. M. Böhme".

Es ist hochinteressant, wie Böhme im Manuskript von einem gefälschten Inhalt seiner Opferakte aus der Stasi-Haft schreibt – wohl wissend, dass niemand diese Akte ohne seine Zustimmung sehen konnte.

Auch seine Herkunft stellt der Autor Böhme kunstvoll anders dar, als es der Wahrheit entsprach: Auffallend ist vor allem, dass sein leiblicher Vater Kurt Böhme in seiner Erzählung immer zum Stiefvater wird, zu dem er ein schlechtes Verhältnis hatte. Letzteres dürfte tatsächlich so gewesen sein, nur war es eben sein leiblicher Vater, der ihn schlecht behandelte. Man könnte mutmaßen, dass Manfred Böhme seinen Vater, der 1974 gestorben war, damit nachträglich abstrafen wollte. Eine Geschichte vom vermeintlich echten Vater, jüdischer Abstammung und mit dem Familiennamen Lormant, wird auch noch eingeflochten.

Ungefähr beim Jahr 1968 wechselt der Autor Böhme die Erzählperspektive: Ab hier sagt er nicht mehr *ich*, sondern spricht nun von *Böhme* und *ihm*.

Als die Ereignisse des Prager Frühlings angesprochen werden, schreibt Böhme noch:

„Der neue Begriff ‚demokratischer Sozialismus' in der Dubčekschen Vorstellung von einem Sozialismus mit menschlichem Antlitz sollte mein weiteres Leben bestimmen."

3o. März 199o. Seit Stunden schon warteten die Medienleute am Eingang
Ruschestraße und an der Toreinfahrt Normannenstraße. Denn der, auf
den sie warteten, war für die Streiche bekannt, die er hin und wieder
den Journalisten spielte, um deren Zudringlichkeit zu entgehen.
Dieser Freitag war ein kalter Tag. Aber auch so fröstelte B.,
als er mit einigen Personen seines Vertrauens den unschönen, schmuck-
losen Block im zweiten Hof des Staatssicherheitsgeländes verließ.
Alle, die ihn begleiteten, waren erleichtert, denn nach stundenlanger
Einsicht in die verschiedensten personenbezogenen Akten konnten die
beiden Anwälte der Presse mitteilen, daß B. ab Montag sein Amt wieder aufnehmen könneN.
Nur B. selbst zeigte wenig Freude, fröstelte und schwieg, stieg in
das Auto und bat , die Tür offenhaltend Anwalt Fr.-W. von S., eine
entsprechende Erklärung der Presse mitzuteilen.
Die Journalisten mußten zurückgedrängt werden, so umlagerten sie
das Auto. Doch B. war so erschlagen von dem, was er in den letzten
5 Stunden mitbekam, daß er heute entgegen seiner Gewohnheit sich
nicht über die Journalisten ereiferte, sondern völlig in sich ge-
kehrt im Auto saß.
Allein die Akten, die vom MfS, Zentrale Untersuchungshaftanstalt Berlin, einstmals während seiner Untersuchungshaft angelegt worden waren,
umfaßten über 8oo Seiten. Und was dort alles nachzulesen war, Tatsächliches und Konstruiertes; war erschreckend und bis ins Innerste
verletzend zugleich.
Eine Woche nach den Wahlen war das Magazin"Der Spiegel" an B. heran-
getreten, ihm offenbarend, daß in der Magazinausgabe vom 26.3.9o be-
weiskräftig die inoffizielle Mitarbeit B.'s für das MfS einer breiten
Öffentlichkeit kundgetan würde. Gleichzeitig wollten drei Journalisten
des"Spiegels" B. die Möglichkeit geben, sich zu detaillierten Vor-
würfen in eigener Darstellung zu erklären.

Aus dem autobiographischen Manuskript (1994)

Er behauptet dann, vom 23. August 1968 bis zum 24. September 1968 in Gera in MfS-Haft gewesen zu sein, was durch Dokumente des Nachlasses widerlegt wird. Als geschickter Erzähler flicht Böhme viele kleine Details in seinen Bericht vom ersten Arbeitstag bei der Post ein, die eine Authentizität vermitteln sollen. Vermutlich entsprechen die Details über Aussehen und Wesen einiger Personen der Wahrheit, die großen politischen Zäsuren wie angebliche Stasi-Haft 1968 nachweislich nicht.

Einen anderen Kernpunkt seines konstruierten Lebenslaufes bildet das Jahr 1976 nach der Biermann-Ausbürgerung. Der angebliche Parteiaustritt findet hier gar keine Erwähnung mehr. Stattdessen behauptet der Autobiograph, illegal die Gründung einer neuen *„Partei des demokratischen Sozialismus"* vorbereitet zu haben und deswegen auch im März 1978 auf dem Magdeburger Bahnhof verhaftet worden zu sein.

Wie üblich schmückt er seine Erlebnisse mit kleinen Episoden aus. Allerdings vertritt er nicht mehr (wie noch 1990) die Behauptung, 15 Monate inhaftiert gewesen zu sein. Er hält sich nun genau an die von ihm gelesene Haftakte: vier Monate Haft, von Ende März 1978 bis Ende Juli.

Der Autor Böhme strickt seine Version ziemlich konsequent weiter, spricht von der Stasi-Haft und zufälligem Neubeginn am Neustrelitzer Theater. Dort habe er Schwierigkeit wegen einer von ihm verantworteten Inszenierung bekommen und dergleichen mehr. Böhme hat nie selbst am Theater inszeniert. Doch da er dies alles in fast bescheidenem Ton vorbringt, könnte es einem uninformierten Leser glaubhaft erscheinen.

Vor allem deshalb, weil Böhme die größte Unwahrheit seines Lebens, sein Doppelspiel für das MfS, einfach weglässt. So ergibt sich eine durch Auslassungen scheinbar schlüssige Chronologie eines „Unbequemen", der fälschlicherweise als IM bezichtigt wurde. Kein Wort von den handfesten Beweisen in der Akten Reiner Kunzes, erst recht kein Wort von den Motiven für den Verrat an fast allen politischen Freunden über zwanzig Jahre hinweg, der ja auch ein Verrat an seinem einstigen Ideal vom Sozialismus mit menschlichem Antlitz war.

Das Buchmanuskript ist von Böhme 1994 an drei Verlage gegeben worden, keiner davon hat sich zu einer Veröffentlichung entschlossen.

In bunten Blättern und in Krankenhäusern

Umgeben von wohlwollenden Nachbarn und Bekannten, die sich vermutlich nicht für seine Vergangenheit vor 1989 interessierten, zehrte Böhme von der einstigen Prominenz und der Unterstützung seiner Umgebung.

Handgeschriebene Hochstapeleien (Brief an Lothar Schneider 1998)

Vielleicht, weil er für diesen Hauch von Welt und die seltsamen Geschichten nach wie vor verehrt wurde, pflegte er seinen vollmundigen Stil weiter – trotz eines materiell extrem beschränkten Lebens. In mehreren erhaltenen Versionen von Testamenten vermachte Böhme nun Besitztümer, Sparkonten und wissenschaftliche Werke, die er nie besaß oder geschaffen hatte, an jene, die ihn unterstützt hatten. Die Testamente lesen sich wie Schuldscheine, die er unterschrieb und jeweils nach Lage verändern musste.

Für die Boulevardpresse jener Jahre war Böhme natürlich ein dankbares Thema, wenn von seinem Sozialhilfestatus oder vermeintlichen Selbstmordversuchen die Rede war. Reporter suchten den einstigen Prominenten auf, um über sein nunmehr glanzloses Leben zu berichten.

Und in der Tat war das reale Leben des knapp 50-Jährigen durch seinen starken Alkoholkonsum zunehmend von Krankheit und Depression geprägt. Wegen eines schweren Leberschadens verbrachte Böhme wiederholt mehrere Monate im Krankenhaus Prenzlauer Berg. Dort besuchten ihn Angelika Barbe, später auch Ulrike Poppe und Markus Meckel, die ihn wie viele der früheren Bekannten zu einer Aussprache bewegen wollten. Ulrike Poppe über ihre Gesprächsversuche:

> *„Ibrahim hat sich lange Zeit einem Gespräch verweigert. Ich habe mehrere Versuche unternommen, teilweise über Leute, die Zugang zu ihm hatten. Ich habe ihm auch mal geschrieben, aber er hat nicht geantwortet. Schließlich hatte er doch einmal seine Bereitschaft signalisiert, mit mir zu sprechen. Das war kurz vor der Fernsehdiskussion 1994. Dann sah ich diese Fernsehsendung, wo er auftrat und seine Stasi-Tätigkeit mit fröhlicher Miene leugnete. Ich war so entsetzt über seinen Auftritt, dass ich keine Lust mehr hatte, mich mit ihm zu treffen. Dann vergingen noch einige Jahre, er war schon sehr schwer von der Krankheit gezeichnet, und ich besuchte ihn. Markus Meckel kam mit. Er ging dann aber sehr bald, als er merkte, dass Ibrahim Böhme immer noch nicht bereit war, über sich zu sprechen. Ich versuchte ihn dazu zu bringen, wenigstens in irgendeiner Weise Stellung zu den Berichten zu nehmen, die wir ja alle in unseren Akten vorfanden. Aber er leugnete alles, sprach teilweise ziemlich wirr und bezeichnete das Ganze als eine letzte Rache der Staatssicherheit. Es war im Grunde sinnlos."* [400]

Den überlieferten Versicherungsunterlagen im Nachlass kann man den zügigen physischen Niedergang im letzten Lebensjahr entnehmen: Im Sommer 1999 stimmt die Pflegekasse einer Einstufung des Patienten Böhme in die Pflegestufe II zu, schon kurz darauf wurde von einem Gutachter eine Höherstufung in Stufe III befürwortet. Der Patient musste nun rund um die Uhr betreut werden.

Zu diesem Zeitpunkt lebte Ibrahim Böhme schon wieder in Neustrelitz. Dort wurde er von einer Bekannten, einer ausgebildeten Diakonieschwester, in ihrer Wohnung gepflegt.

In Neustrelitz ist Manfred „Ibrahim" Böhme am 22.11.1999 gestorben. Dort wurde er, wie es sein Wunsch war, in einem anonymen Grab beerdigt.

---

400 Gespräch mit Ulrike Poppe am 18.9.08 in Berlin.

Anhang

Kurzbiographie von Manfred „Ibrahim" Böhme (1944–1999)

- Geboren am 18. November 1944 in Bad Dürrenberg bei Merseburg (Sachsen-Anhalt).

- Lebte nach dem Tod der Mutter (1947) bis 1949/50 in verschiedenen Pflegefamilien, anschließend im Kinderheim in Zeitz.

- Um 1952 Rückkehr in die Familie des Vaters und Einschulung in Bad Dürrenberg.

- 1961 Schulabschluss und Beginn einer Maurerlehre in den Leuna-Werken.

- 1962 Eintritt in die SED.

- 1964 Beginn einer Tätigkeit als Erzieher im Lehrlingswohnheim der Leuna-Werke.

- 1965 Parteistrafe wegen innerparteilicher Kritik an der SED-Position zu Robert Havemann. Absetzung als Erzieher, Lehrlingsproteste dagegen.

- Ab Juli 1965 Hilfsbibliothekar in Greiz (Thüringen), 1972 Fachschulabschluss als Bibliothekar.

- 1968 kurzzeitig Jugendklubleiter in Greiz, nach Protesten gegen den Einmarsch in Prag erneute Parteistrafe und „Funktionsentzug".

- September 1968: Beginn einer Tätigkeit bei der Post, zunächst als Briefträger später in der Lohnbuchhaltung.

- Januar 1969: Verpflichtung als inoffizieller Mitarbeiter der Staatssicherheit, Deckname „August Drempker".

- März 1971 bis Mai 1977: Tätigkeit als Kreissekretär des Deutschen Kulturbundes.

- Zeitgleich sehr ausführliche Berichterstattung an die Stasi über die Greizer Kulturszene, kirchliche Kreise und besonders über den Lyriker Reiner Kunze.

- 1974 neuer Deckname als IM: „Paul Bonkarz".

- Juni 1977: Ablösung als Kulturbundsekretär, neue Tätigkeit in der Wissenschaftlichen Allgemeinbibliothek in Gera.

- Nach mehreren folgenlosen (anonymen) Selbstanzeigen Flugblattaktion mit indirekter Selbstanzeige in Magdeburg am 25. März 1978, Verhaftung durch die Stasi.

- Bis 25. Juli 1978 in Stasi-Untersuchungshaft, zunächst in Gera, nach zwei Wochen in Berlin-Hohenschönhausen.

- Während der Haft aus der SED ausgeschlossen.

- 25. Juli 1978: Freilassung ohne Prozess und trotz ablehnenden psychiatrischen Gutachtens weiterhin als IM eingesetzt. Auf MfS-Beschluss Umzug nach Neustrelitz.

- 1978 bis 1982 Tätigkeit am Theater Neustrelitz im Bereich Öffentlichkeitsarbeit.

- Seit August 1978 für das MfS als IM „Rohloff" aktiv.

- 1982/83 Aushilfsjobs als Sprachlehrer, Kellner, Sägewerker.

- 1983 bis 1985 Bibliothekar in Neustrelitz. Gleichzeitig als IM in örtlichen Friedenskreisen aktiv, die Beziehungen nach Berlin haben.

- September 1985 Umzug nach Berlin, hier zunächst Leiter eines Kreiskulturhauses, ab 1986 Gelegenheitsarbeiten in kirchlichen Einrichtungen.

- Seit April 1986 bei der HA XX/9 des MfS als IM „Maximilian" geführt.

- Ab 1986 Kontakte in die Ostberliner oppositionelle Szene, Zugang zur Initiative Frieden und Menschenrechte (IFM).

- 1987 bis 1989 aktive Mitarbeit in der IFM, Kontakte in andere Kreise.

- Seit August 1989 in einer Initiativgruppe zur Vorbereitung der SDP-Gründung.

- 7. Oktober 1989: Mitbegründer der SDP in Schwante, zu deren Geschäftsführer gewählt.

- Ab 7. Dezember 1989 mehrfach für die SDP am Zentralen Runden Tisch.

- Im Februar 1990 trotz erster Stasi-Gerüchte zum Parteivorsitzenden der Ost-SPD gewählt, Spitzenkandidat seiner Partei für die Volkskammerwahlen.

- Am 26. März 1990, eine Woche nach der Wahlniederlage, werden erstmals im *Spiegel* Stasi-Verdächtigungen gegen Böhme veröffentlicht.

- Böhme dementiert, tritt bis zur Klärung von Parteiämtern zurück, nimmt mit Anwälten und Parteiberatern am 30. März 1990 im Berliner Stasi-Archiv Akteneinsicht, die allerdings zu keiner klaren Aussage der Beteiligten führt.

- Nach nervlichem Zusammenbruch, Krankenhausaufenthalt und anschließendem Urlaub am 19. April 1990 Rückkehr in die Volkskammer ohne eine Klärung.

- Am 9. Juli 1990 wird Böhme Polizeibeauftragter des Ostberliner Magistrats (bis zum 2. Dezember 1990).

- Sein Volkskammermandat hat er am 31. August 1990 niedergelegt, deshalb wird er bei der Stasi-Überprüfung der Abgeordneten (im September 1990) nicht mehr berücksichtigt.

- 10. Dezember 1990: Böhmes jahrzehntelange IM-Tätigkeit wird zweifelsfrei durch Reiner Kunze, der seine Akte vorzeitig einsehen konnte, im *Spiegel* belegt.

- 2. Juli 1992: Ausschluss aus der SPD.

- 1994: Böhme schreibt ein autobiographisches Manuskript, für das er keinen Verleger findet.

- Nach verschiedenen Krankenhausaufenthalten und starkem Alkoholkonsum ist Böhme ab 1998 auf Pflege angewiesen.

- 22. November 1999: gestorben in Neustrelitz.

Abbildungsnachweis

Fotos

Bundesarchiv: Titel, Bild 183-1990-0202-308/Fotograf: Holger Busch
S. 147, Bild 183-1990-0127-011/Fotograf: Heinz Hirndorf
S. 159, Bild 183-1990-0302-015/Fotograf: Rainer Mittelstädt
S. 163, Bild 183-1990-0330027/Fotograf: Thomas Uhlemann

Archiv der BStU: S. 15: MfS Halle, AIM 1422/63, PA, Bl. 3
S. 53: MfS Gera, AOP 1434/77, Teil I, Bd. VIII, Bl. 269
S. 59: MfS Gera, AOP 1434/77, Teil II, Bd. I, Bl. 60
S. 71: MfS Gera, AOPK 123/80, Bl. 25
S. 77: MfS AU 14783/78, Bd. 1, Bl. 185, Bild 1-3
S. 133: MfS HA XX, Foto 78, Bild 4

Privatarchiv Kaluza: S. 17

Privatarchiv Rönisch: S. 18

Privatarchiv Schimmel: S. 20, 23, 33

Privatarchiv Theilig: S. 31

Privatarchiv Ullmann: S. 39, 46, 49

Peter Hochel: S. 68

Privatarchiv Ulrike Poppe: S. 117

Robert-Havemann-Archiv: S. 121

Privatarchiv Seidel: S. 141

Archiv Bundesstiftung zur Aufarbeitung der SED-Diktatur:
S. 148, Bild: 90_0203_POL-SPD-ost_16,
Fotograf: Klaus Mehner

Thomas Uhlemann: S.152

Christian Freund: S.154

Thomas Lange: S.160

Dokumente

Landeshauptarchiv Sachsen-Anhalt, Abt. Merseburg:
S.21: LHASA, MER, Bezirksparteiarchiv Halle der SED, SED-Grundorganisation, Betriebsberufsschule Leuna, IV/A-7/412/119, Bl. 21.

S.27: LHASA, MER, Bezirksparteiarchiv Halle der SED, SED-Industrie-Kreisleitung Leuna, IV/C-4/12/160, Bl. 72.

Privatarchiv Stein: S.36, 72, 102

Thüringisches Staatsarchiv Rudolstadt:
S.41f.: ThStA Rudolstadt, Bezirksbehörde der deutschen Volkspolizei Gera, 21/1, Nr. 226, S.105-107.

S.44: ThStA Rudolstadt, Bezirksleitung der SED Gera, Nr. IV B-2/4/291, Bl.57, 59.

Thüringisches Staatsarchiv Greiz: S.48

Archiv der BStU:
S.63f.: MfS, Gera, AOV 777/79, Bd. I, Bl. 300f.
S.66: Ebenda, Bl. 274
S.74: MfS, AU 14783/78, Bd. IV, Bl. 279
S.82-87: Ebenda, Bd. II, Bl. 169-174
S.91: MfS, SA 7995/78, Bl. 7
S.108f.: MfS, AIM 25394/91, Bd. I, Bl. 187, 194
S.134: MfS, HA XX/9, Nr. 1629, Bl. 170
S.137: MfS, AOV 17375/91, Bd. 28, Bl. 328

Archiv des Theaters Neustrelitz: S.97

Personenregister

Danksagung

Ich danke allen genannten und ungenannten Gesprächspartnern für ihre Bereitschaft, dieses Vorhaben zu befördern.

Im Laufe der Recherchen hatte ich Kontakte zu vielen Einrichtungen und Archiven, bei deren Mitarbeiterinnen und Mitarbeitern ich mich bedanke. Zu nennen sind das Standesamt Bad Dürrenberg, die Evangelische Kirchgemeinde Bad Dürrenberg, das Kreisarchiv Merseburg, das Landeshauptarchiv Merseburg, das Thüringische Staatsarchiv Greiz, das Thüringische Staatsarchiv Rudolstadt, das Theaterarchiv Neustrelitz, das Karbe-Wagner-Archiv Neustrelitz, das Landesarchiv Berlin, das Archiv der Bundesstiftung zur Aufarbeitung der SED-Diktatur, das Robert-Havemann-Archiv, das Deutsche Rundfunkarchiv in Potsdam-Babelsberg, das Archiv der DEFA Spektrum GmbH, das Zentralarchiv der BStU in Berlin sowie die Archive der BStU-Außenstellen in Halle, Gera und Neubrandenburg.

Mein ganz besonderer Dank gilt Frau Raphaela Schröder, Sachbearbeiterin bei der BStU, für ihre freundliche und kompetente Begleitung durch das Labyrinth der Akten und Gerrit Ebneter für seine vielfältige Hilfe.

Christiane Baumann

Robert-Havemann-Gesellschaft e.V.

Ilko-Sascha Kowalczuk / Tom Sello (Hg.)

Für ein freies Land
mit freien Menschen

Opposition und Widerstand in Biographien und Fotos

Berlin 2006, 404 S., Hardcover, € 25,00
ISBN 3-938857-02-1

Der Aufbau der Diktatur in Ostdeutschland ab 1945
rief von Beginn an Widerstand hervor. Doch es dauerte
über vierzig Jahre bis zur friedlichen Revolution 1989.
Dieser lange Weg wird in 73 Lebensgeschichten bekannter und
unbekannter Persönlichkeiten aus Opposition und Widerstand
nachgezeichnet. Die Kombination der Biogramme
mit über 400 Fotos verspricht dabei unterhaltsame Einblicke
in individuelle und gesellschaftliche Entwicklungspfade

Zu beziehen durch jede gute Buchhandlung oder direkt:
Robert-Havemann-Gesellschaft e.V., Schliemannstraße 23, 10437 Berlin
Telefon: 030/447 108-13, Fax: 030/447 108-19
e-mail: info@havemann-gesellschaft.de